内生的挣扎

近代中国金融的"涅槃"与彷徨

周强龙 著

上海财经大学出版社

图书在版编目(CIP)数据

内生的挣扎：近代中国金融的"涅槃"与彷徨 / 周强龙著. —上海：上海财经大学出版社,2020.12
ISBN 978-7-5642-3662-5/F.3662

Ⅰ.①内… Ⅱ.①周… Ⅲ.①金融-经济史-中国-近代 Ⅳ.①F832.95

中国版本图书馆 CIP 数据核字(2020)第 193365 号

□ 策划编辑　王永长
□ 责任编辑　王永长
□ 封面设计　苏子轩

内生的挣扎
近代中国金融的"涅槃"与彷徨

周强龙　著

上海财经大学出版社出版发行
(上海市中山北一路 369 号　邮编 200083)
网　　址:http://www.sufep.com
电子邮箱:webmaster @ sufep.com
全国新华书店经销
上海颛辉印刷厂有限公司印刷装订
2020 年 12 月第 1 版　2020 年 12 月第 1 次印刷

890mm×1240mm　1/32　11.25 印张(插页:2)　262 千字
定价:78.00 元

序

周强龙博士关于中国近代金融史的书稿《内生的挣扎》即将付梓。在提交出版社之前,强龙早已把书稿发送给我,并力邀我作序。金融史一类的书籍是我一直喜欢阅读品味的,不过让出身经济学而非历史学背景的我来给一本中国近代金融史主题的书稿作序,倒反有几分勉为其难之感了。不过考虑到毕竟不是正式书评,那就借此机会,写点自己的感想吧。

记得在1984年我大一入学后不久,系主任陈观烈教授就跟我们强调了研习欧美经济史的重要性。复旦大学国际金融系至今仍保留着欧美金融史和中国金融史的本科生课程,也是一种令人感到骄傲、充满自豪的历史传承。自己与中国近代金融史学界的接触,则要感谢复旦大学历史系吴景平教授。吴教授2005年成立复旦大学中国金融史研究中心之后,我有幸参加了该中心的多次学术会议。《内生的挣扎》所引文献的部分作者,我也有幸见过、交流过,其中就包括邹晓昇博士。邹晓昇博士毕业于复旦大学历史系(中国近代金融史方向),后在复旦大学应用经济学博士后流动站从事博士后研究。作为他的合作导师,我与晓昇多次谈过从历史学到金融学的交叉问题。与晓昇相反,强龙本科就读于浙江大学金融学专业,在复旦大学金融学专业博士毕业后,于繁忙的企业工作之余开始了从金融学向历史学的交叉尝试。进入一个陌生的领域,虽说是兴趣使然,但也毫无疑问是需要巨大勇气、投入大量心血的。

若干年前,我自己曾申报过一个课题,围绕1567年明朝隆庆开关至1949年中国的贸易收支问题,试图探讨长期顺差的可持续性。在课题的论证过程中,有幸得到叶世昌教授、吴景平教授、朱荫贵教授和戴鞍钢教授等的指点。虽然知道历史数据的可得性将是一个重大的挑战,并在技术路线上计划引入计量经济史学的研究方法,但后来课题未立项,这项研究也就止步不前了。两年前我对近代上海的土地价格产生了兴趣,查阅了相关文献和档案,包括《申报》的相关报道。在这些尚未成型的设想中,我发现经济学背景的人从事经济史研究,挑战是巨大的,不仅需要兴趣,需要勇气,更需要恒心。所以,面对强龙博士的书稿,我由衷想说,后生可畏!

中国人民大学老校长黄达先生曾把金融学专业的培养目标设定为在东西方两个平台自由转换。金融史是金融学与历史学的交叉学科,中国近代金融史也不例外,但如何交叉,如何实现东西方两个平台的往返、范式的交融,可能方式多样;如何评价交叉的效果,也见仁见智。诚如强龙自言,这不是一本严格意义上的学术著作,只是一本小书,也绝不奢求以此小书就给出对许多问题和争论的回答。他出版此书,是为了达成一个心愿、完成一份答卷,也是为了向前辈学人表达诚挚的敬意。从历史学专业角度评判本书,自当留待方家,但细腻笔触下展露出的研究精神特别是人文关怀,应该能获不少共鸣。尤其是,强龙毕业后一直在所属单位从事宏观、战略和金融监管政策研究,经年累月,对金融发展、金融风险及其与社会各领域的关系也逐渐积累起不少感悟。他借助金融大事件展开的叙述,相信能给大家带来别样的思考与收获。毕竟,无论是从时代变迁理解金融的命运,还是从金融角度观察时代的前行,都需要我们有一种"穷其原委观其汇通"的精神,需要一种历史空间的整体感。

最后,再次衷心祝贺强龙。同时,也期待他未来能继续运用金融学研究方法对史料、档案进行更多分析,得到更多新的思考,产出更多思想成果。

"虽不能至,然心向往之"。与强龙博士共勉!

刘红忠

复旦大学国际金融系 教授 博士生导师

复旦大学金融研究中心 副主任

复旦大学中国金融史研究中心 副主任

2020 年 9 月 12 日

目 录

序 / 1

绪论 / 1
不寻常的癸未年 / 15
清帝国薄暮的股市云涌 / 35
凋落的昙花 / 53
民国前期的债信浮沉 / 75
荒唐的政令与勇敢的银行家 / 97
从"局中人"到"笼中鸟" / 117
再造泉府 / 135
迎面吹来白银风潮 / 155
刀光剑影下的法币改革 / 175
面子与里子 / 195
"土人"有土法 / 217
算盘作响 民心散沙 / 239

宋子文的最后一搏 / 259

金归金　券归券 / 281

新的历史行程 / 303

参考文献 / 327

后记 / 341

绪论

内·生·的·挣·扎

一

时至今日,金融这个名词已经以各种具体方式渗透进我们的日常生活,它的影响无处不在,几乎无人能置身于金融发展的浪潮之外。譬如,在人群当中可能没有几个银行家,但要找到不跟银行、货币打交道的个体却很难;巴菲特举世唯一,但参与股票交易的人们却数以亿计;甚至于当我们习惯性地掏出手机进行消费支付或者在形形色色的 App 上操作、将些许余钱投入金融产品理财的时候,也进入了掺杂多方权利义务的金融交易关系。由是,在这种广泛的影响形成的同时,广泛的利益关系也很自然地被造就了出来。金融机构的稳健与否、金融市场的健康与否、金融风险的可控与否、金融产品的靠谱与否,已经在不经意间和芸芸众生的柴米油盐产生了联系,而不再只是新闻报道中几个枯燥的概念、数字,也不再只是某个微观主体的问题。

利益关系是复杂的,有利益便有关切,而复杂性则带来冲突。因此,关于金融这个话题,总是能引起不少讨论,甚至产生不少波澜。拨开各种讨论的迷雾,我们通常会发现,由具体的金融话题引发的种种争议乃至非议,往往和以下几点紧紧地交织、纠缠在一起:金融的定位是什么,金融的作用到底有多大,我们需要怎么样的金融体系,以及我们要如何去改进、完善现有的金融体系。

以上几点看上去是相当宏观的,似乎每个人都能说上几句。透过对现实的观察,我们也能发现,两极分化、尖锐对立的观点比比皆是，充斥阴谋论色彩的耸人听闻之见有之，神化金融的膜拜论调亦有之。观点源自现实、左右思潮，又潜移默化地反过来影响市场行为乃至政策制定。因利益而生的争论最终深刻地改变利益的分配格局，似乎是金融行业与市场发展中永恒的图景。

这促使我们思考并重新认识对几个关键问题进行严密论证的意义，但要做到这点并非易事。以抽象化的数理模型进行探讨，容易陷入对现实现象在模型刻画中去留两难的境地和模型"自娱自乐"的尴尬，令人沉醉于数学的精妙当中，却一不小心就忘掉了问题的源起；以经验数据开展实证研究，从结果来看更加浅白，但又难免落入"t值、P值论英雄"的窠臼。我们总觉得，越是局部、微观的问题，应用技术工具的效果便越好，而对越是涉及宏观、全局，乃至带有极大时空延展性的问题，技术工具的无力感便越强。这样的评判，并不是否定某种研究方法和范式的价值。事实上，模型推演和实证检验已经为我们揭示了许多富有启发意义的规律性认识，而技术方法的演进和完善本身也是学科进步的重要内容。但金融活动说到底还是人类交易行为的高级形态，是具体制度规则的表现载体，本身便构成历史进程的一部分。如果说人性的演化总是缓慢的，"阳光之下并无新事"，那么历史演进中常常出现的"相似性重复"，是否也会在金融的侧面有所反映？如是，那么还原一段金融历史的样貌，是否能让我们对现实更容易产生直观的认识与思考？

我们认为，这样"返璞归真"的做法，至少是一种有意义的尝试。

因为历史的时间划分与我们习以为常的生理时间、生活时间不同，往往以几十年、上百年乃至上千年为一单元。正如有人提过，历史总服务于长跑，有时服务于中跑，但很少服务于短跑。若要从故纸堆中找出应对眼下细节技术问题的解决方案,或许很难;但选择从大视野观察大问题,或许有益。

此为我们选择从历史这条在时间—空间坐标上展开的起伏不定的曲线出发重读金融的初衷。

二

我们的讨论,不可能离开具体的时空环境。要探索去路,便不允许抛弃和假装忘记来路。

若以一个词来形容我们前辈已经经历、我们正在经历和我们后辈将要经历的时代,恐怕无出"变革"。用一句文绉绉的话来说,唯一不变的是变化。

社会变革与转型不是随意能被主观设计的标准型产物,其有机性、复杂性、长期性不言而喻。我们这个拥有悠久历史的国家,正在经历"赶超型现代化"——一场伟大的变革与复兴,而这场变革,早在一百多年前就拉开了帷幕。尽管经历过许多次的挫折与失败,甚至被战争烽火打断或迟滞,但近代化乃至现代化的历程始终在顽强向前。变革在短期看或许是缓慢的,但一旦蓄势到达阈值,便会迸发出跳跃性的力量。剧烈的跳跃促使着社会生活的一切方面都产生或主动或被动的适应性变化,金融也概莫能外。的确,货币的历史是悠久的,借贷的历史也是悠久的,甚至于衍生品的思想萌芽都可以追溯到成百上千年前。但就像那句"从前慢"一样,在一封信要走几个月、一辈子只够爱一个人的时代,我们很难想象出,会产生无数金融创新(哪怕从今天来看是司空见惯的),包括制度创新和工具创新,像变魔术一样接踵而至的情景。然而,这一切，诸如中央银行、商业银行的建立，股票市场、公债市场的形成，交易所的生根发芽，从贵金属货币到银行券、信用货币的演进，银行家、金融家阶层的活跃，多种交易形式的风行，在过去的一百多年里，伴随着开眼看世界，伴随着近代化的努力，都真真切切地在中国大地上出现了。与此同时，以金融市场为舞台的一幕幕情景剧，喜悦与悲伤，热潮与风暴，烈火烹油与寒风刺骨，花团锦簇与一地鸡毛，也反复上演了。时代的变迁给金融发展铺就了画布，金融的起落则从旁记录下光阴流逝的点滴。

毫无疑问，这是一段工具理性与价值理性不断交锋的历史，这是一段令人慨叹、值得追忆的历史，这是一段充满奋斗热情、开创精神的历史，这也是一段从不缺乏悲伤和眼泪的历史。那些曾在时代大潮中搏击、曾在金融风浪里挣扎的人们，无论是高高在上还是普普通通，都已然成为过往，但他们留下的痕迹却仍旧能被我们触碰到。他们经历了什么，他们的成败意味着什么，都是我们能从这些痕迹中努力分辨到、阅读到的。

只有发自内心尊重和认真对待这段变革的过去，我们才能在迎接未来挑战的过程中更具自信。

这是我们以近代中国作为观察对象的原因。

三

我们选择以一场金融危机作为记述的起点，以一段国家全新历程的开启作为讨论的结束。横亘在这两者之间的，是大约70年充满变乱、纷争与不安的岁月。70年在历史长河当中仅仅只是一个切片、一个瞬间，但老话常说，"人生七十古来稀"，如果一个婴儿在我们开篇的时代呱呱坠地，那么到我们终章之时，他便已阅尽沧桑。我们发现，就如一个人兼具动物的本能和社会属性，其行为既受本性支配又受各种条件约束一般，中国金融在这一期间所经历的，也是自身发展动能在复杂环境下艰难施展的过程。

一方面，中国近代金融发展和改革的动力来自推动社会进步和因应外部环境变化的需要。就像我们会看到，中国股票市场的诞生，源于近代工业企业创办和股份制实践；中国公债市场的诞生，与外部冲击下传统社会伦理和国际秩序观念的瓦解息息相关；交易所一度在中国大地大量兴起，离不开强烈的民族"自尊心"刺激；货币的"废两改元"，发轫于对冗杂低效的旧货币体系的反思；向信用货币的惊险一跃——"法币改革"，则受到来自大洋彼岸白银风潮的剧烈催化。

另一方面，中国近代金融发展和改革的效果，又受到自身所处时代和社会环境的制约。比如，我们会发现，从具体交易制度的设计来看，民国早期的公债市场并不缺乏先进的信用保障机制和风险防控的工具准备，在危机应对时的做法也与今日相去不远，但这在战乱频仍、军费开支浩繁的背景下，并没能改变债券价格剧烈波动、债券信用难以长保的困境。我们会发现，浓墨重彩的法币改革虽然打破了旧中国身上银本位的枷锁，增强了南京国民政府的实力，却因后者无法驾驭全部地方，实际结果大打折扣，也因必须依赖西方集团的援助才可勉强为之，而为日后自身的失败埋下了深深的隐患。我们还会发现，在艰苦的抗战时期，国民政府也曾想维持货币对外价值（汇率）和对内价值（物资购买力）的稳定，并为之投入过大量资源，但在军事溃败、政治腐败的背景下，最终仍被证明是徒劳无功。

我们可以观察到，金融有时候会在不经意间很不安分地冲击它所处的制度环境和秩序枷锁,甚至形成深远的历史影响。例如,1883年的金融危机,让相当一部分原本可有更大作为的人退出了历史舞台的中央,许多洋务企业的经营控制权落入那些既具有官僚身份又善于经营关系的人手中,商事商办到商事官办,尽管只是一字之差,但对近代化逻辑和历程的影响却是不可估量的。1910年的橡胶股票风潮虽然仅仅源自一次对新事物的追逐和热捧,却像蝴蝶扇动了翅膀,诡异地诱发了千里之外的保路运动,悄然敲响了一个古老帝国的丧钟。抗战胜利后国民党政府对沦陷区伪政权所发行货币的收兑,因确定了不合理的低比价,而令沦陷区人民遭受巨大损失,结果在无形中消解了后者对政府的信任和尊崇,推倒了自身"赢得战争、输却和平"而走向崩溃的第一块多米诺骨牌。20世纪40年代中后期弥漫于国统区、并在金圆券改革中更趋严重的恶性通货膨胀,不仅将一般升斗小民打翻在纸币的狂浪之中朝不保夕,甚至使一批大城市中上层——这些原本在社会上意识形态相对最保守的人——对国民党政府的支持与好感也消弭殆尽,从而在某种意义上为世代更替铺平了道路。

但我们也需要意识到,金融对时代的冲击,乃至在表面上引致重大的变迁,与其说是自主的、独立的,不如说只是扮演了中间机制的角色。譬如,1883年的金融危机爆发后,正是因为帝国官员的官民有别意识,在轻视商业价值和私人产权的思想主导下,对金融机构等市场主体急匆匆地采取强硬、蛮横的措施,令市场情势更加紧急、窒息,才为盛宣怀觊觎并取代商人徐润在轮船招商局的地位创造了十分方便、有利的条件。橡胶股票泡沫破灭引发的金融风潮,曾在清朝地方政府官员的介入下一度得到控制,它的死灰复燃以致危机的迁延发酵,并不仅仅是一个危机应对技术不过关的问题,而在相当程度上是政治倾轧的恶果。国民党政府对伪政权货币价格的压低,不是出于对物价和货币发行准备客观考量评估的决策,而是在错误思想观念和既得利益驱动之下不仁不智的短视行为。20世纪40年代,国民党管治区长期处于恶性通货膨胀的蹂躏之下,而中共的解放区却能在保持物价和币值相对稳定方面有所建树,也绝非只是一个偶然,而是两党在基层组织力量、资源动员力量方面差异的映射与演绎。

不难发现,没有坚实的社会基本面,就不可能有坚实的金融基本面;没有稳定的社会环境,就不可能产生稳定的金融环境。金融的确很重要,可到底会演化成什么形态,到底能走多远,却从一开始就不是能够完全操之于己的。如果单从金融出发论金融,恐怕永远也论不清楚金融。考察金融现象必须将许多非金融甚至非经济的因素一并考虑进去,方可获得整体感。不少通过金融市场、金融体系表现出来的问题,若能稍稍作一追问,便会发现根源另有出处,金融不过是代人受过而已。

金融虽然可以表达时代的期待和寄托,可以给时代带来一抹鲜明的亮色,但它终究也仍然是无法脱离时代而孤立存在的内生性产物,是受到时代禁锢的"囚徒"。它会在时代巨变时期待"涅槃",也难免在时代束缚下陷入彷徨。所谓金融改变一切的"万能主义",金融是一切风险渊薮的"万恶主义",只要照搬照抄细节就能让金融市场万事大吉的"工具主义",实在是片面的、荒谬的。

四

社会和时代是多面的。在社会和时代里孕育、成长的金融活动,其内生性表现也是方方面面的,而其中最典型的也是最无法回避的,无疑是政府与市场、权力与资本之间的较量与纠缠。

从交易本质上说,金融是无法脱离市场化属性的。没有合理的定价依据,没有契约的执行保障,任何有效的利益分配结构都不能稳定、长期地存在,其功能作用自然也就不会有得以发挥和实现的根基。

但市场化虽然是一种理念,却从不只是一个抽象的概念,仅凭空洞的口号和声嘶力竭的说教,我们并不必然会轻松迎来一个理想世界。制度性或非制度性的社会文化习惯一旦形成,不仅容易造就自大自满的虚妄,也会成为阻遏变革发生的力量。在近代中国的语境下,以几千年的农业社会生产方式、几千年的帝国统治传统逻辑及以与之相伴生的整套话语体系为基础和内涵的国家力量,几乎不可能避免与新生金融力量之间发生矛盾冲突,并展现出双方之间一套多样化的互动关系。

正如经济学已经证明和反复述说的,微观个体最优行为的加总并不必然得到宏观上最优的结果。彼之蜜糖,吾之砒霜。兄弟尚且阋墙,从不同起点向不同方向延伸的利益链条,更终究不会一致。若无其他力量的调和与规制,它们的冲突必然以野性的汪洋恣肆和危险的四处爆发告终。近代史的经验表明,金融市场的形成和塑造不能仅仅依赖其自身行为,金融市场力量的萌生和积蓄,并不必然排斥国家力量的存在价值:(1)没有国家力量的有效干预,金融市场的繁荣可能是非理性的,其绚烂最后只如昙花一现。在1883年的洋务企业股价泡沫破灭、1910年的橡胶股票风潮、1921年的滥设交易所事件当中,我们都能看到无监管的股票市场、无监管的金融机构、无监管的投机活动。正因为国家对相关活动的无意识或无力量,才给脆弱性的滋长带来了肥沃的土壤。(2)没有国家力量的保障与推动,许多顺应市场发展或者在市场化理念指引下的改革也可能无法推进或实现预期目标。例如，关于银两制度弊端的讨论虽然早就连篇累牍，其阻碍新兴银行机构发展、推高金融交易成本的害处也早就为人熟知，但"废两改元"这一带有公共品属性的制度变迁，却并不是市场自发乐意和能够高效供给的。自清政府至北洋政府，几乎毫无实质进展，直到1933年，方在南京政府实现市场需要和政治需要良好统一的姿态下，以强力推进完成。可见若单纯依靠市场力量，要实现新币制对旧币制的替代，即使能够有所前进，也必然将是极为缓慢的过程。再如1946年，宋子文为应对通货日益膨胀难以收拾的局面，试图推出带有自由化色彩的外汇市场和黄金市场改革，但却在来自经济、战争、行政等多方面的束缚下，遭遇了以市场化手段平抑金融资产和物价波动、保持储备资产数量稳定、满足战争条件下财政需求的"不可能三角"的大问题。国民党政府虽有挑起内战的自信举动，却无控制国内情势走向的手段与能力。政治信用的日益崩坏恰是其国家力量衰弱的写照，令其拥有再多的黄金外汇，也没法抵挡住一致性负面市场预期裹挟下游资的猖獗投机，执行自由化改革政策的主体最后成了最不自由的一方。

然而，形塑和毁灭往往也只有一层窗户纸之隔。一旦来自国家力量的干预过了头，监管与统制的边界不再清晰，维持转化为掠夺，那么市场化（包括其承载主体和人格化代表）的灾难与噩梦也便随之而来了。集权并不等同于极权，国家力量的强盛也不意味着就会被随便滥用，但要处理好国家控制欲和国家控制力的关系，却不是一件每位最高决策者都情愿去干的事情，即便愿干，也不容易干得好。清末和北洋时期，中央政府力量孱弱，尚且难免对金融市场、金融机构屡行横加干预之举（当然，因为有心无力，部分干预行为失败了，比如在1916年，江浙银行家就抵制了北洋政府的钞票"停兑令"),而及至更加强势的南京国民政府建立,其以政治手段和国家暴力统制金融之心便越发膨胀起来。对北洋政府的无能统治充满失望和对激进的社会革命充满恐惧的银行家们,曾对来自南方的国民党势力抱有热切期待,他们以自己最擅长的方式慷慨支持后者,冀图求得新兴政治力量的庇护,但绝对不会想到,自己得到的会是需索无穷的局面、动辄得咎的惊恐和在金融风潮困境中被逼迫的结果。他们虽然没有在肉体上被消灭,但在事业上却相当于被流放。曾经幻想政府确定预算、公开财政、未来不再以举债筹集内战费用的南京政府公债债权人,绝对不会想到,与政府平等协商的友好气氛,仅仅在几年之内就会被来自青帮组织的恫吓和施压所取代。在近乎野蛮的手段凌驾之下,在根深蒂固、极具惯性的旧有权力游戏规则的左右之下,曾经露出小荷尖尖角、闪现出现代之光的金融体系,最终还是难免沦为政治的附庸,而随着时代的又一次变迁,再作一次"天大极了人小极了"之慨叹。

这些历史事实昭示,金融活动具有强烈的社会外部性,金融体系的表现实质上也是社会治理的重要镜像。金融的基础是信用,而信用的维系则有赖于有效、合理的权利义务协调机制。没有良好的国家治理,没有良好的社会治理,自然不会诞生良好的金融治理,而治理缺失和漏洞带来的问题,则是金融的发展和制度创新一旦成为社会发展的"长板",便往往成为其他"短板"的牺牲品和成本的转嫁方,最后在被动的压抑中"强制取齐"。事实上,制定所谓的自由、开放、市场化的金融政策,何其易也;而清理改造不适于自由化、市场化的土壤和根基,又何其难也。若不知其难亦无力为其难,却犹行其易而盼其易成,则最终必遭失败。这是过去的一种悲哀,也几乎成了当时的一种诅咒与宿命。

五

　　如同一切历史一样,金融史同样是以无数偶然演绎和造就必然的过程,是无数个体共同参与的过程。因此,要找出某个能为一段历史或一个事件负全部责任的人,只能是一种理想化的愿望;要精确描绘某个不存在的假设如果成真之后会带来什么样的颠覆性变化,也只能是痴心妄想。

　　但这并非是历史的不可知论。

　　时间总是滚滚流去,历史也绝不会是简单的螺旋。从这个意义上说,我们能从历史中获取的,与其说是确定的现成答案,不如说是应当解决的问题。只不过这个问题本身,就内含着指向解决方式的锁钥。对历史解读探索的过程,从中获得教益的过程,以此出发谋求改变的过程,终亦必将成为历史的一部分,也是全新的一部分。

　　历史从未终结,宿命亦必有可破之期。

不寻常的癸未年

内·生·的·挣·扎

一

19世纪七八十年代,经历过两次鸦片战争和太平天国运动磨难后的中国,正沐浴在专制皇朝的夕阳残照——"同光中兴"之中。严重的内乱终得敉平,外洋海面看上去也清静了不少,政治上虽有牝鸡司晨之象,但大局总算安宁。颟顸的帝国官员也对开放和学习有了几分热心,洋务运动开展起来了,求富自强似乎也不再遥不可及。

这是一个充斥着变迁和转型的历史大时代,夷夏大防正在被动的外部冲击下瓦解,传统的央地关系也在剧烈变动之中,改革的思潮在部分高层人物心中翻涌,而未来的走向则犹未可知。1874年,李鸿章在著名的《筹议海防折》当中,切言帝国正面临"数千年来未有之变局""数千年来未有之强敌",又指"环顾当世饷力人才实有未逮,又多拘于成法,牵于物议,虽欲振奋而末由",便既包含着对应变不变的不安,又流露出对变革之难的担忧。

金融是时代的一个侧面。社会的变易无论是奔腾激荡,还是潜流暗涌,都会在金融市场留下自己的痕迹与影子。与这个国家已经经历和正在经历的一切类似,自19世纪70年代开始,上海金融市场也迎来了包括环境、结构等在内数样变局的"几碰头"。

首先,是经济大环境的变局。尽管已经被军舰与火炮打开了国门,不过在第一次鸦片战争后的五口通商时期,中国的对外贸易于多数年份仍然表现为顺差。但第二次鸦片战争后,特别是 19 世纪 70 年代中期之后,由于国际竞争等多种原因,中国传统出口支柱产业(例如茶、丝)的行情开始走弱,乃至各大口岸商情呆滞,对外贸易开始转为持续的逆差。1877—1882 年,中国对外贸易逆差总额达 5 161.2 万海关两(以下"两"都是指货币单位"银两"),其中 1881 年和 1882 年分别为 2 045.8 万、1 037.8 万海关两①。巨额逆差的出现不仅意味着从事传统行业生产贸易的商家处境日窘,也因白银的流出而给金融市场的正常运转带来了额外的压力。在逆差数额较大的年份,上海金融市场在贸易清算时便颇有不胜负荷的感受②,流动性紧平衡态势日益显现,在受到短期冲击时尤其缺乏足够的弹性。例如 1882 年旧历年关临近之时,上海道衙门为应付急需,向上海钱庄业提取了大约百万两白银,便使得市场拆借利息水平骤然上升了五六倍之多③。

其次,是流动性结构的变局。如果说经济大环境决定了流动性供给的总背景,那么金融市场中机构的相互关系就构成了流动性供给的小气候。上海钱庄行业的起源较早,不过在发展初期,该地区的划汇钱庄数量并不多,且"非有厚资不能开庄"④,但这种状况在太平天国运动兴起以后逐渐发生了变化。早期与钱庄没有多少资金往来的山西票号与外国商业银行先后开始向钱庄业拆出款项,据记载,"自军兴后,上海商埠日盛,票号聚集愈多,而号商收存官场之银亦日富,于时稍稍放银于钱庄"⑤,"自己巳年(1869)余姚

---

① 许涤新、吴承明主编:《中国资本主义发展史(第二卷)》,人民出版社 1990 年版,第 77 页。
② 张国辉:《晚清钱庄和票号研究》,中华书局 1989 年版,第 144—145 页。
③ 同②,第 145 页。
④ 《论钱市之衰》,《字林沪报》1884 年 2 月 9 日。转引自中国人民银行上海市分行编:《上海钱庄史料》,上海人民出版社 1960 年版,第 51—52 页。
⑤ 同④。

王某为汇丰通事,本庄伙,深悉各庄底细,导银行放息"[1]。上述情况的产生深刻改变了上海金融市场的格局。一方面,在没有明确监管要求的情况下,对外融资的可得性上升,客观上使得开设钱庄的资本门槛大大下降了。由此,在上海从事划汇业务的钱庄大量增加,可谓"日有所增,岁有所益",最多时达到80余家[2],而钱庄的经营杠杆也明显提高,时人形象地描述道,"自票号、银行广放长期拆票以来,钱庄得此不竭之源,于是日开日多,庄伙认识银行、票号,不必仗东人存本,即可指挥阔绰"[3]。另一方面,上海钱庄业作为与中国本土商家,特别是经营丝、茶贸易的中小商家存在大量直接往来的金融机构(票号由从事长途贸易改造而来,主要经营异地汇兑业务;外国银行主要服务洋商之间的往来),其资金来源开始严重依赖票号和外国银行拆放的款项,导致后者特别是外国银行的行为对上海金融市场乃至经济贸易活动全局的影响急速放大。到19世纪70年代后期,外国银行贷出300万两左右白银已经成为维持上海市场正常周转的基本条件,一旦低于此数,便会立刻使得银根吃紧。事实上,19世纪70年代上海发生的历次程度不等的金融紧张,均与外国银行收紧流动性有关。对于这种现象,有人评价说,"中国钱庄如果得不到外国银行的帮助,或者得不到充分的帮助,贸易立即陷于混乱"[4]。

再次,是资金流投向的变局。处于变化中的时代,往往也是纷乱不已的时代。对新事物的好奇、追逐与对旧事物的恋栈、挽留,经常会让人们的选择显得光怪陆离。既然金融资本最终操之于

---

[1] 《答暨阳居士采访沪市公司情形书》,《申报》1884年1月12日。转引自中国人民银行上海市分行编:《上海钱庄史料》,上海人民出版社1960年版,第29页。
[2] 同[1]。
[3] 同[1],第30—31页。
[4] 张国辉:《晚清钱庄和票号研究》,中华书局1989年版,第145页。

人,那么它的流向自然也脱不开时代的干系。在19世纪的七八十年代,许多新的生意开始进入中国,特别是居住在上海等口岸的中国人的视野。比起旧式的买卖,这些新玩法具有相当的吸引力。比如,太平天国运动波及江南后,大量躲避战乱且有一定财富积累的人们挤入上海租界,从而刺激了地产需求扩大和增值[1]。许多原是房地产业主的洋行买办见有利可图,也进一步将积累的资金投入地产经营[2];再比如,随着洋务运动的兴起,包括轮船招商局、开平矿务局、中国电报局等在内的一批近代工业、矿业和交通运输企业相继成立并开始运营,也带动了相当一部分社会资本进入,使股票交易、股票投机变得日渐时髦起来,到19世纪80年代初,甚至达到了"忽见招商、开平等票逐渐飞涨,遂各怀立地致富之心,借资购股,趋之若鹜,一公司出,不问好歹,不察底蕴,股票早已满额,麾之不去"[3]的地步。当然,还有一些颇具理想主义情怀的人,比如红顶商人胡雪岩,在老谋深算的同时,也像堂吉诃德手持长矛与风车搏斗一般,试图通过囤积物资现货等"商战"来获得定价权,以重塑中国丝茶行业的昔日尊严与荣光。凡此种种,虽然具体内容和形式各不相同,却都在潜移默化中改变着资金的形态、性质和用途,而与资金周转关系密切的金融机构,自然也被深深卷入了投机的旋涡。

---

[1] 关于太平天国运动对上海地位、产业及租界发展情况等的影响,许多历史学者都作了有益且丰富的讨论,经典论述颇多。有关著作文献,可参见周武:《边缘缔造中心——历史视域中的上海与江南》,上海人民出版社、上海书店出版社2019年版,以及卢汉超著,段炼、吴敏、子羽译:《霓虹灯外——20世纪初日常生活中的上海》,山西出版传媒集团、山西人民出版社2018年版,等等。

[2] 刘志强、赵凤莲编:《徐润年谱长编》,北京师范大学出版社2011年版,第17页。

[3] 此处原文出自1884年1月12日《申报》。转引自杜恂诚:《从1883年上海金融风潮看中国资产阶级的产生》,《历史研究》1987年第6期。

宏观经济环境的紧张、金融市场结构的嬗变、钱庄行业杠杆的高企与各类投资、投机活动的盛行，无一不在堆积着整个系统的脆弱性。就在这样令人兴奋而又略感不安的气氛中，上海金融业从1882年走向了1883年，一个动荡的癸未年。

二

1882年夏秋之际，上海的股票市场首先达到了顶点。经历了大半年的汹涌上涨，股市的气氛在当时已呈鼎沸之状。人心似水，民动如烟。风动最终变成心动。在市场波动的撩拨下，想搭上这趟财富快车的人变得越来越多。一位外国侨民描述自己到达上海时，因听闻当地人谈论的"无一不是有关股票的行情"而惊讶不已，仿佛自己置身的就是西方的金融中心，而不是东方古国的口岸；集资募股变得非常容易，乃至"凡开矿公司如长乐、鹤峰、池州、金州、荆门、承德、徐州等处，一经察准招商集股，无不争先恐后，数十万巨款，一旦可齐"[1]。社会上掀起的狂热让一些心术不正的人看到了机会，他们混杂在集股队伍中招摇撞骗，利用投资者的热情迅速将财富挪移到自己的口袋里。根据当时媒体的估计，那些由各路矿局派到上海的人员当中，"公正诚实者居其半；而志不在矿，借端招摇者亦杂出其间"[2]。与市场温度一样火热的，当然是股票的价格。以轮船招商局、开平矿务局、平泉铜矿和鹤峰铜矿为例，1882

---

[1] 张国辉：《洋务运动与中国近代企业》，中国社会科学出版社1979年版，第300页。转引自刘广京：《一八八三年上海金融风潮》，《复旦学报(社会科学版)》1983年第3期。

[2] 此处原文出自1883年11月5日《申报》。转引自刘广京：《一八八三年上海金融风潮》，《复旦学报(社会科学版)》1983年第3期。

年10月9日,以上四者股价分别为270两、230两、251两和177两,与当年2月1日相比,涨幅均在20%以上,最高的平泉铜矿则翻了1倍①。

股票的募集和价格的高涨,对社会资金的吸纳效应是巨大的,对市场流动性的影响也是显而易见的,所谓"矿务及各公司大兴广招股份,忽然搁起银数百万两,而支绌情形乃昭然显露矣"②。根据时人描述,这些巨额资金,并不只来自居民的一般储蓄的"搬家",更多是来源于钱庄的借款,"纳股者非富家藏窖之银,乃市肆流通之宝","大抵皆钱庄划汇之银,平时存放与人有收回之日"③。显然,如果股价能一直上涨,那借钱加杠杆的游戏就可以永远兴高采烈地玩下去,而钱庄的放款看上去也是安全的。是啊,只要音乐一直在演奏,人们又何必停下欢乐的舞步呢? 然而,越是令人飘飘然的舒服日子,就越是难以长久。到了1882年秋天,流动性、基本面和投资者心理都不足以支撑股票价格继续书写神话了。一方面,部分公司已开始受到投资者怀疑,未能在短期内获得暴利的人们也产生了不耐烦的情绪;另一方面,上海市场的资金价格已开始异乎寻常地走高。当年7月份,每千两上海规元的日拆利息平均水平为0.127两,而9月至12月则分别为0.467两、0.303两、0.283两、0.367两④,明显高于往年。在多重影响之下,股价一直涨的路径终于被打破。据统计,如果以1882年10月份的高点为基准100,那么到了1883年1月,上海股票价格的总体水平便仅为

---

① 田永秀:《1862—1883年中国的股票市场》,《中国经济史研究》1995年第2期。
② 《论市面之败宜官为维持》,《字林沪报》1883年11月1日。转引自中国人民银行上海市分行编:《上海钱庄史料》,上海人民出版社1960年版,第50—51页。
③ 同②。
④ 孔敏主编:《南开经济指数资料汇编》,中国社会科学出版社1988年版,第479页。

74.5了[1]。

　　于是,1883年便是这样挟着股价下跌、市场流动性紧缩的寒意到来的。事态并没有因为日历的更新而好转,相反还变得更糟。1月12日,浙江南浔富商金氏旗下的上海金嘉记丝栈因遭所谓"某宦提去存项二十余万"而陷入经营困局无法支持。这里所谓的"某宦"是谁,为何提款,是否与股票投机不利带来的资产负债表塌陷有关,并不十分明确,但金嘉记突然倒闭、最终亏折款项56万两的结果是确凿无疑的。这一事件成为资本市场风险向金融体系和实体经济释放的重要导火索。丝栈一倒,与其原本存在业务款项往来的主体都感受到了冲击,而其中受到牵累的钱庄则达到40家之多。由于迫近年关,本就是钱庄急于回款之时,受此影响,市场银根更是大紧,金融与实体经济之间风险的互相传导一下子加剧,以至于"各业因周转不灵而倒闭者,亦相继而起"。到2月初,倒闭的丝栈、茶栈、糖行、杂货行、沙船号、布号、铁号、棉花行等已达到20余家。它们有大约150万—160万两的欠款[2]。这又进一步增加了钱庄业的坏账数额,导致钱庄业赔累急剧扩大。春节过后,及至开市,上海南市和北市的钱庄只剩下23家和35家,分别较前一年减少了一半和1/3[3]。可以想象,上海滩的许多金融业者、工商业者,在这个本应是充满欢声笑语、喜庆团聚的节日里,心情会是何等的紧张与沮丧。

　　然而,对于经历了一轮生死劫的钱庄而言,噩梦还远没有结束。那些去年红火的股票,此时价格仍然在飞流直下。2个月之

---

[1] 田永秀:《1862—1883年中国的股票市场》,《中国经济史研究》1995年第2期。

[2]《上海的钱庄》,上海市通志馆期刊1933年4月。转引自中国人民银行上海市分行编:《上海钱庄史料》,上海人民出版社1960年版,第45页。

[3] 同[2]。

后的1883年5月,轮船招商局股票跌至130两,开平矿务局股票跌至125两,上海织布局为84两,而长乐铜矿、鹤峰铜矿则索性跌到了票面额之下,只分别剩下了81.5两和83两[①]。金融市场就是这样"翻脸无情",曾经被追捧着、争抢着的优良资产,此时已成了一颗可怕的"定时炸弹"。如果股价不能扭转颓势,市场信心无法恢复,那么参与投机的个人、商号以及因为融资等关系直接或间接牵涉其中的钱庄,迟早都会被拖入深渊。

金融市场和金融系统是具有正反馈特征的,要打破股价下跌、流动性紧张、钱庄风险上升、市场信心下降、债务濒临爆雷的螺旋,或者依靠外生的重大利好刺激来恢复短期风险偏好,或者依靠额外的流动性注入来修复信用基础,或者两者兼而有之。但"屋漏偏逢连夜雨",1883年的上海,不仅未能得其一,实际上遭遇的恰恰是两者的反面。一方面,由于法国全面入侵越南,中法关系趋于恶化,两国正面战争虽尚未爆发,但各种流言早已是满天飞,逃离处于阴云笼罩之下、最容易被战火燃及的上海等沿海通商口岸大城市无疑是理性的选择,于是"法越构衅,久而不定;存资于人者深恐扰及商埠,皆思捆载而归,市面为之一紧"[②];另一方面,面临环境的种种不利变化,原本作为钱庄业主要流动性提供者的山西票号和外国银行也开始决定采取行动了。外国银行的拆放暂停,山西票号也要求各钱庄限期还清长期借款。以上所述一般存户和金融同业的提款催款行为相互叠加,反过来又进一步恶化了市场预期。原本尚在艰难喘息的钱庄业受此重大打击,终于支持不住,"市面

---

① 田永秀:《1862—1883年中国的股票市场》,《中国经济史研究》1995年第2期。

② 《答暨阳居士采访沪市公司情形书》,《申报》1884年1月12日。转引自中国人民银行上海市分行编:《上海钱庄史料》,上海人民出版社1960年版,第30—31页。

遂一朝决裂",而其自救当中对往来者急如星火的催收又导致了更多坏账的产生,所谓"凡往来庄款者皆岌岌可危;虽有物可抵,有本可偿,而提现不能,钱庄之逼,一如倒账"①。

在这一时期,包括银行、票号、钱庄、商号以及存户等在内的每一个主体,都在努力地做着微观上最优的选择,但结果却是整个系统更快、更彻底的瓦解和坍塌,风潮开始迅速放大,继而将更多的人、更多的行业和更多的资产类别卷入,演变成更大规模的商号、钱庄倒闭以及个人破产潮。

1883年10月上旬,上海北市两家大钱庄纯泰、泰来同时倒闭,进一步加剧了人们的恐慌。如果说股价泡沫破灭是危机的前奏,金嘉记丝栈事件和国际环境的恶化分别正式引爆了危机的第一幕和第二幕。那么,这两家大钱庄的倒下则标志着危机正式开始进入第三阶段——向原先被认为资金实力和信用雄厚的大型主体扩散,许多一直勉力维持自身周转的大商人也顶不住了。

首先是有名的胡雪岩。这位出身钱庄学徒,曾为封疆大吏左宗棠多方筹划,从事国际借款中介、经营银号与钱庄等多种活动的大金融家、大商人,正因为自己手头的巨量丝茧困坐愁城。自1881年开始,他为了能在商场上与外国人一争高下,一直在投入巨资囤积生丝,以求推高生丝价格,既为获得巨额利润,也为争回民族的骄傲与自豪。这种努力使他一度占据了上风,"垄断居奇,市值涨落国外不能操纵"②,甚至在1882年9月,已使得每磅生丝

---

① 《论市面之败宜官为维持》,《字林沪报》1883年11月1日。转引自中国人民银行上海市分行编:《上海钱庄史料》,上海人民出版社1960年版,第50—51页。
② 此处原文出自刘体仁:《异辞录》,自刊本。转引自中国人民银行上海市分行编:《上海钱庄史料》,上海人民出版社1960年版,第47—48页。

在上海涨到17先令4便士,超过了伦敦交易所16先令3便士的价格。然而胡雪岩虽然"官至江西候补道,衔至布政使,阶至头品顶戴,服至黄马褂",事业宏大,手段圆滑,为人练达,却终归还是没法从旧式商人的藩篱里跳脱出来。他可能用过不少洋货,也跟不少洋人打过交道,但对于国际商情,却仍然了解不多,对国际远洋运输更是几无涉足。他只知道1883年浙江气候欠佳,影响养蚕业,估计生丝供应量将较往年大大减少,只要自己能够硬顶下去,就能逼竞争对手就范,却不知地球那么大,能产出生丝的绝非只有中国的江南水乡一地。事实上,当年意大利生丝恰恰迎来了大丰收。如此一来,宏观的国际基本面和国内金融都对他极端不利。丝的确可以变成黄金,但丝本身并不是黄金。1883年秋天,在紧缩的金融环境下,曾经金融、贸易两头吃[1],把业务多元化玩得得心应手的胡雪岩,终于品出了自己酿造的苦酒的滋味。他面临着丝价下跌和钱庄周转不利的双重困境:1883年9月初到11月中,上海上等四号缉里丝的价格从每包约428两跌至375两,而胡氏旗下曾经被倚为资本力量来源、遍布各地的一众钱庄和银号——诸如阜康、通裕、通泉、裕成等则正在存户"竞相取所寄者"的情况下成为日益收紧的锁套。无奈之下,胡雪岩走上了甩卖低流动性资产的断腕求生之路,被迫低价出售生丝,先后卖给怡和洋行等近数万包,以应对流动性危机。尽管他为此付出了确认几百万两白银亏蚀[2]的代价,但仍然无法挽回行将失控的命运。当年12月1

---

[1] 胡雪岩将钱庄银号作为自己生意周转的资金来源,这一金融体系至少包括:上海阜康银号、阜康雪记钱庄、杭州阜康银号、宁波通裕银号、通泉钱庄、福州裕成银号、汉口乾裕银号、北京阜康福记银号。原文出自秦翰才自藏稿"左宗棠与朋僚",转引自中国人民银行上海市分行编:《上海钱庄史料》,上海人民出版社1960年版,第48—49页。

[2] 许涤新、吴承明主编:《中国资本主义发展史(第二卷)》,人民出版社1990年版,第257页。

日,阜康银号终于在官绅商人的挤提中倒闭,其在各地的分支机构及其他银号、钱庄随后也陆续歇闭。曾被无数人艳羡的"胡大财神"的商业帝国,就此土崩瓦解。

与胡雪岩景况类似的,还有广东香山籍商人的代表徐润。相较于胡雪岩,徐润自身的转型要更早也更成功一些。在早年从事丝茶生意的基础上,徐润先后介入了房地产和近代企业的投资经营。1883年时的他,既是旗下拥有大量不动产的"地产大王",还是轮船招商局的大股东与实际主持日常事务的会办,同时还经营着中国最早的内资保险公司。不过徐润庞大的地产帝国也是建立在大量的借款和腾挪基础上的。据统计,徐润当年的欠款高达250万两以上,其中欠22家钱庄1 052 500两,股票抵押借款419 920两[1]。用今天的话讲,徐润的事业也是高负债高杠杆的产物。流动性和信用紧缩是高杠杆的克星,也是房地产价格崩溃的导火索。根据徐润的回忆,当时上海"举市所存现银不到百万,恐慌不堪言状"[2],可谓窘迫至极。由是,在胡雪岩旗下钱庄倒闭、市场恐慌情绪更加高企、各方催讨频仍时,徐润宝源祥公司的周转也陷入了困境,被迫进行清理,而他另一个已开业十余年的茶栈,也因无力偿还钱庄业的款项而搁浅。据他本人事后的估算,因为资产处置,仅地产方面的损失就达到近900万两[3]。

海明威曾经说过,冰山运动之所以雄伟壮观,是因为它只有1/8在水面上。金融危机的到来,正如冰山的倾覆,将一切烈火烹

---

[1] 刘志强、赵凤莲编著:《徐润年谱长编》,北京师范大学出版社2011年版,第241页。
[2] 同[1]。
[3] 同[1],第242页。

油的虚幻美景都打回了原形。在经历了一年的风暴肆虐后,到1883年年底,上海的股票价格已经较最高时跌去了大约80%,而还在经营的钱庄仅仅剩下了十家①。同时,金融机构倒闭的风潮还蔓延到了北京、杭州、宁波、扬州、镇江、汉口等地②。胡雪岩和徐润等商界巨擘的轰然倒塌,则是以更加形象的方式,将金融危机的冲击明白地展现在了所有人的面前。

三

纵观1883年金融危机,流动性的缺失和信用危机贯穿始终,在市场失灵的情况下,可能额外施加有效干预举动的便只有政府部门了。但令人遗憾的是,当时的清政府,因为种种原因,并没有采取有助于阻断危机传导的措施;相反,还在很大程度上起到了火上浇油的作用。其正面的消极无为和负面的积极作为,放在一起,映照极为鲜明。

从能力上看,当时的政府确实缺乏救灾的足够资源。干预金融市场最直接的办法是注入流动性,而这需要相对完善的机制和大量的资金作为支撑。1883年的清政府,对外面临着与法国开战的国防压力,对内则陷于应对自然灾害的泥潭之中,财政上已是举步维艰。例如,时任两江总督的左宗棠,向来被认为与胡雪岩利益

---

① 刘广京:《一八八三年上海金融风潮》,《复旦学报(社会科学版)》1983年第3期。
② 仅以北京为例,根据翁同龢的记录,受上海金融风潮冲击,北京"钱铺闭歇者不下百家,街市萧条,小民愁苦"。参见张国辉:《晚清钱庄和票号研究》,中华书局1989年版,第157页。

休戚相关,是胡雪岩政治上的有力靠山①。在 1877 年胡雪岩借洋款成功、积极助力其在新疆大展宏图之时,甚至盛赞胡与其"万里同心,不言而喻"②。但在 1883 年秋季致胡雪岩的一封信函中,左宗棠所述的却乃是"山东河患甚殷,廷命助赈,而当事图兴工以代。惟盼协款早到,借慰饥民……可否以二十万假我,俾能早日解往,活此灾黎",依旧打着"阁下长袖善舞,尤为赢余"的主意③。可见作为中国最富庶地区的两江,其地方政府此时在响应中央救灾号召时都已经是捉襟见肘。最高长官既然都需要向自身处境日渐不妙的商人借款来应付公事急需,当然不可能还拿得出真金白银来向这位"同心"的商人施以援手,也就更不可能有精力和财力来解决自己辖下整个金融市场的问题。

从行动上看,清政府对于金融机构的政策态度,总体也是保守、强硬,甚至可以说是蛮横的。在 1883 年初第一轮钱庄倒闭潮发生后,时任苏松太道邵友濂便发出了一张极具典型意义的告示,声言"近来本市各业纷纷倒歇,所欠各款,自数万至数十万不等,其间实在亏本者少,诈倒图吞者多",明确表态"若不按例严办,不足以惩刁奸而安市廛",甚至要求"凡已倒者,务将欠款赶紧全数还清,不准折减图让"④。在邵大人的思维和语言体系中,钱庄、商号

---

① 在相当长的一段时间里,左宗棠领兵为政都依赖胡雪岩提供的数额巨大的金融支持。例如,前者用兵收复新疆过程中,胡就为其筹借约 1 700 万两。出于回报,左宗棠也为胡争取了不少荣誉性的封赏与头衔。譬如,1864 年,保胡雪岩按察使衔;1865 年,保胡雪岩布政使衔;1871 年,为胡雪岩请正一品封典;1873 年,为胡雪岩母亲奏请同治皇帝御笔匾额;1878 年,为胡雪岩请穿黄马褂之赏,等等。
② 刘江华:《左宗棠传信录》,岳麓书社 2017 年版,第 330 页。
③ 刘江华:《左宗棠传信录》,岳麓书社 2017 年版,第 345 页;尹铁:《胡雪岩左宗棠关系考——以癸未金融风潮为视角》,《浙江大学学报(人文社会科学版)》2015 年第 4 期。
④ 《上海的钱庄》,上海市通志馆期刊 1933 年 4 月。转引自中国人民银行上海市分行编:《上海钱庄史料》,上海人民出版社 1960 年版,第 45 页。

遭遇的危机等同于相关人员的刑事犯罪，因此，只需强调国法森严加以恫吓，而不必拿出实质性的措施来。更为甚者，他还以官府的名义将许多可能的债务重组都消灭在了萌芽状态。应该说，在钱庄行业鱼龙混杂的时代里，邵大人所言未必就全然没有事实依据。但在危机状态下，官府作如此言论，除了摧毁金融与商业活动参与者的信心，刺激"良币变劣""劣币更劣"外，不会有任何的积极作用。身处近代中国最得风气之先的上海的官员，对危机和市场主体的认识尚且如此，那么在其他地方，公权力会如何凌驾于市场之上，也就可想而知了。事实上，在危机的深化当中，除了邵记的"落井下石"之外，政府"以邻为壑"也不少见。官员为了保全财政款项，除加速提款外，还不惜动用国家力量强制查封钱庄及实控人产业，将风险转嫁到机构和其他商民储户身上。例如阜康钱庄倒闭后，胡雪岩旗下在宁波的通泉钱庄与通裕银号便立即被当地政府查封，"至开在浙省之四典，闻上海关道亦委谢湛卿刺史前去封市面"[①]，以至于时人哀叹"一闻有官款在内，而被欠者均不敢作珠还之想。私账与官款相去乃如此之远。假令所有仅抵官款，则民间往来尽归无着落"。尽管在北京、天津等部分地区，政府在后期也采取了限制储户提款等措施，但终究已无补于全局。

四

金融危机造成的负面冲击历来是巨大的。大量资金融通中介、商贸主体的破产清零，使得实体经济产生大面积萧条。除了危

[①] 原文参见 1883 年 12 月 3 日《申报》，转引自中国人民银行上海市分行编：《上海钱庄史料》，上海人民出版社 1960 年版，第 47 页。

机期间"百货无不跌价三五成"的上海外,周边地区,无论是城市还是农村,也受到严重影响。例如杭州在阜康倒闭后,"上城之各衣庄、绸庄及皮货庄,本月以来门常如水,略有零星交易,议敷火食尚且不足。各处行栈、店铺往来者皆须现洋,概不用票……且闻下城之箔业亦将停歇";嘉定农村"近因饥荒兵兆,风鹤谣传,故商人裹足不前,收布只求上等,粗糙者一概退还。是以蓬户小民生计愈窘"[①]。危机还沿着长江向上游蔓延,汉口许多知名茶行和钱庄纷纷倒闭,茶农因下乡购茶资金减少,不得不依靠短期高利贷渡过难关,江汉关的报告明明白白地写道,这是"汉口历史上从未有过的商业危机",是"上海金融纷扰的反映",甚至远如四川,也出现了因富户抽回存款导致商业活动大受滞碍的现象[②]。

但相比于上述更具周期性特征的影响,1883年金融危机所带来的趋势性后果,尤其是其对中国近代经济发展以及近代化走向的影响,从历史角度而言或许更值得关注。一方面,股票价格的大幅下跌,让人们对这一新兴事物大为畏惧。"公司"二字既然令人闻之胆寒,则股份制的发展环境迅速恶化,此后通过股票集资筹创企业便极困难;另一方面,1883年的金融危机也让相当一部分原本可有更大作为的人在倾轧和打击中退出了历史的舞台。例如,曾经"富埒王侯、财倾半壁"[③]的红顶商人胡雪岩遭到严厉追查,家资耗尽,到1885年郁郁死去时仍有6万两亏空尚未填补;徐润在债务危机中被盛宣怀等人抓住了挪用轮船招商局16万余两公款的纰漏,后者大做文章,使徐润在蒙受偿债过程中巨大经济损失的

---

① 滨下武志:《19世纪后半期外国银行操纵中国金融市场的历史特点——及其与上海金融危机的联系》,《近代中国》1991年第2期。
② 张国辉:《晚清钱庄和票号研究》,中华书局1989年版,第155—156页。
③ 出自时任国务院总理朱镕基同志在2002年5月参观杭州胡雪岩故居后的题词。

同时,还最终被迫辞职离开了供职 10 年的轮船招商局;郑观应 1883 年时创办上海机器织布局,技术、原料、设备等问题原已初步解决,但因为其个人损失,整个企业陷入停顿。在上述两者的综合作用下,在思想理念和经济基础上本就不被清政府信任的商人阶层逐渐出局了,而以盛宣怀为代表的,既具有官僚身份又善于经营关系的人则登堂入室,取而代之。1885 年前后,以盛宣怀最终入主原本蒸蒸日上的轮船招商局为标志,洋务企业大多自"承商"的包办形态改为官僚直接管理的"督办"形态。这一商事由商办到商事由官办的转变,无疑是传统中国向近代中国过渡中复杂性、曲折性、艰难性的重要体现,而其竟由一场金融风暴而起,实在令人唏嘘不已。

五

1883 年的危机,并不是近代中国发生的第一次金融风潮[①],但其冲击之广、蔓延之泛、影响之远,则殊非往者可比。于今观之,如何认识金融市场的地位、资本市场的发展乃至危机应对的要旨,都可以从该事件中找到宝贵的镜鉴。

金融活动本身是制度的集合,它受到各项制度安排的影响,又会深刻影响制度变迁的走向。金融市场的建立、发展以及监管,不能只看到融通资金的表面,而要充分认识其社会意义。1883 年的上海,存在无监管的股票市场、无监管的钱庄机构、无监管的投机

---

① 有研究者总结,自开埠至 1883 年期间,上海共发生金融危机 3 次。参见滨下武志:《19 世纪后半期外国银行操纵中国金融市场的历史特点——及其与上海金融危机的联系》,《近代中国》1991 年第 2 期。

活动，以及缺乏最后贷款人的资金市场，并由此构成了一个催生脆弱性、堆积脆弱性却无法抑制脆弱性的体系。这一场金融危机的产生和深化，是脆弱性在宏观环境和政府错误应对下的爆发过程，并最终外溢到了社会和政治层面。回顾整个事件过程，我们会发现，没有健全的流动性供给机制，没有合理监管的框架体系，是无法支持一个金融系统和资本市场长期稳定运转的；没有有效的预期引导和资金支持，是无法扭转市场趋势和缓和危机的。而从更长远的历史关照角度来说，政府在面临严峻宏观背景、制定危机应对措施和解决办法时，如何能更好地尊重商业规律，合理保护企业家价值不被金融浪潮的起伏所吞噬，避免济一时市场之困而贻长久制度之祸，可能是比单纯度过一次危机更值得深思熟虑、反复考量的。

清帝国薄暮的股市云涌

内·生·的·挣·扎

一

对今天的人们来说,橡胶只是一样稀松平常的物件,它可能有许多用途,但平素并不会惹人过分关注。然而百年之前,橡胶对不少人而言却是颇具神秘感的,说是"新科技"也不为过。20世纪初,随着汽车工业的兴起,橡胶开始被广泛用于各类车辆轮胎的制造,除此之外,许多新的发明创造也使用橡胶作为原料之一。用途的增加和需求的扩大,使那些头脑活络的人开始嗅出"坚者可代骨角、韧者可代皮革"的橡胶所蕴含着的巨大商机。

橡胶树原本生长于印度、墨西哥、刚果等热带地区。随着天然橡胶逐渐不敷使用,人们开始尝试在锡兰(斯里兰卡)、新加坡和马来群岛等栽培橡胶树。令人欣喜的是,上述地区气候十分适合橡胶树的生长,产出品质亦属上乘。由是,赴南洋群岛投资建设橡胶种植园的商人云集。到1908年,马来西亚的橡胶产量已达到全世界的6成。而也就是从这一年开始,欧美对橡胶的需求快速放大。1909年,英美两国的橡胶进口值分别为141万英镑和约7 000万美元,同比增加了67.86%、22.81%。[1] 与此同时,国际市场橡胶行情也开始脱离前期波动区间迅速上涨。据记载,一磅橡胶在1908年的价格大约为2先令上下,到1909年末已达到10先令以

---

[1] 张国辉:《晚清钱庄和票号研究》,中华书局1989年版,第171页。

上,1910年上半年则更高①。

　　橡胶需求和价格的同步攀升,使众人视投资橡胶产业为获得暴利之捷径,但橡胶树有自身的生长特点与规律。总体而言,当时一般在栽种后6—7年才开始割胶,10年后方可达到最大产量。显然,短期内增加的橡胶树产能,并不会立刻带来回报和利润。如何既能参与橡胶投资又能立竿见影地获得胶价上涨所带来的好处呢？橡胶公司的股票看来是个不错的选择。一方面,橡胶种植的扩大本身就需要增加投资,募股即是资金的重要来源,购买股票自然也就是变相购买了橡胶树；另一方面,资本市场的定价能充分体现对未来收益的预期,有橡胶公司股票在手,虽未直接持有橡胶之实体,却能享持有橡胶之实利。于是,橡胶公司的股票开始受到热烈追捧,一时供销两旺。例如,有公司在伦敦招股募资100万镑,仅半小时即完毕。到1910年初,设在南洋群岛的橡胶公司已达到122家之多②。

　　上海很快也感受到了国际上橡胶热潮的温度。20世纪初的上海,开埠已逾60年,十里洋场,五方杂处,金融机构鳞次栉比。来自英、法、德、日、俄、美六大国的外资银行均已落地生根,而具有划汇资格的传统钱庄在历经风潮起落的涤荡后,此时又恢复到了约120家③。在这种情况下,不论是资金的供给方还是资金的需求方,自然都不会忽视上海。1909年以后,到上海进行招股的外国橡胶公司迅速增加。这些公司除了广泛登报宣传,也通过在上海

---

　　① 朱荫贵:《近代上海证券市场上股票买卖的三次高潮》,《中国经济史研究》1998年第3期。
　　② 闵杰:《上海橡胶风潮及其对江浙地区民族经济的冲击》,《中国经济史研究》1989年第1期。
　　③ 许涤新、吴承明主编:《中国资本主义发展史(第二卷)》,人民出版社1990年版,第698页。

的洋行具体经办股票发售事宜,并在上海的外资银行开户。海外利好讯息的频频刺激,加之募股方以及经办方通过发放高额股息、允许杠杆买卖、雇人假装买卖、联合外国银行允许股票质押借款等多种不同方式推动价格上涨,迅速点燃了大量本土投资者争购橡胶公司股票的热情。1883年到底已经过去太久了,那一次股灾的记忆也在岁月的蚀刻中逐渐淡去了。再者,即便当时留下的伤痕还在深处隐隐作痛,可谁又能斩钉截铁地说这次就注定会重蹈覆辙呢?于是,除了一般商人,地主、市民等各阶层也都纷纷加入了这一行列,其中当然不乏大量对股票和橡胶完全缺乏认识的人,即所谓"市中尚有不知橡皮为何物者"。然而专业知识的缺乏,似乎从来都不是谨慎投资的理由,相反倒可能成为孤注一掷的借口。事实上,有人就是"投出多年的积蓄尚且不以为足,进而变卖家人的衣装、首饰等物,竞相购买橡胶股票"[①]的。资金的大量涌入不仅使得市场进一步升温,也让许多空壳公司得以"浑水摸鱼",据史料统计,在上海募股的橡胶公司最多时达到了54家,资本总额达白银2 500万两[②]。

然而此时已经没有人关心这些公司的业绩好坏乃至真假了。只要股价上涨,财富的梦想就依旧存在,甚至是特别真切地存在。确实,1910年三四月份的上海橡胶股票市场,的确给每个人都绘就了无比炫彩的蓝图。例如,1909年4月4日,上海最早成立的橡胶公司兰格志在市场上的价格是每盘(10股)780两,5月16日就涨到1 160两,至1910年4月9日更高达1 475两;地傍橡树公

---

① 菊池贵晴:《清末经济恐慌与辛亥革命之联系》,《国外中国近代史研究》第2辑,中国社会科学出版社1981年版。
② 闵杰:《上海橡胶风潮及其对江浙地区民族经济的冲击》,《中国经济史研究》1989年第1期。

司股票的价格,1910年2月19日为25两,到4月6日即上涨1倍达到50两;柯罗麻公司的股价在1910年2月16日时为17.5两,到3月17日时就已上涨到36两①。

这真是个"令月风和"的时节,人们迷醉在财富的暴涨中。尽管投资股票的热忱、一票难求的疯狂、买到就是赚到的感受,都与30年前十分相似,但大家都坚信,这次将带来与1883年完全不同的结局:毕竟,橡胶是多么前沿的新材料;橡胶业是多么新兴的大行业;橡胶种植是多么过硬的新技术。没有人还会去思考,假如市场的上涨戛然而止,假如股票价格暴跌以致形同花绿废纸,假如投入市场的巨额资金化为乌有,会给自己、给家人、给社会、给国家带来什么样的后果。没有人会预料到,这些花绿的纸片将成为切割时代的锋刃,不仅让参与投机者鲜血淋漓,还会在演绎一部充满偶然、略显吊诡的历史双城记的过程中,奏响身后这个帝国走向终点的序曲。比起这些毫无意义的话题,他们更关心需要提前交多少钱购买预约券,去获得几本介绍橡胶公司信息的一览表。

然而,金融危机到来的必然性,并不会因标的资产是什么而转移。只要价格的上涨和资金的紧绷到达一定的限度,任何曾经火热的东西都可以把人送入极寒的冰点。

二

树不可能长到天上去,橡胶的价格自然也不可能高无止境。

---

① 朱荫贵:《近代上海证券市场上股票买卖的三次高潮》,《中国经济史研究》1998年第3期。

既然价格贵用不起,那不如就少用点。1910年,作为当时最大橡胶消费国的美国开始采取限制橡胶使用的政策,其余国家也纷纷跟进。消息一出,国际市场橡胶价格旋即大跌,4月份还高达每磅12先令5便士的伦敦橡胶价格,到7月底便降到9先令3便士,随后更猛跌到6先令①。股票既然能把涨价的乐观预期反映得淋漓尽致,那在胶价下跌时自然更是飞流直下。曾经被抢得头破血流的橡胶股票,一下子就陷入了无人问津的尴尬境地,以至于"股票价格,遂一落千丈,视同废纸"②。据当时的一份报告称,橡胶股票的投资总额为6 000万两,大约八成的股票为中国人所有。从金额来算,中国人的股票投资总额约在4 000万—4 500万两之间,其中上海市场和伦敦市场各占2/3和1/3③。如此巨额资金的运动,与钱庄等金融机构有密不可分的联系。事实上,在洋行经办发售股票的过程中,得风气之先的便是中国买办商人。由于洋行在大宗发行中准许以部分钱庄发行的期票(即远期的钱庄本票,到期付现金,平时也被等同于现金在市面流通)作为支付手段,导致具备买办和钱庄业主双重身份之人捷足先登,依靠大量增发期票(并贴现)抢购股票以牟取暴利。同时,钱庄也接受了大量商号以橡胶股票作为放款的抵押品④。以上两端,均使钱庄业在本轮投机风潮中所陷颇深,甚至达到了"(钱庄里的)商业资本,几乎完全被投入

---

① 朱荫贵:《近代上海证券市场上股票买卖的三次高潮》,《中国经济史研究》1998年第3期。
② 《上海的钱庄》,上海市通志馆期刊1933年4月。转引自中国人民银行上海市分行编:《上海钱庄史料》,上海人民出版社1960年版,第75—76页。
③ 同①。
④ 当时有商号的广告公开披露了自己将股票质押获得融资的情况。例如,一家名为长利的公司就称,"本公司前于三月间买定亚林麻及地傍橡树股份,分立和记、元记两户,记银五万两。当因资本未足,将所买股票向钱庄押银三万两"。可参见闵杰:《上海橡胶风潮及其对江浙地区民族经济的冲击》,《中国经济史研究》1989年第1期。

橡胶股票的交易中去了,可用于正常商业活动的资金,却差不多完全陷于枯竭状态"的地步①。对这种情形,外国银行了然于胸。因此,一旦国际胶价下跌并带动股价崩盘,平时经常向中国钱庄提供流动性的外国银行看到苗头不对,便加快收回贷款以保护自身资产的安全,"各国所设银行,因不信中国之钱庄,欲将所放之款收回,市面尤为汹惧"②。

据估计,外国商业银行当时对钱庄拆出的款项,有1 100万—1 300万两之巨③。他们的举动显然极大破坏了银钱业之间原本尚存的资金融通关系,加剧了市场恐慌情绪和金融机构的流动性危机。股价高涨之"水"一落,前期钱庄牵扯投机之"石"即出,首当其冲的则是正元、兆康、谦余三家既与洋行关系密切、又在上海颇具影响力的钱庄。上述三家钱庄的实际控制人陈逸卿、戴嘉宝、陆达生,通过操纵虚发巨额庄票(合计600万两)变现、向外国银行与洋行借款(100万两)、拉拢小型钱庄加入等手段,曾在短期内就获取大量流动性,构建了以自己为中心,以森源、元丰、会大、协丰、晋大五家钱庄为附属的投机集团。这种集团在股价蓬勃时自然得其所哉,一到危机临头调度不灵便原形毕露。史料记载,投机失败后,陈逸卿经手款项的损失超过200万两,戴嘉宝损失180余万两,陆达生损失120余万两④。实控人的赔累如此,上述钱庄资金窟窿之大可知,持有其庄票者也自然无法按约兑现。1910年7月21日

---

① 菊池贵晴:《清末经济恐慌与辛亥革命之联系》,《国外中国近代史研究》第2辑,中国社会科学出版社1981年版。
② 《谕饬江苏江海关道维持上海市面》,《东方杂志》1910年7月。转引自中国人民银行上海市分行编:《上海钱庄史料》,上海人民出版社1960年版,第76页。
③ 同①。
④ 闵杰:《上海橡胶风潮及其对江浙地区民族经济的冲击》,《中国经济史研究》1989年第1期。

与22日①,正元、兆康、谦余三大钱庄倒闭;3天之内,附从的5家钱庄也先后被拖入深渊。这一事件使市场资金面更加紧张,也让市场信心更加脆弱,橡胶股票投机对金融机构带来的第一轮正面冲击爆发了。

面对恶化的事态,清朝地方政府采取了行动。比起1883年,这次政府的认识和态度明显要进步不少。除通缉拘捕相关责任人外,也积极谋求救市。时任苏松太道的蔡乃煌,尽管人品未必算得有多高尚,但才学相当出众,在办理商务、外务交涉方面也很有能力。他看出了流动性的重要作用,行动也很果决,于7月24日夜便赴南京面见两江总督张人骏,请求后者紧急电告北京以便采取措施维持市场稳定。张人骏对此也很配合,在他"债务纠葛、沪局岌岌"的报告作用下,7月27日,清政府即下达谕旨,原则上同意救市,并要求蔡乃煌"将善后事宜悉心筹划,慎防流弊,以维市面而定人心"②。有了朝廷的首肯,精于业务的蔡乃煌就好搞推进抓落实了。不久之后,经与英国方面接触,蔡乃煌决议由江海关向汇丰、麦加利、德华、道胜、正金、东方汇理、花旗等外国银行借出总额为350万两(按上海规元计算)的五年期款项。8月4日,借款合同在上海正式签押③。此次所筹款项,一部分用于集中兑付由商会汇总的正元、兆康、谦余庄票(经政府查核并付清的约合银160万两),另一部分则用以满足其他钱庄的资金周转需求。经过蔡乃

---

① 部分学术文献认为是21日,但据《上海钱庄史料》(中国人民银行上海市分行编,上海人民出版社1960年版)记载,也有21日与22日两天之说。考虑到《上海钱庄史料》所载材料原始性更强,本处采用后者的说法。
② 中国第一历史档案馆编:《清代军机处电报档汇编》第3册,中国人民大学出版社2005年版,第432页。
③ 该借款合同可参见中国人民银行上海市分行编:《上海钱庄史料》,上海人民出版社1960年版,第76—78页。

煌等人的努力,市场紧张情绪有所下降,风潮暂时趋于缓和。时人对政府的这项行动也给予了很高的评价,称正是因为江海关道代各钱庄向外资银行借款,市面才得以"始略镇静"①。

但超出几乎所有人意料的是,看上去已经平息的风潮,会在经过真金白银救市之后的 2 个月,也就是 10 月份卷土重来。而新一轮风潮的导火索,则是 1910 年 9 月,度支部(类似于今天的财政部)下令江海关提交应赔付西方的战争赔款白银合计 190 万两。这一纸抽取流动性的命令,与当时复杂的央地博弈框架混合发酵后,触发了金融危机的升级,其影响和后果较橡胶股票泡沫破灭带来的直接冲击更加广泛和深远。

三

从抽象的角度看,央地博弈主要是财权和事权划分的失衡、调整与再平衡,但其具体形式则复杂多样。与本轮危机直接相关的一场博弈,源自清朝海关款项的具体管理,而其渊源则是一直存在的"海关银号"现象。自鸦片战争爆发之后,清廷就开始陷入需长期支付条约赔款的泥淖,而赔款款项则多来自各处海关的汇缴。这些款项,从各省海关收齐到最终被汇解之间,往往会存在长达数月的空档期,但吊诡的是,旧中国政府在相当长的时间里,却没有根据这种情况建立起专门的赔款(偿债)资金管理机构或相应正式机制。在实践当中,这些款项通常被民间开办的"海关银号"经管,只要这些银号(钱庄等)能够把款项在赔款指定日期及时上缴,清

---

① 《谕饬江苏江海关道维持上海市面》,《东方杂志》1910 年 7 月。转引自中国人民银行上海市分行编:《上海钱庄史料》,上海人民出版社 1960 年版,第 76 页。

朝各级政府一般较少过问款项的具体用途和去向。

如此非正式的安排，必然流弊丛生。从现实情况看，所谓的海关银号并不是具有特定资本要求的专业机构，也没有制度化的审批或备案程序，相反，往往是机构的实际控制人通过与政府官员的私人关系获得海关款项的经营管理权。这一方面导致资金缺乏监管、易被挪作投机用途，另一方面则给拥有实权的地方官员创设了寻租机会，并日渐加剧了中央对财权旁落的担忧①。自古以来，纠纷各种各样，其中最搞不清的纠纷，一般就是钱没分清的纠纷，而许多变革、改革，也是从把钱"重新分一分"开始的。江海关地处税收最旺的上海一埠，又是各省汇解对外赔款还款的总汇之区，道库存款之丰，在全国自为翘楚。这些款项可能带来的利息收入，当然也逃不过朝廷的关切。1903年，出任商部②尚书的载振，鉴于时事维艰、筹款困难，就上了一道折子，指出江海关道之收存款项"有在无形之中而未及经理者"，如果能把入库与拨用之间的时间差打起来，弄点利息收入，那么"聚米成山，积沙成塔，综计所入每年不下数十万两"③。1904年，出于加强中央集权、增加财政收入等多重考虑，清廷正式批准并推行商部提出的所谓"存款生息"政策，要求江海关在将收齐的税款移交给最终接收人（如接收清朝战争赔款的各国银行）前，应先将此款存放地方钱庄一段时间生息。然而，这一政策实际只是早期"海关银号"做法的翻版，除了明确"生息"，以官方名义分取收益外，并没有革除掉其他弊端，反而使得过去的

---

① 关于"海关银号"的更多讨论，可以参见王路曼：《投机之外的危机：国家政治视角下的1910年上海"橡皮股票风潮"》，《史林》2014年第6期；或马长林：《不起眼的清末中官银钱号》，《浙江金融》2013年第3期。

② 清光绪二十九年七月十六日(1903年9月7日)置，光绪三十二年九月二十日(1906年11月6日)，清廷将工部并入商部，改称农工商部。

③ 《商部奏饬道库存款生息折》，《东方杂志》1904年第4期。转引自邹晓昇：《辛亥革命前后的上海道库存款》，《史林》2012年第6期。

成例制度化,使更多的钱庄变成了"海关银号"。据蔡乃煌到任后的估算,1909年上海收存海关税款生息的钱庄已达100余家,并指"其存放之数自数万以至六七十万不等,未免泛滥,深以为虑"①,他已经开始担忧出现金融风险的可能性。

作为较为熟悉上海金融市场的地方官员,蔡乃煌明白直接或间接卷入橡皮股票投机的绝不止7月份倒下的8家钱庄,自然也深知此时从刚平复但仍脆弱的市面提取近200万两白银带来的负面影响,"缘沪市收入款项,止凭钱庄纸条,若道署提存现银,必至动摇全市,不惟情有不忍,抑亦势有不能"②。若在以往,这样的命令自然毫无问题,他也会严格落实执行,但此时,他却只能复电"请迅速饬大清银行,拨借二百万两,以救眉急"③,也就是拒绝了直接从上海提取现款交付的做法。

毫无疑问,蔡的要求是具有一定合理性的,但这次他的建议并没有得到中枢的认同与理解,反而引起了轩然大波。个中缘由,既有涉及所谓政治大局的,又有牵扯蔡乃煌个人小节的。前者在于,蔡的行为被视作对朝廷权威的挑战。朝廷关于金融危机应对本来就一知半解,风潮与危机是不是会反复、要不要救多次,也超出了当时大员首先要考虑的范围④。再者,他们对蔡乃煌救市建议的

---

① 《江海关道蔡乃煌为拟息款变通办法并开列庄号牌名给农工商部的呈文》(宣统元年正月二十四日)。转引自中国人民银行山西省分行、山西财经学院《山西票号史料》编写组:《山西票号史料》,山西人民出版社1990年版,第259页。

② 《蔡乃煌为交代事致军机处、外务部、度支部、农工商部、两江总督、江苏巡抚庚电》。转引自中国人民银行上海市分行编:《上海钱庄史料》,上海人民出版社1960年版,第68—70页。

③ 《度支部弹劾上海道蔡乃煌》。转引自中国人民银行上海市分行编:《上海钱庄史料》,上海人民出版社1960年版,第68页。

④ 有研究者认为,度支部自身并不是无力按照蔡电中的请求救市,也并非对上海金融恐慌漠不关心(王路曼,2014)。应该说,这个观点主要是根据官方后续的其他救市动作提出的,具有一定的合理性,但很明显,度支部对危机二次爆发的可能性、严重性的估计是缺失或者说大大不足的。

认可,很大程度上也是觉得此举能够保障财政资金,不至于影响天朝对外的支付,而不仅仅为了救商民于危急。蔡乃煌跟袁世凯关系密切,按古老帝国的传统,显然是"袁派"人物无疑。他对度支部指令的抗拒,在摄政王载沣和袁世凯矛盾激化、袁世凯暂时处于下风[①]的环境下,很难不被当作是政治上不可靠的表现而引发猜疑。后者在于,由于苏松太道官员历来多从海关款项收益中分取私利,朝野对此时担任这一"肥缺"的蔡乃煌素来也有不少议论。他的复电一到,便使得有关其营私舞弊的物议更加沸腾。尽管至今也没有发现可以证明蔡乃煌本人如何严重贪污腐败的坚实证据,但大清朝官员揣度政治风向在先,都倾向于相信蔡在金融救灾中的积极力行,是出于一己私利。一向与蔡有隙的度支部侍郎陈邦瑞此时觉得遇到了"千载难逢、失不再来"的良机,便立刻弹劾其"无非以市面恐慌为恫吓,以还期迫促为要求。于一己之罔利营私,视为分所当为,而于国际之交涉失败,一若自有他人任咎,而与彼无与者。似此狡诈居心,不顾大局,实难再事姑容"[②]。这样的言辞虽然未必真属实情,却很符合朝廷一贯的思维逻辑,而以解决人的问题来解决政治问题以至于各类实务问题,又是朝廷一贯的行为方式。既然蔡乃煌不顾大局,那么换一个能识大体懂轻重的人就好了。于是表章一上,蔡立时被革职,并被要求限期交清经手款项,他虽然申诉,但不仅无用,反遭严斥。

蔡乃煌羞愤之下,只得从上海钱庄等提出白银200万两。结果则是,由宁波巨贾严信厚、严义彬经营多年,先前存放大量关款

[①] 载沣成为摄政王后,立即解除了袁世凯的官职。袁返回河南,初隐居于辉县,后转至安阳。蔡乃煌救市之时,袁世凯正以足疾开缺作洹上钓叟。

[②] 《度支部弹劾上海道蔡乃煌》。转引自中国人民银行上海市分行编:《上海钱庄史料》,上海人民出版社1960年版,第68页。

和借款的大型钱庄源丰润,因官府火急催款,周转不灵,于10月8日宣告清理,其在上海、北京、天津、广州、福州、杭州、宁波等地的分号铺面当即歇业,留下了巨额公私款项亏欠[①]。政府对流动性的抽离与源丰润的倒塌,标志着上海钱庄业信用在短期内几近完全瓦解,也标志着风潮开始从上海向全国蔓延,导致各大城市均受严重冲击,挤兑倒闭频频。例如,源丰润在北京的分号自请查封后,市场银根大紧,受到牵累而关门的钱庄达16家之多[②]。受此事件的影响,外资银行又开始对中国钱庄的拆借款项进行新一轮加速回收。据统计,至当年12月初,外资银行对上海钱庄的拆出款仅为60万两,不及9月底的1/10。更加糟糕的是,金融的紧张还严重威胁到了生产经营与社会稳定。得不到资金融通的企业,既结算不了货款,也发放不出工资,只得停工,以致"竟如罢市"。尽管受到威胁的清政府,随后不得不通过银行放贷、谋求外部借款等方式,试图平息上海及各地的金融恐慌,但总的来说为时已晚。在各方夹逼之下,钱庄犹如风前残烛,截至1911年初(旧历年前),上海钱庄同业倒闭已达到约30家,江浙地区各埠大型钱庄、票号均受冲击,商业活动一片萧条[③]。而其余波甚至到1911年3月还在发酵,连合肥李鸿章家族开办的义善源钱庄也没有能够逃脱倒闭的命运。

权力博弈、历史积弊,让原本一度看到成功曙光的救市被搅弄成了"一地鸡毛"。那么,橡胶股票风潮这笔账,到此是否算完了呢?

---

① 张国辉:《晚清钱庄和票号研究》,中华书局1989年版,第174页。
② 同①,第175页。
③ 闵杰:《上海橡胶风潮及其对江浙地区民族经济的冲击》,《中国经济史研究》1989年第1期。

四

对大清国而言,这笔账显然还没有到头。

原因在于,股灾的爆发和钱庄的损失,揭开了一起巨大弊案的盖子,而对这起弊案的处置,则间接引发了一场革命。

前文已叙,参与橡胶股票投机的资金庞大、来头众多。在这当中,就有一笔资金来自与上海远隔千山万水的四川,确切地说,来自川汉铁路公司。

川汉铁路公司是在20世纪初收回利权运动兴起、清政府允许各省官商自行筹集股本兴办铁路的背景下,于1904年成立的。该公司最初为官办,1905年改为官商合办,1907年又改为商办。应该说,放开限制,允许民族资本、民间资本进入铁路建设领域,与外国资本享有同等待遇,无论是从扩充铁路修建资金来源角度还是从增强本国对关键基础设施建设控制力角度看,都是件大好事。但事情总有两面性。由于区域经济发展不平衡,民间资本积累、发育和成熟程度不同,各地资金筹措方式也不一,部分内陆省份看到铁路建设的巨大利润,便借此名义,变相向民间搜刮,加重了人民负担。川汉铁路公司的融资,恰恰就属于比较糟糕的一种——劝说(事实上也就是逼迫)百姓节衣缩食,以租股、加抽灯捐等方式,拿血汗钱集股。1905—1909年期间,该公司共筹资1 000余万两。

"手里有钱,心中气壮"。川汉铁路公司声势浩大,共设立了成都、宜昌和上海三个办事处,分别负责总管、前期筑路和资金管理,但企业的体量虽巨,决策和内控管理却漏洞百出。虽说公司应该把修筑铁路摆在第一位,但实际上,在各式各样的事情当中,主业的进展反而是最缓慢拖沓的,直到1909年年底,宜昌到万县段才勉强开工。比起这点,公司在资金运作方面倒是干了不少"实事大事"。因为那些通过增加一般农民负担而来的"租股"虽然名义上属于人民,官府和商人都不能成为其完全代表,但资金名义所有者毕竟是分散的、模糊的,由此所聚合起来的资本,不会也不可能交给出资人来管理,最终一定会落进内部人控制的代理成本问题的窠臼。川汉铁路公司的有关人员,在这点上的认识是清楚的,在落实这点上则是能模糊就尽量模糊,经过坚持不懈的努力,终于形成了账目繁杂、簿册凌乱的"于公大糟、于私大好"局面,不论是为自己牟利上下其手,还是为互相内斗大打出手,都大开了方便之门。当然,钱仅仅摆在那里、供在那里是不会生钱的,必须要运作起来,才可能增值。于是,在橡胶股票行情旺盛之际,川汉铁路公司的总收支施典章便趁着掌握 350 万两白银管理权之机,以钱庄存款或私下划转的方式,将约 200 万两白银资金投向了陈逸卿(即前述第一批风潮中倒闭三大钱庄的核心运营人之一)及其关联钱庄。此外,他还私自挪用公款炒作兰格志公司股票,加上其他个人吞没的款项,在严重的股灾和前述失败的救灾之后,共造成和暴露出了约 300 万两白银的巨额亏空。

事件曝光之后,为出资集股流尽血汗的川人一时间群情激愤。金融危机下惊天弊案带来的巨大社会效应,加之川汉公司糟糕的修路业绩,成为让清政府认定地方商办公司管理混乱无力造路的铁证。由此,早期因地方筹资不统一、标准不统一、技术不统一、政府财政困难等因素而萌发的铁路国有化政策[1]便加速落地。1911 年 5 月 9 日,清廷正式宣布将铁路干线收归国有;5 月 18 日,清政

---

[1] 铁路修筑权下放后,由于种种原因,全国统一路网的建设效率反而大大降低了。鉴于此,邮传部于 1906 年提出了区别对待、因地制宜,将主要干线收归国有,将支线交给地方利用民间资本建设的思路。1908 年,清政府下令参照邮传部的规划对全国铁路建设情况开展调查,将商办不力者逐渐改作官办或官商合办,并在陇海铁路上开展了具体实践。

府任命贵族端方为督办粤汉、川汉铁路大臣;5月20日,邮传部大臣盛宣怀同英、美、德、法四国银行团签订600万英镑的《湖北湖南两省境内粤汉铁路、湖北境内川汉铁路借款合同》。

同一个政策,站在不同的立场去看,会有完全不同的理解,清廷的铁路国有化政策也概莫能外。这一政策是否能让利益相关者接受,核心不在原则,而在落实,关键取决于如何处置前期投入的民间资本,保证其不受过分伤害。与湖广等地坚称新政策出卖主权不同,川汉铁路方面在国有化政策下达后最初抵制并不严重,川汉铁路公司高层、股东及咨议局议员甚至希望能借此甩掉包袱和摊子,收回包括上海亏空在内的所有前期投入[①]。但事与愿违,主管政策制定的盛宣怀等人坚持认为川汉铁路公司属于商办,其自身内控缺陷导致的损失不应由官方予以弥补。6月17日,清廷宣布了对粤川湘鄂四省铁路公司股本的处理办法,总体思路是商股发还、国家保利股票置换部分股本,但各地略有差异。相较之下,广东和两湖原有商股获得的条件稍好,而四川方面只允许将造路已用资金置换为国家保利股票,留存资金用于继续兴办实业,对于金融危机中的亏空则只字未提。结果,原本闹得很凶的广东和两湖反倒稍见缓和,失望的四川立宪派和绅士商人则开始以抗议政府抵押借款出卖路权为号召,开启了大规模的保路运动,而武昌首义、辛亥革命[②]的曙光,正是在"保路运动"事态不断扩大、清政府坚持强硬行事、调兵镇压的过程中,慢慢地浮现在了历史的天际。

一场金融危机,在多次政治博弈的"击鼓传花"后,就这样成了

[①] 马勇:《正当与失当:清末铁路干线国有化政策再检讨》,《史林》2012年第3期。
[②] 革命并不能随心所欲地塑造。事实上,造就辛亥革命爆发和推动其演化的各方面因素很多。既包括天灾,也包括人祸;既有经济方面的,也有政治、社会方面的。提出和肯定股灾、金融危机传导在其中的作用,并不是要强调其唯一性。

政治危机乃至改朝换代的导火线。

五

单纯从金融市场的角度看，1910年的橡胶股票投机风潮只不过是诸多股市泡沫形成和破灭案例之一，但其社会后果之严重、历史影响之深远，却是其余股灾恐怕都难以企及的。遍观金融风险从形成到爆发、金融危机从受控到失控、社会冲击从经济到政治的整个事件过程，其中很多层面的教训，都是值得人们深思的。

橡胶股票风潮，最初是因资本市场监管空白和失序而起，其引发之危机的应对，又因央地之间、派系之间的政治博弈而前功尽弃。可以说，清政府面对的这一次金融失败，起因固然在股市，其扩大的根源却在自己身上。该管的时候不去管，该救的时候却偏来一记昏招，这种治理上的无能和落后，最终到底还是触发了对秩序本身的冲击和反噬。历史已经发生，无法轻言假设。我们很难讲，如果蔡乃煌不在政治攻讦中下台，如果他的救市策略能不被打断地坚持执行下去，如果挪用川汉铁路资金投机亏损的事情能在缓和的市面背景下被多"捂"一下，清朝覆亡的命运是不是就会因此改写。但我们从中却可以看到，尽管在表面上，金融市场的问题经常是局部性的，但实质上却往往是实体经济和现有制度规则缺陷的反映；金融风险的应对和拆解，也常常因难以避免其他各方的干扰而丧失纯粹性、有效性。治标而不能治本，治标当中又为本所误，大概是蔡乃煌最为痛苦的感受；但他的这种感受，在专制体制下又何尝不是注定的呢？

风起于青萍之末，浪却不一定只成于微澜之间。

内·生·的·挣·扎

凋落的昙花

一

　　自明朝以来,白银便逐步奠定了在中国经济和社会生活中的地位。贯穿近代,银价波动始终是中国经济的重要影响因素。随着中国的主要贸易对象先后确立和采用金本位,而作为非产银国的中国缺乏白银定价权,国际银价波动或者说金银比价的变化便对中国进出口贸易状况,进而对中国工商业者的生存状态产生重大冲击。1916—1920年期间,受到第一次世界大战的影响,各国金本位制度遭到不同程度的破坏,世界范围内出现银价腾贵的现象,金银比价在1915年为39.84,而到1920年则仅为15.31。金银比价的缩小造成中国货币对外升值,但这一期间主要资本主义国家物价上涨幅度更大,例如,1920年美国、英国和日本的国际批发物价指数比1913年分别上涨了120.9%、195.3%和159.4%,这一效应不光抵消了前者的影响,还使中国对外出口表现出了少见的景气。1919年,中国对外出口货值折合6.31亿海关两,较1914年增长77.08%。在此过程中,中国商人不仅可以得到贸易扩张带来的正常利润,同时还从白银的升值中获得了显著收益。民族工业资本、商业资本分别从1913年的20 515万元("元"为"银元",下同)、166 200万元增加到1920年的45 070万元、230 000万元[①],规模扩张十分明显。

　　[①] 许涤新、吴承明主编:《中国资本主义发展史》(第二卷),人民出版社1990年版,第1065页。

表 4.1　1913—1920 年期间国际银汇物价及中国进出口情况

年份	金银比值	汇价			国际批发物价指数盈亏占支出比例			中国进出口货值	
		便士	美元	日元	英国	美国	日本	出口	进口
1913	34.19	36.03	0.73	1.47	100.0	100.0	100.0	40 330.6	57 016.3
1914	37.37	24.88	0.67	1.34	100.0	97.6	95.5	35 622.7	56 924.1
1915	39.84	24.71	0.62	1.25	127.1	99.6	96.6	41 886.1	45 447.6
1916	30.11	36.38	0.79	1.54	160.0	122.5	116.8	48 179.7	51 640.7
1917	23.09	48.38	1.03	1.98	205.9	168.3	147.0	46 293.2	54 951.9
1918	19.84	60.34	1.26	2.37	225.9	187.9	192.6	48 588.3	55 489.3
1919	16.53	72.14	1.39	2.72	242.4	198.5	235.9	63 080.9	64 699.8
1920	15.31	72.95	1.24	2.38	295.3	220.9	259.4	54 163.1	76 225.0

注：数据来自许涤新、吴承明主编：《中国资本主义发展史(第二卷)》，人民出版社 1990 年版，第 719、851 页。汇价为间接标价法，单位为每海关两兑相应外币；国际批发物价指数以 1913 年为 100；进出口货值单位为万海关两。

然而,短期的景气终有完结之时。第一次世界大战结束后的 1920 年上半年,前述情况就开始发生剧烈变化。一方面,国际银价出现大幅下跌,中国货币随即迅速贬值。1920 年 3 月到 1921 年 3 月,中国货币对英镑贬值达 65.6%,对美元贬值 59.86%;另一方面,1920—1921 年期间,资本主义世界爆发了一战后的首次经济危机,物价水平暴跌,需求迅速萎缩。各资本主义国家为摆脱危机,在商品输入紧缩的同时加紧扩张海外市场。1919—1921 年间,各国对华出口商品货值分别为 64 699.8 万、76 225.0 万、90 612.2 万海关两,同时,资本主义国家也加大对华工业资本输出。景气的幸福光环一下褪去,艰苦的岁月来得如此突然。高歌猛进的局面迅速逆转,中国民族工商业开始承受巨大的竞争压力,而本国货币虽以惊人的速度贬值,仍无法扭转国际市场拒绝购买中国商品的局面。1920年和1921年,中国出口货值分别为54 163.1万海关两与60 125.6万海关两,较1919年分别下降14.14%和4.68%,这一比例看似不大,但若考虑到汇率变化情况,即以美元等外币计价的话,则降幅惊人。对于当时的中国出口贸易,有人曾经这样描述到,"(出口)几全在停滞之中……船舶之离香港、上海及其他大口岸者,皆无重载,船身高出水面"。

表4.2 上海对外月汇价(1920年1月至1921年3月)

时间	汇价 便士	汇价 美元	时间	汇价 便士	汇价 美元
1920.1	93.88	1.48	1920.9	70.81	1.04
1920.2	102.70	1.47	1920.10	64.13	0.95
1920.3	90.50	1.39	1920.11	60.94	0.87
1920.4	79.13	1.22	1920.12	50.60	0.73
1920.5	70.10	1.10	1921.1	47.83	0.73
1920.6	59.63	0.98	1921.2	40.65	0.66
1920.7	62.19	1.02	1921.3	35.30	0.59
1920.8	70.94	1.07			

注:数据来自孔敏主编:《南开经济指数资料汇编》,中国社会科学出版社1988年版,第453—454页。汇价为间接标价法,单位为每两上海规银兑相应外币(上海规银与海关两的换算比例为1两规银=0.8977两关平银)。

出口情况的恶化使得中国主要港口出现大量货物积压,而进口商品的陆续到货结算则因汇价变动导致进口商蒙受巨大损失。上海是中国的经济中心,一向在中国对外贸易中扮演着重要角色,当地民族工业在这一轮汇价变动和国际经济危机的传导中受到的冲击自然尤为明显。据统计,1919—1921年,上海出口总值分别为25 972.9万海关两、19 379.5万海关两和21 052.8万海关两,占全国比重分别为 41.2%、35.8%和 35.0%[①]。在国际经济环境发生不利变动、西方主要资本主义国家加大对华商品与资本输出以转嫁危机的情况下,主要集中于上海等大城市的中国工商业资本在客观上正面临着财富和前期丰厚利润缩水的困境,寻求新的投资渠道来挽回损失和实现保值的那份迫切自然也是难免的。

那么,会是哪颗"火星"引燃这堆"干柴"呢？

二

在 19 世纪末 20 世纪初,经历过几轮股市涨跌的上海滩出现了一个新玩意。

随着中国民族资本主义、股份制企业的发展以及政府公债等证券发行的增加,作为各类证券和大宗商品集中交易场所的交易所开始渐成雏形,逐步演化出了"上海股票商业公会"这一交易所的前身。据历史资料统计,1914 年在上海股票商业公会交易的公司股票已不下 20 种。新兴的事物总给人以巨大的想象空间,甚至连搅弄时代风云的大人物们也不免于此。1916 年,孙中山先生为筹集革命经费,即谋划于上海成立证券交易所,并于次年亲自领衔,向北洋政府农商部呈文,请求开办证券、金银、粮油等 7 项交易。虽然该所的筹备工作后因张勋复辟引发上海市面混乱而中止[②],但并没有影响上海交易所行业内生发展动力的持续积累和

[①] 徐雪筠等:《上海近代社会经济发展概况(1882—1931)——〈海关十年报告译编〉》,上海社会科学院出版社 1985 年版,第 322 页。

[②] 剑荣:《虞洽卿与上海证券物品交易所》,《档案与史学》1996 年第 6 期。

喷发。1918年3月,三井、三菱、伊藤等日资洋行在上海设立取引所(交易所),开业仪式隆重非常,包括日本驻沪总领事在内,共有五百余名各色各样的头头脑脑出席了仪式。这在各行业民族资本中产生极大震动,以致有人惊呼,"我不自办,彼将反客为主,握我商权"[①]。自办是不是一定就能把握好定价权,很难说;"自握商权"是不是仅仅只是出于凛然的民族大义,也很难说。但总体而言,自办总是能给人一种很强的责任感和安全感的,也容易得到同情和支持。在危机感和爱国心、逐利性的互相交织下,交易所筹办事宜得以快速推进。1920年2月,虞洽卿、闻兰亭等人长期筹备的上海证券物品交易所召开创立大会,并于7月正式营业;同年5月,由原上海股票商业公会演变而来的上海华商证券交易所宣告成立。上海机制面粉交易所、上海杂粮油饼交易所、上海金业交易所、上海华商纱布交易所等商品交易所也在这一期间先后成立或开业。

上述交易所在开办和正式营业后,普遍取得了较好的业绩。例如,上海证券物品交易所自开业后半年间盈余就超过了50万元[②]。贸易艰难,处处艰难,唯此独盛,自然刺激上海市面兴起了开办交易所及投资交易所股票的热潮。1921年5月至1921年12月期间,上海新设交易所达136家,不仅数量多、增加速度快,而且大大超过了经济发展的客观需求与合理范畴。从交易对象的行业分布看,除了适合集中交易、具有统一标准等级的公债、股票、标金、棉纱等外,布、麻、煤油、火柴、木材、麻袋

[①] 上海市档案馆编:《旧上海的证券交易所》,上海古籍出版社1992年版,第19页。

[②] 《民十信交风潮之回顾》,《证券市场》1947年12月。转引自中国人民银行上海市分行编:《上海钱庄史料》,上海人民出版社1960年版,第117—119页。

和烟、酒、砂石、泥灰等行业也都成立了交易所;从注册资本看,上述交易所的总资本额竟然达到了约2亿元,而1920年全国银行业总资本也才约5200万元①。上海的最新变化风气很快影响和深入到了周边的商埠与富裕地区。苏州、宁波等地也相继出现了多家交易所。1921年,除上海外,各地共有华商交易所24家②。

表4.3　上海地区新设交易所数量(1921年5月至1921年12月)

月份	1921.5	1921.6	1921.7	1921.8	1921.9	1921.10	1921.11	1921.12	合计
数量	2	18	25	22	7	23	38	1	136

注:数据来自刘志英:《近代上海华商证券市场研究》,学林出版社2004年版,第17页。

热潮之下有如此乱象,那么异化便已不远。交易所本身的功能很快被人淡忘了,倒是交易所股票投机风潮迅速兴起。这种情形的出现和当时交易所的组织形式存在密切关系。与现今我国股票、期货交易所主要采取会员制不同,当年的交易所组织主要采用的是股份制形式。北洋政府的证券交易所法即规定"证券交易所以股份有限公司组织之",在其《物品交易所条例》中也有类似规定。股票是公司剩余分配的权利凭证,股票价格代表了公司未来收益的折现情况,既然如此,辛苦投资开办交易所,还不如买卖交易所自己的股票来得简单直接。买者如是想,卖者又何尝不是如此?于是,在这一过程中,许多交易所或是沦为纯粹炒作证券尤其

---

① 1920年全国银行业总资本数据,可参见中国人民银行上海市分行编:《上海钱庄史料》,上海人民出版社1960年版,第118页;上海当年新设交易所总资本数来自朱义农的调查,可参见李丹:《历史大数据——民国证券市场之量化研究》,北京大学出版社2016年版,第30页。需要注意,这一结果系根据各交易所宣布数统计,并非实缴数,李丹(2016)认为交易所实收股金不会超过宣布数的1/4。

② 丁晓中:《"信交风潮"之交易所补考》,《档案与建设》2002年第1期。

是本所股①的场所,或是仅仅只为有名义可资炒作而存在,只要宣布开始筹备,其股票便已上市交易。与橡胶股票风潮等历史事件相近的气息渐渐在上海又弥散开来。据史料的记载,1921年年中,已经开始普遍出现"公司之名方出,公司之股价已涨""交易所之已成立者不必论,既仅挂一筹备招牌,其一元一股之认股证,执有者亦居为奇货"②的现象。当时供职于日本中华取引市场株式会社的滨田峰太郎对交易所的情况进行了一些调查。相关资料显示,1921年9月,交易所股价普遍大大高于其实收价,最多的达到五六倍之多。时人形容说,"价格飞涨,获利倍蓰"③。

表4.4 上海地区部分交易所股价情况(1921年9月)

交易所简称	实收股价	市价	交易所简称	实收股价	市价
沪江油饼	20	32.5	中国证券	20	109
沪海证券	10	25	华洋证券	10	23
上海棉布	12.5	28	上海丝茧	12.5	19.6
匹头证券	12.5	28	华商证券	20	39
上海内地证券	10	13	上海杂粮	12.5	58
合众晚市	5	20	华商棉业	20	39
上海棉纱	12.5	58	上海华商	12.5	27
上海烟酒	10	17.5	证券棉花	12.5	27
沪商棉纱	10	18	中外货币	10	25

---

① 有学者指出,"(当时交易所)决未有不兼营本所股者,而当时创办交易所,其根本目的就是进行本所股的投机买卖"。参见刘志英:《近代上海华商证券市场研究》,学林出版社2004年版,第16页。
② 肖勤福:《上海金融界"民十风潮"述略》,《近代史研究》1986年第2期。
③ 《民十信交风潮之回顾》,《证券市场》1947年12月15日。转引自中国人民银行上海市分行编:《上海钱庄史料》,上海人民出版社1960年版,第117—119页。

续　表

交易所简称	实收股价	市价	交易所简称	实收股价	市价
上海夜市	5	15	上海煤业	6.5	15.8
上海五金	5	13	中国丝茧	10	21
上海中外股票	20	41	上海金业	20	40
星期物券	20	60	华商纱布	12.5	60
中美证券	10	22	上海面粉	12.5	80
上海纸业	20	26	上海证券物品	25	98

注：数据来自朱荫贵：《1918—1937 年的中国证券市场》，《复旦学报（社会科学版）》2006 年第 2 期。

投机狂欢的气氛袭来，也引致了相关行业的膨胀。一是信托公司等机构纷纷设立。至 1921 年 7 月，仅上海一地就筹组了中国商业、通易、中央、运驳、中易、神州、华盛、上海、中华、大中华、通商、中外等 12 家信托公司，资本总额达到 8 100 万元，其股份也得到投资者的踊跃认购。除此之外，"带有信交色彩之小金融机关亦复滋生不已"[1]；二是经纪人行业得到很大发展。由于北洋政府 1914 年颁布的《证券交易所法》明确规定"证券交易所限于其经纪人得参加其买卖"，交易所行业的扩大使得作为交易主体之一的经纪人随之活跃起来[2]。例如，上海华商证券交易所成立时额定经纪人 40 名，因交易规模扩大于 1921 年 3 月增加至 55 名，当年 6 月再次扩充到 80 名[3]。

市场热气升腾，参与交易者短期回报颇丰，财富神话层出不

---

[1]　《民国十年上海金融之回顾》，《银行周报》1922 年 1 月 10 日。转引自中国人民银行上海市分行编：《上海钱庄史料》，上海人民出版社 1960 年版，第 119—120 页。

[2]　王海沙：《民国时期证券经纪人合同文书浅析》，《证券市场导报》2013 年第 10 期。

[3]　刘志英：《近代上海华商证券市场研究》，学林出版社 2004 年版，第 15 页。

穷,而底层资产真不真实、究竟运营如何,几乎已经无人真正关心①。

三

如此不循常规的过度膨胀发展,看着就让人很揪心。依照通常的理解,相比于一般的企业、公司,交易所应该说是比较特殊的。它当然可以在市场主体的交易活动中取得收益,但它提供的却是带有公共品性质的服务,同时也要承担市场监管和秩序维护的重要职责。因此,交易所这一行总归是有门槛的,不是谁想搞就能搞,也不是进去搞就能搞得好。交易所是要防范过度投机的,而不是放任市场疯狂不管不顾。可是,就像前面说的,1921年的上海,显然并不是这么回事,交易所本身反倒成了被投机的对象。难道没有王法了吗?

事实上,滥设交易所风潮的迅速发展,一方面与特定宏观经济背景下参与者的非理性预期有关,另一方面,也存在非市场因素的推波助澜,而这种因素,恰恰是以政府监管缺位与交易所内控机制失效为具体表现的。

一方面,政府的监管法律体系形同虚设,执行效果极为有限。从立法层面来看,北洋政府早在1914年就颁布了《证券交易所法》,1921年又颁行了《物品交易所条例》。它们都明确规定,证券

---

① 近年来,也有学者,例如李丹(2016)提出,1921年的市场狂热并不一定只是由投资者的"非理性投机"导致的,也可能是由公司主体披露"利好"消息引发的"理性人预期泡沫",且许多当时关于投资者身份的报道可能夸大了社会底层民众的参与度。但以上研究结论并不否认交易所滥设和市场投机过热的存在。

交易所或物品交易所的设立需由农商部核准,由后者发给营业执照,且同一行业在同一地区仅可开办一家交易所,但1921年交易所行业的实际情况却与此截然相背。为什么呢?县官不如现管。北洋政府有颁布法律的权力,但却没有保障自己法律实施的能力。它能实际控制的地盘有限,那么法律能得到有效执行的地方也就很有限。在上海这种冒险家的乐园,就更明显了。据统计,除早期开办的少数交易所曾向北洋政府农商部寻求注册外,多数交易所利用旧中国上海特定的政治环境和权力格局,通过向租界当局、外国领事馆、地方军阀登记备案的形式逃避监管,甚至完全没有履行任何注册手续(大约有90余家)。其中,设在租界的交易所数量高达112家(公共租界73家,法租界39家)。北洋政府农商部对此既没有给予足够的警惕,也无任何及时的干预,即使后期在金融工商界与地方政府要求下于7月份下发通电要求取缔上海地区非法交易所,也由于司法主权不独立、地方实权派不配合、自身执法力量薄弱等多种因素,并没有能收到明显的效果。

表 4.5　1921年上海地区交易所与信托公司注册情况

登 记 注 册 方	数　　量
北洋政府农商部	10
中国驻沪军方	2
美国领事馆	4
西班牙领事馆	17
法国领事馆	16
其他租界当局	3
无明确注册登记手续	约90余家

注:资料来自杜恂诚主编:《上海金融的制度、功能与变迁:1897—1997》,上海人民出版社2002年版,第164页。

另一方面,交易所的内控也漏洞百出。政府不给力,交易所的内部人自然也有恃无恐。不难理解,科学合理的交易所行业内控机制有助于确保运营规范,遏制群体非理性形成,进而防范投机风潮扩大,而交易所内控的缺失则很容易加速、加剧金融风险的积聚。在1921年的这波风潮中,包括上海证券物品交易所和上海华商证券交易所两家合法设立的交易所在内,全行业普遍出现了内控机制不成熟的重大缺陷,并以炒作本所股票、大搞左右手互搏为主要表现,严重践踏市场的公平、公正、公开原则。比如,上海证券物品交易所的理事赵林士、张澹如等,在投机高潮时与经纪人洪善长联合成立了所谓"多头公司",通过自身保留股份、从市场回购股份等方式操纵和抬高本所股票价格[1];在上海华商证券交易所挂牌交易本所股后,其部分理事和经纪人也在常务理事尹韵笙的建议下组建多头集团,分批买入本所股票推动价格上涨[2]。除内部人员参与操纵本所股价助长投机泡沫之外,部分交易所还存在不切实执行保证金[3](当时称为"证据金")制度等问题,如上海证券物品交易所的股东张静江、戴季陶等人在交易本所股的同时,不仅不按要求缴纳保证金,还强迫管理市场业务的常务理事闻兰亭等接受空头支票充作现金[4]。以上种种,都潜移默化地加剧了市场风险。

---

[1] 马长林:《生死之搏——70年前的证券大战》,《上海档案工作》1993年第6期。也可参见朱振陆:《证券物品交易所简述》,收入上海市政协文史资料委员会编:《旧上海的交易所》(《上海文史资料选辑(第76辑)》),上海市政协文史资料编辑部1994年版,第13—16页。

[2] 奇良:《上海华商证券交易所概况》,收入上海市政协文史资料委员会编:《旧上海的交易所》(《上海文史资料选辑(第76辑)》),上海市政协文史资料编辑部1994年版,第36—56页。

[3] 当时股票交易允许以类似期货的方式实行远期交割。例如,上海证券物品交易所规则规定,股票交易有现期和定期两种交易方式,其中现期期限不超过7天,定期以2个月为限。参与买卖的经纪人则需缴纳保证金(称为证据金),比例由交易所议决。

[4] 杨天石:《蒋氏秘档与蒋介石真相》,社会科学文献出版社2002年版,第76页。

四

投机泡沫无论多么绚烂,最终都是要归于破灭的。在政府监管和行业自律缺失,无法对市场过度投机进行有效遏制和调控的情况下,泡沫就只能通过危机的形式来实现强制出清。1921年春夏兴起的交易所滥设与投机风潮,到当年底便出现崩溃迹象,至1922年初即宣告结束,历时不足1年。

总的来看,这一泡沫破灭受到市场和政府力量的双重影响,并以前者为主。而市场的作用则与任何一次资产价格泡沫破灭类似,是以流动性收紧为主要标志的。

金融机构的信用收缩主要是以上海钱庄业公会等同业组织推动的。在旧中国,特别是晚清和北洋政府时期,由于政府的调控力量弱小,对金融市场日常运营的介入干预热情也有限,钱业公会[①]等金融同业组织便逐渐成长起来,并在相当程度上实际承担着制定和执行行业规则、信用制度等监管职能。上海钱庄业曾在1883年工矿企业股票投机风潮和1910年橡胶股票投机风潮中经历过巨大冲击,而今不光"记吃",终于也有些"记打"了。对1921年的交易所滥设情形,一开始就较为警惕。早在1921年5月9日,上海钱业公会便召集会议,决议各会员钱庄若以交易所股票作押款者,其金额不得超过票面值;同月,钱业公会还联合银行公会致电北洋政府农商部并江苏省政府,揭示"各交易所,接踵而起,触目皆是,贪利之徒,竞相买卖,举国若狂,悖出悖入,贻害靡穷"的现状,

---

[①] 上海钱业公会的前身是钱业会商处和沪北钱业公会。1917年,上海钱业公会正式成立。相关资料和对该时期钱业公会职能的论述,可参见吴景平、邹晓昇:《上海钱业公会的成立及初期组织运作》,《社会科学》2007年第5期。

指出"设一旦票价暴落,祸害之烈,甚于橡皮风潮。扰害市面,金融界必首蒙其厄"、"况本所股票在本所买卖,尤属违法"①,要求政府采取措施限制投机。1921年9月底,钱业公会更进一步作出"自阴历十月份起,凡同业各庄,无论经理伙友,皆不准入交易所作投机生涯,并互相查察,以杜后患。如有查出私做情事,经公众开会筹议处分"②的决定,严格要求同业控制对交易所股票市场的风险敞口。

银钱业机构的谨慎态度和自律应对相当于抽水,而仍在发展的交易所股票投机活动则需要资金的源源流入,两方面相互作用,造成上海市场流动性开始紧张,资金价格在1921年下半年开始迅速上升。1921年6月起,上海银两的日拆利率水平出现大幅度上升,10月的平均日拆利率相当于上半年水平的近15倍,市场还出现了通过"暗盘"变相提高银拆的现象③;9—12月份,洋厘的月最高价也均在7钱3分以上。与此同时,上海金融机构的银两、银元存底数量则迅速减少。1921年10月,两者月均水平较1921年1月分别下降了34.02%和36.06%。

受到市面银根持续收紧的影响,部分交易所(与信托公司)股票出现大幅下跌,例如华商证券交易所、杂粮油饼交易所1921年6月底的股价分别为101.8元和98元,到当年年底分别仅为19.5元和17元。

---

① 原文出自1921年5月17日《银行周报》,转引自中国人民银行上海市分行编:《上海钱庄史料》,上海人民出版社1960年版,第120页。
② 《钱业取缔伙友入交易所营业》,《申报》1921年10月1日。转引自中国人民银行上海市分行编:《上海钱庄史料》,上海人民出版社1960年版,第120—121页。
③ 1921年11月1日,钱业公会曾出台一项维持金融办法,以应对"日来沪市银根奇紧,表面虽称7钱,实则暗中尚有暗盘及欠拆加息"的"为近数年来所未有"的情形。该办法的主要内容便是对银拆上限进行规定,并要求不准加高暗盘,以免加剧市场恐慌。具体详见《钱业公会之维持金融办法》,《银行周报》1921年11月1日。转引自中国人民银行上海市分行编:《上海钱庄史料》,上海人民出版社1960年版,第121页。

表4.6 上海地区资金价格与白银存底情况(1921年1月至1922年3月)

月　份	银拆(日拆)	银两存底	银元存底
1921.1	0.18	36 790	38 925
1921.2	0.04	41 530	38 555
1921.3	0.04	41 605	38 260
1921.4	0.04	41 040	37 760
1921.5	0.04	39 110	34 125
1921.6	0.10	35 680	27 555
1921.7	0.26	29 360	26 425
1921.8	0.15	28 095	25 155
1921.9	0.20	26 175	25 685
1921.10	0.58	24 275	24 890
1921.11	0.45	26 005	25 300
1921.12	0.27	27 960	25 680
1922.1	0.19	32 985	22 795
1922.2	0.03	35 745	28 410
1922.3	0.10	36 270	34 740

注：数据来自孔敏主编：《南开经济指数资料汇编》，中国社会科学出版社1988年版，第480、489页。也可参考中国人民银行上海市分行编：《上海钱庄史料》，上海人民出版社1960年版，第634—637页。其中银拆(日拆)系指每千两借贷的日息；银两和银元存底单位为千两/千元，三者均为月均值。

俗话说，"皮之不存，毛将焉附"。从正常的情况来说，交易所应是"皮"，而其股票价格则为"毛"，但在创设交易所只为炒作交易所股票的背景下，则皮毛之位序其实是反过来的。而今，"皮"已经被侵蚀得只剩边角料，那么装点其上的"毛"，自然也就没有存在的必要了。由此，交易所股票价格的下跌，很快就引发了交易所行业的出清过程。1921年11月，新设交易所尚有38家，而到了12月，这个数量便只剩下1家。新设交易所急剧减少的同时,存量的交易所也在大批宣布停业或倒闭。据记载,1921年末至1922年初,上海交易所"解散停业者,日有所闻……能安度年关,勉强支持者,不过十之一二"①。在这样的情况下,之前对开设交易所态度暧昧的洋大人也不得不有所举动了。法租界当局迫于各方压力和中国官方的多次交涉,最终于1922年2月1日正式颁布了《取缔交易所规则》21条,要求交易所应专门缴纳相当于资本额1/5的保证金、不得买卖本所股、当局可以随时查阅交易所账目等。受此影响,又有一批交易所宣布停止交易和解散,至1922年3月,上海仍在营业的交易所仅剩下12家,不足最高峰时的1/10;到4月,则只有上海证券物品交易所、华商证券交易所、杂粮油饼交易所、机制面粉交易所、华商纱布交易所、上海金业交易所等6家硕果仅存了。

需要指出的是,以上交易所虽免于破产关闭,但大多也遭受了严重损失。例如上海证券物品交易所的股票在1922年2月24日因前述"多头公司"交割违约而暂停交易(违约规模约6万股、金额700余万元)。2月28日,经纪人公会召集证券部会员举行紧急会议,会长顾文耀担任主席。经由交易所常务理事闻兰亭与经纪人公会调停后,决议以违约方支付一定现金、交易所垫款和部分违约方担保品(当时称代用品)为代价②支付空头,空头认亏了结此事。

---

① 杨荫溥:《上海金融组织概要》,商务印书馆1930年版,第291页。转引自肖勤福:《上海金融界"民十风潮"述略》,《近代史研究》1986年第2期。

② 违约方交出现金50万元,交易所垫出盐余公债100万元(充抵现金50万元,最终也由违约方负担),连同违约方之前用作保证金的代用品150万元,作为支付给股票卖方的对价。具体方案可参见上海市档案馆编:《旧上海的证券交易所》,上海古籍出版社1992年版,第111—116页。

根据调解方案，卖方最后每股所获对价大约仅为 20 元[①]，远低于之前的市价，损失严重。这同时也引发了市场参与者对经纪人违约的连锁反应，使许多人的命运发生了天翻地覆的变化。例如，在 20 世纪的中国历史上写下浓墨重彩一笔的蒋介石，就是在这次风潮中蒙受了极大打击后，离开上海南下继续融入革命洪流的。1920 年上半年，与陈炯明不和的他回到上海，恰好赶上股市的好年景，遂先后与陈果夫等人组织成立经纪商茂新号，与张静江等 17 人合作开办经纪商恒泰号，与张静江、戴季陶等人组建经纪商利源号等[②]，以代客交易股票为主要业务活动[③]，在股海中尽情搏击。因一度盈利颇丰，他甚至恋栈不归，连继续追随中山先生左右的兴趣都变得索然了。不过现实很快把蒋介石的发财梦击打得粉碎。仅以其与陈果夫等合作经营的经纪商茂新号为例，在经历此次事件后，将所有股票出售所得价款与代客买入股票应付之款两项相抵后，就仍净欠交易所 60 多万元，而前期全部经纪业务盈利也不过 20 余万元。最要命的是，许多委托客户见此情况，也拒不按期缴款，终于使得经纪商号的事业大败亏输。巨大的损失让身为投资者的蒋介石生活一下子陷入窘境。1921 年 9 月，蒋介石给张静江写信，除叙述其债务累累、心力交瘁之状，更言及"舍儿经国在沪上学，竟于十五元衣服费亦被茂新拒绝不支，思之伤心"[④]。

市场参与者很惨，交易所的日子也好过不到哪里去。投机的

[①] 每股对应现金和盐余公债各 8.19 元，其他担保品需按实际变价计算，现有文献未提及。

[②] 根据其他资料，可了解到蒋介石至少还参与了新丰和鼎新两家经纪商的投资。关于蒋介石投资经纪商的具体细节，可参见杨天石：《蒋氏秘档与蒋介石真相》，社会科学文献出版社 2002 年版，第 62—72 页。

[③] 蒋介石投资的经纪商之营业范围还包括其他品种，例如利源号"兼办金业"，茂新号也做棉花交易等。

[④] 杨天石：《蒋氏秘档与蒋介石真相》，社会科学文献出版社 2002 年版，第 80 页。

潮水已经退去,裸泳的交易所也就被看得清清楚楚。违约事件的发生彻底暴露了上海证券物品交易所前期存在的诸多问题,使之被迫向外借款方得恢复营业,在经济和声誉上都遭到了严重打击;另一家大所——上海华商证券交易所,也因股价大跌被迫暂停本所股的交易,并垫出大量款项以避免经纪人违约,虽维持了市场信用,但自身实力仍遭到了明显削弱,不得不于1922年2月决议减资①,最终风光不再。

五

1921年的"信交风潮"是在宏观经济受到外部负面冲击背景下、资本利用监管空白追逐短期超额利润而引发的一次金融风险事件。它既与历史上的股市崩盘具有一致性和相似性,又带有自身的专门特征。尽管时过境迁,但在微观上仍不失其借鉴意义。例如,在实业投资回报率下降、外部环境发生变化的时期,要尤其警惕宏观风险向金融领域传导的可能性,严防投机资金在金融体系内空转;又比如,"信交风潮"的历史经验还表明,没有监管的空白地带不仅容易成为金融风险快速滋生的"温床",更可能会交织欺诈、操纵等犯罪活动。在金融周期下行、流动性潮水退去的时候,基础资产质量和风险的变化也可能提前诱发部分金融活动原本就存在的法律风险。因此,对打着各类创新旗号的非法集资和金融诈骗、乱办交易场所、超范围经营等扰乱金融秩序的活动,保

---

① 奇良:《上海华商证券交易所概况》,收入上海市政协文史资料委员会编:《旧上海的交易所》(《上海文史资料选辑(第76辑)》),上海市政协文史资料编辑部1994年版,第36—56页。

持高压态势、实行严厉打击,确实是强化金融风险源头管控之必需。

相比微观的借鉴意义,风潮对金融业、近代中国资本市场的发展与监管,乃至近代史走向等方面的宏观影响,则更加不容小觑。

诚然,与1883年和1910年的风潮相比,它的金融市场负面冲击较小,蔓延的时间也较短。银行和钱庄业虽然参与了股票质押借款等业务,但由于较早地认识到滥设交易所及相关投机活动的风险并采取了相应措施,切断了股票市场的危机向金融市场系统性风险事件演变的路径,总体上受到泡沫破灭的冲击可控。从结果看,泡沫破灭后,在上海因此而破产的银行,基本都成立较晚、资本较少,其中有3家还是在风潮期间开办的[①],而上海钱庄业的数量、资本额、利润则仍然处在扩张区间[②],几乎看不出影响。

但风潮带来的社会影响依旧是深远的。首先,风潮再一次恶化了股票市场的形象。因投机失败导致企业破产、人员失业与轻生、经济纠纷等事件屡屡发生,噩耗四处而起,甚至连上海证券物品交易所的监察人周骏彦也在要求兑现股票的股东催逼下,两度跳黄浦江自杀。上述恶性事件严重动摇了社会公众对股票及股票交易所的信任。风潮结束后,虽然部分大公司如商务印书馆、中国银行、招商局等的股票仍在交易所挂牌,但实际成交量很小,部分交易所如上海华商证券交易所因此还宣告暂停了股票交易。在后期相当一段时间内,公债在交易所证券交易中占据了主体地位。

[①] 上海地区因本次风潮倒闭的银行有沪海实业银行、丰大商业储蓄银行上海分行、民新银行、华孚商业储蓄银行上海分行、上海惠工银行五家。参见肖勤福:《上海金融界"民十风潮"述略》,《近代史研究》1986年第2期,或李丹:《历史大数据——民国证券市场之量化研究》,北京大学出版社2016年版,第43页。

[②] 中国人民银行上海市分行编:《上海钱庄史料》,上海人民出版社1960年版,第191、202页。

据估计,在南京国民政府成立后的前10年,公债在证券交易所交易额占比仍有约98%,股票则仅占2%左右[①]。

当然,风潮的教训也推动了市场从自由放任向政府监管的转型。1921年的信交风潮是在监管几乎处于空白的情况下发生的。这是北洋政府自身弱势的必然,却不会成为后来者的选择。受此事件的影响,1927年上台的南京国民政府加强了证券市场的监管制度设计。在1929年10月和1930年3月颁布的《交易所法》和《交易所法施行细则》中,有多处体现了针对1921年暴露问题的反思和修补。例如,强化了同一物品在同一地区只能设立一家交易所的原则(存在多家的限3年内合并);明确规定交易所不得上市交易本所股票;限定交易所职员和经纪人资格;严格规定了政府对交易所及相关人员违法行为的处分权。

而可能最为重要也是最容易被人忽视的,则是那位继续投身革命的年轻人因风潮而产生的思想变化。他曾经梦想成为陶朱,但最终却一度落魄如乞丐。这一段生涯既让他见识到了资本的力量,与江浙的金融家真正发生了联系,又让他了解了金融市场的风云莫测,还对金融资产阶级产生了集鄙视、愤懑等于一体的复杂感情,"奸商""险恶""势利"等字眼频频见于他的笔端[②]。特定的经历塑造特定的认识,进而引导出特定的行为。继续前行的历史,将会记录下有朝一日手握权柄之时,他对待金融行业、金融家的态度和方式。有的银行家如果了解到他的思想实基于此,恐怕会发自内心地盼望,当年的热潮要是真的成就了这位年轻人的梦想,该有多好!

当然,这都是后话了。

[①] 刘志英:《近代上海华商证券市场研究》,学林出版社2004年版,第20页。
[②] 杨天石:《蒋氏秘档与蒋介石真相》,社会科学文献出版社2002年版,第85页。

民国前期的债信浮沉

内·生·的·挣·扎

一

债是一个十分古老而普遍存在的金融产品。从小到大,我们听过的许多峰回路转的故事,都跟债有关系;而生活当中,有关债的大小新闻,也总是层出不穷。正因为此,对债的讨论,不仅是经济学家、金融学家的专利,也是包括人类学家、社会学家在内各领域精英的兴趣所在。对债的定义是如此之多,既有具体的,也有抽象的,既有微观的,也有宏观的,甚至不乏充满哲学气息的。譬如,美国著名人类学家大卫·格雷伯就曾在他一部巨著的结尾,意味深长地写道,"债务就是对一个承诺的曲解。这是一个被数学和暴力腐化了的承诺"[①]。

学者的话总是有些晦涩。不过幸好(或者说其实也挺不幸的)债权债务关系在现实中有足够多鲜活的实践,使得每个普通人都能有机会在其中获取自己的感受和体验。负债的形式是多种多样的,负债的主体也是多种多样的,个人可以负债,企业可以负债,政府、国家也可以负债。拿中国历史来说,早在几千年前,就已经有君主向人借钱的先例了。比如说,成语"债台高筑",就来自那位欠钱还不起而被迫躲在高台上的周赧王;而汉朝景帝年间,为了给平息"七国之乱"筹措军饷,政府也曾向那些被叫作子钱家的高利贷商人告贷,在大家纷纷质疑朝廷打胜可能性的时候,一个在史书中

[①] 大卫·格雷伯著,孙碳、董子云译:《债:第一个5 000年》,中信出版社2012年版,第368页。

叫作"无盐氏"的人挺身而出。最后他赌赢了,获得了巨额的利息回报,"其息什之",赚得盆满钵满。

　　以上简单的例子虽然发生在中国古代社会、政治组织结构都很不相同的两个时期,但似乎能隐隐地说明,尽管债务偿还的结果往往可以指示国家暴力的强大和巩固与否,但负债行为本身倒并不一定就指向堕落和腐朽。如果运筹得当,举借债务甚至可以给一个政权带来旺盛的生机。不过在"普天之下莫非王土"的漫长岁月里,主流的伦理道德也好,帝国的权力结构、等级秩序也好,都决定了让君父伸手向臣民借钱,而不是直截了当搞征收、报效或者募捐[①],是令人难以想象的。因此,相较于西方国家,中国政府的正式债务,特别是以债券形式举借的债务,出现得相当之晚,而其产生的主要原因,则是列强侵略、战争赔款所带来的被动冲击。学界一般认为,近代中国的第一笔外债是1853年为剿灭小刀会起义而发生的上海洋商借款,而第一笔正式内债则是甲午战争中,户部为应付"倭氛不靖,购船募勇,需饷浩繁"的局面而提出的"息借商款"[②]。在此之后,清朝中央政府又先后于1898年和1911年发行过所谓"昭信股票"和"爱国公债",尽管朝廷这时候连股、债都分不清,但总算是在跟随时代潮流的道路上迈进了一步。不过,上述几次内债总体上仍然具有强烈的摊派性质,并没有完全褪去浓厚的捐输与报效色彩,不仅发行上不足额,其债票也没有能进入市场交易。无论是从发行、流通角度来看,还是从债权人债务人双方的认

---

　　① 清朝当然存在"生息银"这样具有债务形式的财政安排,但从实质上说,仍是变相的强制借贷和潜在的暴力收取,经办的官商、皇商常常因无法按时归还帑本而被抄家。
　　② 也有观点认为,内债可追溯到左宗棠第五次西征借款中的华商借款。可参见金普森、潘国旗:《论近代中国内外债的相互演变》,《浙江大学学报(人文社会科学版)》2010年第4期。

识与立场而言,都与真正意义上的公债相去甚远①。更有甚者,这些债务的举借,有时还被地方官员钻了空子,成了扰民、病民、害民的新手段。债票不光没让老百姓感受到丝毫"债权人"的权威,反倒成了他们的催命票。例如,关于"息借商款",有人上奏指出"江西息借民款章程,於部议各条外,多有增改。不肖州县威吓刑驱,多方逼抑"②,户部也公开承认"吏胥之婪索,暮夜之追呼,捐借不分,影射难免,借捐并举,悉索何堪"③。

辛亥革命爆发后,皇帝没有了,辫子也开始被剪掉了。公债在纷乱未定的世道里,开始真正登上历史舞台。从这一时点到抗战全面爆发前,中国先后经历了北洋军阀与南京国民政府两个主要的统治时期。在这一期间,由于军费支出浩繁等原因,中央政府始终面临着严重的财政收支不平衡问题。1912—1936年间,在有统计数字的年份当中,除1914年外,公债及借款以外的收入均无法覆盖支出,赤字缺口比例平均为26.9%,最大的1935年则超过了60%。

表5.1 1912—1936年期间部分年份旧中国中央政府财政赤字情况

单位:百万元

年份	支出	公债及借款外收入	盈亏数	盈亏占支出比例
1913	642.2	333.9	−308.3	−48.01%
1914	357.0	357.4	0.4	0.11%
1916	472.8	432.3	−40.5	−8.57%

---

① 除这几次全国性内债发行外,在清末"新政"期间,直隶、湖北、安徽、湖南、邮传部等也先后五次发行内债,发行总额1690万两,但最终绝大部分(1300余万两)转化为外债。这种情况被视为"封建专制主义的旧机器与公债这一近代经济现象无法协调"的表现。

② 《谕江西州县苛抑索贿着查参》(光绪二十一年正月乙丑)。转引自千家驹编:《旧中国公债史资料(一八九四——一九四九年)》,中华书局1984年版,第3—4页。

③ 《地方官藉机苛派勒索折》(光绪二十一年四月乙巳)。转引自千家驹编:《旧中国公债史资料(一八九四——一九四九年)》,中华书局1984年版,第4—5页。

续表

年份	支出	公债及借款外收入	盈亏数	盈亏占支出比例
1919	495.8	439.5	−56.3	−11.36%
1925	634.4	461.6	−172.8	−27.24%
1927	150.8	77.3	−73.5	−48.74%
1928	412.6	332.5	−80.1	−19.41%
1929	539.0	438.1	−100.9	−18.72%
1930	714.4	497.8	−216.6	−30.32%
1931	683.0	553.0	−130	−19.03%
1932	644.8	559.3	−85.5	−13.26%
1933	769.1	621.7	−147.4	−19.17%
1934	1 203.6	638.2	−565.4	−46.98%
1935	1 336.9	513.2	−823.7	−61.61%
1936	1 894.0	1 293.3	−600.7	−31.72%

注：数据来自杨荫溥：《民国财政史》，中国财政经济出版社1985年版，第3、45页。1912—1926年之间仅5年有完备数据，1927年为南京国民党政府数字。

由于中央政府此时尚未掌握完全的铸币权，无法将赤字系统性地货币化，而内外战争频繁、地方军阀割据和主权丧失等因素的存在，也使中央政府不可能依靠增加税收来弥补赤字[①]。那么，借款便成为平衡财政收支的重要方法。从途径看，当时的借款可以分为外债与内债两大类，而内债又可以分为公债、短期库券与银行直接借款三种主要形式。据统计，1912—1926年期间，政府通过外债、公债、库券和直接借贷获得的收入总计为17.15亿元，而

---

① 例如，田赋和货物税这样的重要收入，在北洋军阀时期，由于地方上四分五裂的割据，"中央无法分润"，"在应付自己的支出方面…不能派任何用场"；再比如，所谓中央派款和名义上专属中央的税款，在地方不受控制的情况下，也是名存实亡。参见杨荫溥：《民国财政史》，中国财政经济出版社1985年版，第5、9—12页。

1927—1936年的公债和外债合计达26.45亿元①。

从金额和种类看,1912—1926年间,北洋政府共发行公债28种,发行额6.2亿元,同时还发行短期国库证券等88种,发行额1.03亿元;而在1927—1936年间,南京国民政府财政部发行公债41种,发行数额达23.21亿元,已占当时负债总额的绝大部分②。

政府举债的需要自然催生了公债市场,而举债规模的日益扩大,则意味着政府对公债市场的依赖程度也在逐渐上升。在这一过程中,筹资和投资的双方都需要一个建设相对完备的公债市场来实现自身的目的和确保自身的权益。一方面,政府为了维持财政收支,有动机提高公债本身的吸引力和发债的可持续性;另一方面,公债的投资者也希望通过市场化的方式提高收益、降低风险、增强流动性,并迫切需要一系列配套的制度设计来保证债券本身的信用水平。《说文解字》里说,债负也,从人责。简简单单又完完整整地勾勒出了这个字的内涵与外延。其实,在许多古文中,"债"和"责"就是相通的。既然要"负""责",那么债就很自然地和信用、可靠这些词搭上了关系。如果要常来常往而不是一锤子买卖,则对待债务的最好态度,就是认认真真地经营自己的信用。

那么,当时的政府是如何做的呢?

二

辛亥革命后,南京临时政府与北洋政府陆续发行了八厘军需

---
① 燕红忠:《近代中国的政府债务与金融发展》,《财经研究》2015年第9期。
② 杨荫溥:《民国财政史》,中国财政经济出版社1985年版,第64—65页。

公债和元年六厘公债,但上述两只债券均非正式募集,且未募足。真正意义上第一只国内公债的发行始于1914年,北洋政府亦自此开始着手通过一系列制度保障国内公债发行,其主要内容涉及明确公债主管机关——从早期官制规定的财政部公债司改为具有一定社会法人团体性质的内国公债局;发行方式——发布章程建立包卖制度,对包卖人资格、包卖金额、保证金、经手费进行规定;高利率高折扣政策——除较高的票面利率外,公债在发行时通常附有一定折扣,且实际折扣水平大于法定折扣;以及偿债担保——明确以停付部分国家庚子赔款、关税或烟酒收入作为本息偿还担保。可以发现,明确主管机关与实施偿债担保是构建债券信用的重要手段,实施高利率高折扣政策旨在提高债券收益率和吸引力,选定发行方式则是转移政府发行失败风险、促进银行参与公债市场的基本途径,四者初步构成了近代中国公债发行市场的整体制度与政策框架。

应该说,北洋政府在示信制度安排方面的确下了一番功夫。事实上,它的继任者——南京国民政府正式成立后,也较为完整地继承下了这一整套设计,只不过根据现实情况需要和过去做法的不足,作了进一步深化。

第一,承认和清理北洋政府旧债,塑造自身信誉。1927年6月15日,上海银行公会和钱业公会致电刚成立的南京国民政府财政部,要求其承担遗留公债,同年7月28日,财政部回电同意。随后在宋子文的主导下,确立了对有确实抵押品的内外债维持原案继续偿付、对无确实抵押品者分别审查并进行整理的原则,并于1928年开始具体执行。对先前的内外债进行整理,对恢复政府债信、创造较为稳定的公债发行环境起到了积极促进作用。

第二,强化发行监管,确定募债主体。针对北洋政府后期发债权力失控、地方擅自举借频繁的情况,南京国民政府初期极力从制度上加强中央对公债发行的控制与监管权。《发行公债及订借款项限制办法》规定将公债发行职权收归中央,并统一由财政部经理,省市政府公债由省市财政厅局办理,相关用途、担保、条例等需向财政部核明。1929年南京国民政府正式制定和通过了《公债法原则》,对国家举债及地方公债发行进一步作出明确的法律规定①。

第三,加强偿债基金控制,完善基金保管组织建设。北洋时期公债担保品繁多,但真正可靠的关税等担保基金实际上掌控在海关总税务司手中。南京国民政府建立后,开始逐渐收回先前由外籍总税务司所掌控的基金管理权。1928年11月,财政部训令总税务司将先前保管在外资银行的基金全部转移到华资银行。此外,南京国民政府以初期联合上海金融界成立、成功监管多只债券基金的江海关二五附税国库券基金保管委员会为基础,设计了全国性公债基金保管组织制度,并于1932年正式成立国债基金管理委员会。

第四,变通发行方式,提高债券发行市场化程度。南京国民政府正式建立后,利用已经成形的二级市场,变通北洋时期的包卖制度,实行"押款发行",即政府在正式发行前先将债券(或预约券)作为抵押品,以5到8折的折扣和8厘到1分的利率向上海银行钱庄进行短期借款(时限一般在半年内)。债券正式发行后,或通过交易所上市,或继续存放于银行,由银行以前述短期借款到期日的交易所市价为基础议定结算价格。相比于包卖制度,这种将一二级市场联通起来的做法更容易提高银行等机构接受债券的意愿:

---

① 这两个文件的具体内容,可参见千家驹编:《旧中国公债史资料(一八九四——一九四九年)》,中华书局1984年版,第170—171页、181—182页。

一方面,债券可以通过交易所变现,另一方面,当时公债依照二级市场价格结算通常只有票面的7折甚至更低,而利息计算和到期偿还则仍需按票面额计算,大大增厚了投资公债的利润。

公债流通市场是其发行市场的自然延伸。发达的二级市场可以帮助发行者评估发行的难度,也能为投资者获得流动性提供渠道。在民国早期,随着政府公债发行的扩大,其流通市场也开始出现,并在政权更迭、金融市场冲击等因素的共同作用影响下不断走向成熟。一方面,随着《证券交易所法》及相应实施细则的先后颁布和北京、上海等地证券交易所的成立,公债交易开始走向场内化,并在证券交易中占据重要地位。如北平证券交易所开业第一年的公债交易额为48.4万元,而股票交易额仅为14.5万元,上海证券物品交易所1921年1月的经营品种中也以元年六厘公债交易最多。1921年滥设交易场所的所谓"信交风潮"爆发后,投资者对股票交易的信心受到极大打击,更使得公债在证券市场交易中的占比迅速上升。据估计,南京国民政府成立后的前10年,公债在证券交易所交易额占比约98%,而股票则仅占2%左右[①]。另一方面,公债的交易方式与配套制度也不断完善。交易所上市公债后,不仅有一般意义上的现货交易,还引入了具有保证金(称为"证据金")杠杆交易特征的期货(称为"定期")交易方式,上海华商证券交易所、上海证券物品交易所、北平证券交易所等的营业细则或业务规则均对期货交易的期限、交易单位、保证金标准与缴纳方式、交割等作出了规定。此外,交易所也就风险防控做了一定的制度安排,例如规定市场价格出现异常波动时可以提高保证金水平,等等。同时,在实践中一般只对运行相对平稳的公债品种开展期

---

① 刘志英:《近代上海华商证券市场研究》,学林出版社2004年版,第20页。

货交易，例如上海华商证券交易所于1928年7月11日开始卷烟库券现货交易，但直到1929年2月1日才引入期货交易；1936年1月二级市场流通的公债超过30种，其中仅有16种在华商证券交易所进行期货交易。低成本高效率的期货交易方式的引入受到了市场的广泛欢迎，成交金额不断增加。以上海华商证券交易所为例，1932—1936年间，其公债的期货交易金额分别为9.02亿元、31.83亿元、47.73亿元、49.10亿元和23.35亿元[1]。

在这样的背景下，政府出于稳定市场秩序以便保证发行的动机，对二级市场制度建设和监管的关注度也逐步提高了。北洋政府构建了公债二级市场的基本法律法规体系，主要是以法律形式明确监管主体，并对交易所设置条件、组织形式、管理机制、营业监理作出原则规定。相较之下，南京国民政府监管立法与决策水平进一步提高，介入市场活动的精细度更高，针对性也更强。在吸收北洋政府监管立法的基本理念和框架基础上，南京国民政府分别于1929年10月和1930年3月颁布了修订后的《交易所法》和《交易所法施行细则》，相较于北洋时期的《证券交易所法》，新法强化了同一物品在同一地区只能设立一家交易所的原则（现存多家的则限三年内合并），扩展交易所组织形式为股份有限公司和会员制两种，细化了对交易所监督管理和处分的规定，适用性有所提高。1935年4月，南京国民政府实业部再度颁布《修正交易所法》，着重强调禁止公务员参与"买空卖空"交易。同时，政府监管部门还开始尝试就稳定公债市场价格出台具体监管措施，许多做法已与现代的监管部门实践非常接近。例如，1931年5月粤方公开反蒋后，南京国民政府财政部为抑制公债市场过度交易，决定对交易所

---

[1] 刘志英：《近代上海华商证券市场研究》，学林出版社2004年版，第195页。

公债期货交易提高保证金[①];"九·一八"事变爆发后,财政部又通过召集银行组织资金救市、执行最低限价、限制卖空交易等手段,试图维护市场价格稳定[②]。

三

按说两个政府都动了不少脑筋,其基本思路也是清晰的,即重点通过建立和完善公债一级市场制度,达成维护公债信用的核心目的,以实现举借内债的可持续。那么,上面所说的这些制度和措施,效果是否能如人所愿?

从理论上说,一级市场是二级市场的基础;在实践中,近代中国的公债二级市场运行稳定与否也取决于公债的信用水平。例如1921年第一次债务整理后,由于用于支持整理的基金未能拨足,1922年公债市场便依旧低迷,按百元票面计,民国七年长期债券与整理6厘的每月最高价均值在全年都没有能超过50元[③]。那么,从市场制度建设与公债信用之间的互动关系出发,便是讨论近代公债市场制度设计实际效果的一个可行角度。

[①] 南京政府财政部令要求,"凡买进本月期及下月期债券者,每票面万元应缴证据金,现款600元,代用品400元;卖出本月期债券者,仍缴证据金,现款600元,代用品400元,另加特别证据金,现款600元,代用品400元;卖出下月期债券者,应现品提供,免缴证据金。其套利者经监理员证明,得免提供现品"。参见姜良芹:《1927—1937年国民政府公债市场监管体制评析》,《江海学刊》2004年第5期。

[②] 此次稳定市场,先是宋子文筹集现款3 500万元,委托中央银行、中国银行、交通银行等买入公债,并要求公债进出均按实际价格收付现款;1931年10月8日,南京政府财政部于上海召集18家银行代表举行会议,决定"各银行仍当尽量垫款,由各交易所暨各银行尽量收买";11月,财政部又规定"债券以11月21日收盘价格为最低价格……复为慎重起见,并停止卖方新交易,而对于买方则不加限制"。

[③] 孔敏主编:《南开经济指数资料汇编》,中国社会科学出版社1988年版,第468页。

从北洋政府和南京国民政府两者的实践情况来看,公债市场制度设计有助于在短期内提高债券的信用,但均无法在长期维持债信稳定。前者大致可以分为三个阶段:首先是1914—1915年的债信良好期。这一期间,投资者对公债接受程度较高,政府信誉较好,民国三年、民国四年公债发行均超出原有定额;接下来是1916—1920年的债信下降期。这一期间,由于担保基金制度本身没能完全落实,债券偿付违约开始出现,公债发行日益困难。例如1918年发行的民国七年长短期公债预定额度为9 300万元,但发行后2个月内仅募集700余万元,1919年发行的民国八年七厘公债(额度5 600万元)最后只募得3 400万元。截至1921年,应付各类国内公债本息近4 000万元,财政无力偿付,不得不于当年实施近代的第一次债务整理(违约),以关余、盐余、烟酒收入设立整理内债基金,通过对部分已发债券延长期限、降低本金偿付数以减轻政府财政负担,但由于北洋政府对各类税收的控制力弱小,整理基金也无法及时筹足,本次整理收效甚微;最后是1921年后的债信崩溃期。由于公债信用低落,市场融资功能大幅下降,北洋政府开始以库券之名变相发行公债,陆续发行"教育库券"等近十只国库券,用于应付使领馆经费、清理积欠的学校薪金、充抵治安费等琐碎、临时的支出,"头痛医头,脚痛医脚"的特点更加明显,虽名目众多,但额度均较低。同时,大量增加盐余借款、银行短期借款和银行垫款,至1925年年底,以上三项结欠本息总额分别达4 568.8万元、4 216.8万元、3 033.3万元[①]。

无独有偶,南京国民政府统治时期,债信状况的演变也呈现与北洋时期相似的特征:1927—1931年间属于债信优良期。南京国

---

① 杨荫溥:《民国财政史》,中国财政经济出版社1985年版,第28页。

民政府承认并偿还北洋旧债、加强偿债基金控制和执行高息高折扣政策,成功塑造了自己在公债市场上的声誉,在此期间发行的公债约 10.58 亿元,远高于北洋时期的总和,公债在调节政府收支缺口中的作用明显上升;1932 年的债务整理成为债信状况变化拐点。"九·一八"事变与 1932 年初日本侵略上海,造成中国严重的经济损失和税收下降。南京国民政府遂于当年进行第二次债务整理。对于这次整理的源起,宋子文说道,"吾国自去岁以来,遭空前未有之水灾…而辽宁之变乘之以起,税收成为弩末…不幸沪变继起,债市遂失流通,税源枯竭,基本亦虞动摇"①。由于是国难之际,金融机构等持票人在与政府进行协商后通过了降低利息、延长还本日期等条件,显著降低了财政负担。据统计,仅 1932 年当年减少的本息偿付额就达到约 5 000 万元;1932 年后步入债信下降期。1932 年后,由于南京国民政府在内外战争压力下很快违背债务整理时作出的 4 年内不再发行新债的承诺,加之关税收入逐年下降影响公债偿还,公债信用开始遭到破坏,尽管此时因国际金融危机导致中国经济萧条,银行业整体对工商业收缩投资,增加了对公债的购买,但部分大型银行已开始减少公债投资。例如中国银行的有价证券(大部分为公债)持有量从 1931 年的 7 200 万元减少到 1934 年的 2 500 万元。1934 年下半年开始,随着美国白银收购政策的实施,上海银行业也开始在中国银行等带动下有意识地减少公债投资,南京国民政府的公债政策受到明显威胁②。面临财政收入下降的窘境,南京国民政府又于 1936 年 2 月进行第三次债

---

① 《宋部长宣言》。转引自千家驹编:《旧中国公债史资料(一八九四——九四九年)》,中华书局 1984 年版,第 217—218 页。
② 银行业减持公债及中国银行减持数据,可参见金普森、王国华:《南京国民政府 1933—1937 年之内债》,《中国社会经济史研究》1993 年第 2 期。

务整理,将 33 只债券统一换发为 5 只新债,年利率定为 6%,并大大延长清偿期限,年均降低债务偿付约 8 500 万元。

表 5.2　1927—1936 年全国重要银行持有有价证券情况

(单位:万元)

年份	有价证券总额	25 家主要银行	中央、中国、交通、农民四行
1927	10 432.4	6 274.7	4 157.8
1928	12 622.2	7 507.0	5 115.2
1929	14 189.3	9 157.9	5 031.4
1930	22 231.0	14 234.2	7 996.8
1931	23 923.7	14 585.4	9 338.3
1932	23 819.2	14 728.4	9 090.8
1933	26 422.7	20 181.2	6 241.5
1934	45 811.4	24 736.4	21 078.0
1935	56 534.7	21 331.1	35 203.6
1936	38 696.7	23 650.5	15 046.2

注:数据来自杜恂诚主编:《上海金融的制度、功能与变迁:1897—1997》,上海人民出版社 2002 年版,第 215 页。

发行市场情况如此,流通市场的措施执行也差强人意。北洋政府虽勤于立法,但中枢控制力弱小,使监管法令在实践中常常流于具文,影响非常有限。例如 1914 年《证券交易所法》规定"证券交易所每地方以设立一所为限",但后来上海地区便并未遵守这一要求。从具体的监管实践看,北洋政府规定农商部负责登记、审批与监管交易所,并于 1926 年颁布《交易所监理官条例》,但该条例由于遭到各交易所抵制,实际也并未发挥作用。

相对来说,南京国民政府对公债(证券)二级市场的监管立法水平要比它的前任高一些,监管力度也有所加强。但由于具体监管机构更替频繁且存在多头监管现象,监管执行效率并不很高,而随着政治日益腐败,执法不严的现象倒是逐渐明显起来,高级政府官员公器私用、带头操纵市场的事件也屡见不鲜。较为典型的如1936年初,孔祥熙及其手下秘密组建投机公司,先制造公债降息和延期还本的谣言导致投资者抛售和债券价格大跌,面对市场混乱官方又不作明确表态,把水越搅越浑,最后则在趁低买入后利用中央银行的资金优势抬高公债价格以图获利[①]。

表 5.3 1927—1936 年间南京政府公债流通市场监管机构演变情况

初始年份	中央政府监管机构	派出监管机构	说　明
1927	财政部金融监理局	——	财政部下属金融监理局,其第二课负责审核交易所业务及检查其财产
1928	财政部泉币司		1928年8月底,金融监理局停止办公,其职能于次月移交泉币司
1929	工商部、财政部		1929年8月,财政部与工商部会商决定,交易所设立注册案卷移交工商部管理,但与金融相关事项仍由财政部负责
1931	实业部、财政部	交易所监理员办公处(上海)	实业部由工商部与农商部合并而来;1931年4月,实业部与财政部决定设立交易所监理员办公处,监理员由两部各派一名,下设若干办事人员。监理员主要职责是了解交易所、经纪人等基本情况,有政策执行权,但无直接决策权;1937年南京政府成立经济部后,交易所审核及监管权力移交经济部

注:资料来自刘志英:《近代上海华商证券市场研究》,学林出版社 2004 年版,第 98—100 页。

---

①　寿充一编:《孔祥熙其人其事》,中国文史出版社 1987 年版,第 151—152 页。转引自姜良芹:《1927—1937年国民政府公债市场监管体制评析》,《江海学刊》2004 年第 5 期。

四

　　看似良好的制度设计,却不能做到持续保障债信,其原因是复杂的。除了政治权力不统一导致的财政控制力不足之外,债务用途、市场制度等的影响也很突出。

　　一方面,经济社会基本面与制度设计的目标互不相容,公债发行后绝大多数并非用于建设目的,相反还进入了各种各样的"消耗""破坏"行为,自然不可能实现债券信用的长期保持和市场机制的正常运转。从财政支出的结构来看,这一期间,无论是北洋政府还是南京国民政府,其财政支出中约70%以上均投向军务费和债务费,如果考虑到隐含在其他项目当中列支的军务费,实际比例则会更高;而从募集公债的用途来看,据统计,1912—1926年间,用于军政费用、整理及偿还旧债的比例分别为50%和32.5%,1927—1931年间,用于军政费用的比例高达82.79%,1933—1936年间该比例也仍有56.87%[①]。对于发债主要为了打仗特别是为了打内战这一点,南京国民政府并不遮遮掩掩。在其财政报告中对此多有说明。1930—1931年度的《财政报告》里便行云流水一般地写道,自其成立以来,"国内多故,不得已遂有多次大规模之军事行动。军费浩繁,税收不足以应,遂不得不时时发行短期公债,以资挹注"[②];至于以后能不能缩减,则要看革命的星火与异己的

---

　　① 杨荫溥:《民国财政史》,中国财政经济出版社1985年版,第65页。也可参见千家驹编:《旧中国公债史资料(一八九四——一九四九年)》,中华书局1984年版,第25页;或金普森、王国华:《南京国民政府1927—1931年之内债》,《中国社会经济史研究》1991年第4期;或金普森、王国华:《南京国民政府1933—1937年之内债》,《中国社会经济史研究》1993年第2期。
　　② 杨荫溥:《民国财政史》,中国财政经济出版社1985年版,第71页。

反抗能不能被扑灭,也就是他们所谓的"匪患"是否能被早日"荡平"。

表 5.4　1912—1936 年期间部分年份旧中国中央政府财政支出结构

年　份	军事费	债务费	其　他
1913	27%	46%	27%
1914	40%	28%	32%
1916	37%	29%	34%
1919	44%	26%	30%
1925	47%	26%	27%
1927	87%	1%	12%
1928	51%	29%	20%
1929	46%	30%	24%
1930	44%	34%	22%
1931	45%	35%	20%
1932	50%	26%	24%
1933	49%	26%	25%
1934	32%	38%	30%
1935	27%	27%	46%
1936	30%	44%	26%

注：数据来自杨荫溥：《民国财政史》，中国财政经济出版社 1985 年版，第 13、69 页。1912—1926 年仅 5 年有完备数据,1927 年为南京国民政府数字。

南京政府写作报告的笔法很流畅,展现出的态度很淡定,但对其寄予厚望、并在金融上给予大力支持的银行家们,面对如此高昂的军费支出比例,却没法不感到担忧。在 1932 年债务整理期间,公债持有人便在其宣言中,专门提出了"(政府)应将财政彻底整理、完全公开","政府不再向各商业团体举债为内战及政费之用"

等条件①。这种意见的背后,恰恰是对债务支出结构的不满和持续偿债能力的质疑。

另一方面,公债制度设计本身也存在矛盾,在短期提高债券吸引力的同时破坏了长期信用的基础。在此期间,特别是1932年之前,政府多以高息高折扣作为公债发行政策的重要组成部分。例如北洋时期,1913—1920年间多次分期发行的民国元年六厘公债法定折扣为九二折,实际上多以四折以内的低价出售;民国三年内国公债法定折扣为九四折,实际以八八折发行。南京国民政府统治前期的1927—1931年间,发行公债的面值为10.58亿元,但发行实际所得仅约5.38亿元②。这种做法看似给债权人巨额分润,实则大大提高了后续偿债的负担,加速了债务违约的到来。

此外,虽然这一期间公债二级市场得到长足发展,但因为政治经济基本面不稳定,市场剧烈波动多次发生。由于既不存在系统的信用风险的管理工具,以个券为标的开展的期货交易又具有易被操纵与极端情况下丧失流动性的缺陷,市场主体风险管理能力有限。从实践看,在银行经营公债的过程中,仍然主要以分散券种、协商承销、谋求政府承诺、参与公债基金建设为分散风险的基本手段③。在基本面不佳的背景下,市场化风险管理工具的不足进一步提高了金融市场脆弱性,在微观上形成了"债信动摇—市价下跌—投资者对公债的风险偏好下降—新债发行困难—债券信用

---

① 《持票人会对于内债之宣言》。转引自千家驹编:《旧中国公债史资料(一八九四——一九四九年)》,中华书局1984年版,第214—217页。
② 杨荫溥:《民国财政史》,中国财政经济出版社1985年版,第62页。
③ 蒋立场:《1932—1935年的上海银行业与南京国民政府内债》,《史学月刊》2011年第5期;刘杰:《行业利益与债信秩序:上海银行公会与国民政府公债(1927—1937)》,《国际金融研究》2015年第10期。

进一步下降"的螺旋,而从宏观上看,正是这一螺旋加速了债信的崩溃。

表5.5 1922—1936年期间上海公债市场部分大幅波动事件简况整理

发生时间	价格波动情况	主要原因
1922年上半年	民国七年长期公债和整理六厘公债1月最低价均值分别为32.00元与39.80元,7月则为30.15元和31.70元,分别下跌5.8%和20.4%	直奉战争爆发,1921年债务整理方案中的整理基金未落实
1924年8月至9月	8月中旬以后开始价格快速下跌,并持续至9月份。民国七年长期公债日最低价的9月均值为52.20元,整理六厘公债为55.50元,九六公债为16.80元,较7月份相应水平分别下跌了26.0%、30.63%和52%	江浙军阀爆发战争
1927年初至当年8月	民国七年长期公债与整理六厘公债当年1月日最低价均值分别为66.00元与78.30元;当年8月为33.00元和36.40元,分别较1月份下跌50%和53.5%	总税务司安格联免职,南北政权更迭,影响投资者对债券偿还保障的信心
1931年9月至11月	整理六厘公债、民国十八年关税公债、1930年关税公债9月的最低价均值分别为58.83元、49.45元和67.55元,11月则为38.88元、31.10元和48.89元,分别下跌33.9%、37.1%和27.6%	"九·一八"事变爆发,日本侵华扩大,投资者对政治环境与政府财政恶化感到担忧
1935年底至1936年1月	1935年12月,上海债券指数为103.41,至1936年1月跌为88.99%,跌幅13.94%	市场传闻公债将降低利息与延期偿还,财政部对传言未作及时澄清

注:债券价格及指数等来自孔敏主编:《南开经济指数资料汇编》,中国社会科学出版社1988年版,第466—471页。

五

金融是现代国家综合实力的重要体现。公债作为财政与金融的桥梁,在推动现代金融体系建立和国家治理现代化过程中具有基础性作用。国际历史经验表明,以政府债务为表征的公共信用,与金融市场的发展具有密切关系。良好的公共信用能够推动商业信用和金融发展,反之,则会将信贷和金融市场限制在较低水平[①]。

与清末发债时王公大臣请求免领债票以作报效,而朝廷激赏其"深明大义、公而忘私"的荒唐景象相比,辛亥革命(尽管很不彻底)的爆发、帝制的倒台(至少在形式上)、民主共和理念(当然在事后看或许更多只是口号)的提出,的确一度给近代中国公共信用的培育带来了机会和希望。民国时期早期,中央政府运用公债及维持债信的实践,也确实在短期内促进了市场的蓬勃发展。但令人遗憾的是,由于特定的历史环境,上述实践最终不堪重负而归于失败。这种失败表明,金融的风险内生在社会的风险之中。取势方能优术,而优术却未必就能够得势。对风险的有效防范和控制,固然离不开好的规则与工具设计,但单纯指望通过金融市场的规则和工具设计来实现其稳定、长久的繁荣,却只能是一种痴人说梦般的呓语和建筑沙上之塔般的徒劳。换句话说,只要孕育金融风险的社会根源不归于消灭,那些看似完美的交易监管规则设计和制度改革,也必定迟早会落入或难以实施或自相矛盾的谬误之中。没有好的社会制度,就不可能诞生好的金融制度;没有稳定的社会

---

① 燕红忠:《近代中国的政府债务与金融发展》,《财经研究》2015年第9期。

政治环境,就不可能营造出稳定的金融环境。所谓"一叶而知天下秋",近代这一小段债信的沉浮,从某种意义上,恰是国家坎坷命运的注脚。在国家债务高企的背景下,是痛下决心破旧立新,通过系统的体制改革与发展路径调整来实现经济社会基本面的重塑,从而保障公共信用的质量,还是延续老路、饮鸩止渴,以未来遭遇更大风险为代价暂时掩盖矛盾,确是无从回避的重要问题。

北洋政府和南京国民政府自然都面临着这样的选择。在后面我们会看到,由于种种原因,他们最终都没能成功走上全新的第二条道路。相对于解决问题,他们都更倾向于解决那些提出问题的人。

或许,这也是一种宿命吧。

荒唐的政令与勇敢的银行家

内·生·的·挣·扎

一

　　任何一个政府要维持运转，都离不开收钱和花钱，近代中国的北洋政府当然也不是例外。更具体地说，它还是一个花钱很内行但收钱却比较外行的政府，因此，对于借钱便格外热心。在早期，北洋政府对于发行公债应该是很感兴趣的，这从它积极筹划公债市场制度的顶层设计便可知晓，但维持债信并不只是狭义市场规则范畴内的事，没有坚实的经济基本面和稳定的政治环境作为支撑，再好的制度设计也只能是一纸空文。在现实中，北洋政府良好的债信只存在了很短一段时间，那么要应付开支，就得另想办法了[1]。

　　中国金融史学界巨擘洪葭管先生曾经这样描述过维持债信日益艰难的北洋政府，"当时筹款'舍增税、借债及发行纸币三项，无他术也'"，而"增税不易⋯借内债⋯正在发行的公债尚感推销为难，再增新债更无把握。借外债，由于外国银行团内部各成员之间矛盾颇多，北洋政府又无其他可靠收入来源充作担保品，中国债票在欧洲市场上信用薄弱，银行团对贷给新债，态度消极"[2]。

　　财政开源困难，偏偏又赶上了袁世凯当了几年大总统犹嫌不足还想做皇帝的当口。称帝不仅是场政治戏，更是一个技术活。称呼

---

　　[1] 关于北洋政府维持债券信用的努力及其债信的变化情况，可以参见本书正文第五篇《民国前期的债信浮沉》。

　　[2] 洪葭管：《1916年上海中国银行不执行"停兑令"的始末》，《中国金融》1987年第10期。

要不要变,万岁要不要喊,头要不要磕下去,双腿要不要跪下去,折射出的是政治权力和利益分配结构的重塑。这里面的道道很多,需要花钱的地方也很多。找文人写稿鼓吹要钱,找武人挺起枪杆支持要钱,收买民意要钱,营造国际观瞻要钱,就算是举办仪式、装修宫殿、置办服饰,也都要花钱。银子水一般流出去,如果没有流进来的渠道,肯定是难以为继的。但要怎么样收进来呢?支出浩繁而筹措无法的北洋政府便盯上了洪老提及的"发行纸币"一途。这里所称的纸币,主要指的便是当时中国银行和交通银行发行的银行券。

银行是近代中国的新兴产物。1897年,中国通商银行在上海成立,是为华资银行之滥觞。1905年和1908年,作为国家银行的户部银行(1908年改名大清银行,辛亥革命后改名中国银行)和具有邮传部背景的交通银行亦先后开办,成为晚清最重要的两家内资银行。民国肇造,两行也经受了时代潮流的洗礼。1913年和1914年,北洋政府分别颁布《中国银行则例》和《交通银行则例》,授予两者包括发行兑换券(可兑现的纸币)、代理国库在内的多项权力,使之均具备了国家银行资格。权力扩大是地位提高的基础,但同时也给两行带来了无尽的困扰与麻烦。由于与中央政府休戚相关,两行在国家财政活动中的责任日重,在财政吃紧时形成了大量政府垫借款项。1915年年底,也就是袁世凯自称皇帝前后,中国银行为北洋政府垫出的款项为1 204万元,与该行同期存款和放款的比例分别为11.43%和13.85%。而由袁世凯心腹、总统府秘书长梁士诒为总理的交通银行,由于承担了大量与恢复帝制有关的费用,在政治泥潭里陷得更深,垫借款项达到了4 750万元[①]。考虑到同期交通银行的存款和放款总共也只有4 863万元和5 444

---

① 洪葭管:《1916年上海中国银行不执行"停兑令"的始末》,《中国金融》1987年第10期。

万元①,这一数目相当惊人。当时有媒体报道说,"交通银行久为梁派窟穴,帝制问题兴,梁即筹措财政自任,其实梁并无点金之术,不过恃一交通银行为外府耳。帝政中一切筹备及对付滇、黔义军等费用,泰半出自交通"②,一针见血地指出交通银行已经成为专制政府钱袋子的本质。如此之高的政府垫借比例,既是金融财政化的具体表现,也是财政风险最终转化为金融风险的前奏,不仅给银行的流动性风险管理和信用风险管理都带来了很大困难,同时也使得银行兑换券("钞票")的增发压力陡增。1915年年底,中国银行和交通银行兑换券发行量为3 844.9万元和3 729.5万元,较1914年底增加了134.5%和317.4%,而同期两者存款增幅则只有80.4%和−25.8%③,考虑到此时的钞票尚不是单纯的信用符号,持有人可随时要求兑换现银,纸币兑换券的膨胀可见一斑。

表6.1　1912—1916年期间中国银行和交通银行经营情况

（单位：万元）

| 中国银行 ||||||
年份	存款	放款	有价证券	兑换券发行	纯收益
1912	230	300	—	106.1	13
1913	1 780	1 795	—	502	30
1914	5 839.1	4 996.8	713.9	1 639.8	136.9
1915	10 536	8 694.7	1 285.5	3 844.9	353.4
1916	11 857.6	10 189.1	1 009.7	4 643.7	293.9

---

① 汪敬虞主编:《中国近代经济史(1895—1927)》,经济管理出版社2007年版,第1672—1673页。
② 《〈远东日报〉谈中、交两行纸币停兑的内幕》,《远东日报》1916年6月22日。转引自中国人民银行总行参事室编:《中华民国货币史资料(第一辑)》,上海人民出版社1986年版,第207页。
③ 同①。

续 表

交通银行					
年份	存 款	放 款	有价证券	兑换券发行	纯收益
1912	2 164	1 313.3	—	119	48.3
1913	5 314.9	4 165.4	—	674.8	143.9
1914	6 553.9	4 333.4	—	893.6	251.5
1915	4 862.8	5 444.1	—	3 729.5	300.3
1916	3 868.8	5 303.9	225	3 194.7	148.1

注：数据来自汪敬虞主编：《中国近代经济史（1895—1927）》，经济管理出版社2007年版，第1672—1673页。

二

袁氏称帝后，各地反对浪潮风起云涌。1915年12月25日，蔡锷、唐继尧等向全国发出通电，宣布云南独立，反对帝制，武力讨袁，护国运动正式爆发。随着战事的愈演愈烈和形势的日益紧张，交通银行、中国银行处境更加尴尬。一方面，军事行动会造成财政支出急剧增加，而各地离心则会造成中央税收进一步锐减，两行势必更加难以摆脱来自罗掘俱穷的北洋政府的压力；另一方面，北洋政府的政治危机又将不可避免地演化为银行自身的信用危机乃至道德危机。袁氏是独裁首恶，当然成为众矢之的，为他提供资金支持的机构便也是帮凶，一样难逃被声讨的命运。1916年2月，云南护国军都督府在一份布告中，明白地宣称"惟该银行于本政府起义以后发出之纸币，并一切公债及各项存款，于本政府起义以后未经取去者，均认为袁世凯个人之交涉行为，本政府概不承认"，劝告广大人民切勿"误投资材,受其欺蒙,贻累至巨"①;同月,南陲的香港,也有商人团体指出"刻下抵抗义师之兵费,专赖中、交两银行为之吸收挹注⋯如此滥发钞票,妄自挪用,将来破产万不能免","倘吾国商民承使以后滥发之钞票,即无异供给袁氏最利之武器,而加护国军以无形之障害"②,可以说都是对以上逻辑的绝好注解。远在南方的人们看得明白,身处京畿沪上的人们对此又岂会丝毫不知?随着袁世凯称帝的美梦化作泡影,两行钞票的地位也开始渐渐不稳了。1916年三四月间,中、交两行的北京、天津、上海等地分行纷纷开始出现存户提取存款和兑换钞票的现象,3月初的一份官方文件也说"忽有用日本邮局布送匿名传单之事,阅其词语,系立意破坏中国、交通两银行之信用⋯中下程度之商民,不免被其摇惑"③,虽然这一呈文把责任归于别有用心之人,但也反映出质疑两行钞票信用、用脚投票的人群已大大扩散,除了拥有大额存款的高层人士,一般升斗小民也加入了提现的行列。

就这样,不安的心理、动荡的局势、漫天的流言、持续的提兑相互交织,风潮的正反馈链条已经形成。根据时任中国银行上海分行副经理张嘉璈的回忆,当时中、交两行所发兑换券在7 000万元

---

① 《云南政府之布告》。转引自中国第二历史档案馆编:《中华民国史档案资料汇编(第三辑)》,江苏古籍出版社1991年版,第464页。也可参见财政部档案:《云南护国军都督府布告——本政府起义后对袁世凯滥发的纸币、公债及各项存款概不承认》。转引自中国人民银行总行参事室编:《中华民国货币史资料(第一辑)》,上海人民出版社1986年版,第190页。

② 财政部档案:《在香港的商人发出传单反对袁世凯滥发钞票和公债》。转引自中国人民银行总行参事室编:《中华民国货币史资料(第一辑)》,上海人民出版社1986年版,第190—192页。

③ 内务部档案:《从京师警察厅总监吴炳湘详内务部文——办理日本邮局散发匿名传单经过情形,看袁政府滥发钞票》。转引自中国人民银行总行参事室编:《中华民国货币史资料(第一辑)》,上海人民出版社1986年版,第193页。

以上,而现金准备大约只有 2 300 余万元①。放在平时,这样的准备比例足以可以应付,但如果任由事态发展,却势必难以维持。眼看事态将要失控,北洋政府不得不有所动作。先是在 1916 年 4 月 27 日饬令在京的政府机关,严厉禁止官员将存放于中国、交通两行的公款提取转放外国银行,"乃近日闻有官吏,将所存该两行公款,纷纷提存外国银行,如果属实,殊堪骇异,亟应严行禁止,以裕金融,而维持市面"②;后又由财政部于 5 月 3 日致电各省,称"近日各报登载政府将发行不兑换纸币,全系谣言,本部并无此项计划"③,谋求矫正舆情。然而舆情的管控往往不是由官方直接出面或者雇一些水军随便发发帖就能顺利达到目的的。如果所言非是,只会适得其反。北洋政府下发饬令的时候,表达出自己"骇异"的态度,不过如果说中枢对近在咫尺的官员是否移存公款都不知晓,恐怕会更加令人"骇异";财政部发电的时候,是否发自内心地相信这份电文的内容是真的,也很难确知。但事实的情况说明,所谓谣言,往往就是遥遥领先的预言。没过多久,财政部的这份电文就被结结实实打了脸。5 月 12 日,段祺瑞内阁下达国务院令,先是和很多政研报告一样煞有其事地谈了一堆国际经验,"溯自欧战发生,金融停滞,商业凋敝。近因国内多故,民生益蹙,言念及此,实切隐忧。查各国当金融紧迫之时,国家银行纸币有暂时停止兑现及禁止提取银行现款之法,以资维持,俾现款可以保存,各业咸资周转,

---

① 姚崧龄编著:《张公权先生年谱初稿(上册)》,传记文学出版社(中国台北)1982 年版,第 26 页。
② 财政部档案:《财政部密咨各部院转饬京内所属各机关文——禁止官吏将所存中、交两行公款提存外国银行》。转引自中国人民银行总行参事室编:《中华民国货币史资料(第一辑)》,上海人民出版社 1986 年版,第 195 页。
③ 《财政部致各省财政厅电——为报载发行不兑换纸币辟谣》,《山东公报》第1180 册,1916 年 5 月 8 日。转引自中国人民银行总行参事室编:《中华民国货币史资料(第一辑)》,上海人民出版社 1986 年版,第 195 页。

法良利薄,亟宜依照办理",继而要求"财政、交通二部转饬中国、交通两银行,自奉令之日起,所有该两行已发行之纸币及应付款项,暂时一律不准兑现付现…所存之准备现款,应责成两行一律封存"①。这纸命令,就是所谓的"停兑令"。

关于该令之所出,各界众说纷纭。早期主流看法一般多把责任归结于梁士诒个人。比如张嘉璈作为金融业的时代亲历者,就认为"当时参预财政人员如梁士诒等,献计将中国、交通两行合并,集中现金,并建议发行一种不兑现钞票。适值北方人心动摇之际,此种计划,传闻市面,京津两行钞票兑现增加,而以交行为甚。于是国务院决定采取钞票停兑,存款止付政策"②。考虑到梁士诒与袁世凯关系实在太过密切,瓜田李下,即便实无其事,被人疑心也很正常。当然,也有观点认为,停兑令的发布并非源于蓄谋已久的顺水推舟,而是北洋政府缺乏危机应对经验仓促决策所致,即该法令仅仅是一时心理慌乱下的"昏招"。但无论如何,停兑确是政府将财政压力转移于银行、自身信用失落的结果,同时也是政府信用进一步崩塌的标志。

虽然引起了轩然大波,但政府的态度到底已经表明了。收到命令的中国银行、交通银行两行,又将如何自处呢?

三

中国银行、交通银行两行在接令后的行为是颇不相同的,先看

---

① 该令的具体内容,可以参见中国银行总行、中国第二历史档案馆编:《中国银行行史资料汇编上编(1912—1949)》,档案出版社1991年版,第265页。也可参见中国人民银行总行参事室编:《中华民国货币史资料(第一辑)》,上海人民出版社1986年版,第200页。

② 姚崧龄编著:《张公权先生年谱初稿(上册)》,传记文学出版社(中国台北)1982年版,第26页。

交通银行。尽管因为地方势力影响等多种因素的作用，交通银行内部并非步调完全一致，例如京津等地密迩中央，停兑执行最是到位；山西、张家口等地交通银行开始坚持照常兑付，后以无法支持为由停止；安徽、湖南等地一度停兑，不久又先后恢复兑现①。但交通银行的态度总体上讲依旧是温和、遵令的，停兑之处多于不停兑之处，尤其是存银较多、影响较大的上海分行，得令后就立即遵办，并登报广告，停止提存兑现。交通银行部分股东的态度也很值得玩味，他们在一封给政府的上书中表示，"我行处于政府权力之下势有不能不遵，股东等亦以为政府毅然出此政策为轸念民生、保存现货起见，银行纸币之在国内仍然随处流通，国家与社会间经济之状况，庶其两有裨益"②，只是担忧分行因受地方行政力量干涉行动不协调而进一步动摇银行根基，虽有无奈，也莫敢直辩。

交通银行的这一选择，是其经营状况、政治关联以及所处外部环境的综合结果，也可以说，正是它背负沉重的历史和现实包袱的体现。其一，交通银行的经营很不稳健。例如，1915 年与 1914 年相比，交通银行的放款、兑换券发行是大量增加的，而存款反而减少，其放款对象又以政府类为多，能否收回极成疑问；其二，交通银行与袁世凯控制的北洋政府关系极其密切。交通银行自民初以来，长期被以梁士诒为首的官僚把持，其业务和经营权力的扩张很大程度上建立在政治依附和献媚基础上，交通银行几乎成为某些人的私产。这一背景下交通银行支出的大量政府垫款，比如为袁世凯称帝的所谓大典筹备支出 2 000 万元，

---

① 张启祥：《交通银行研究(1907—1928)》，复旦大学 2006 年博士学位论文，第 136—137 页。

② 《各股东呈政府速定维持停止兑现办法意见书(1916)》。转引自张启祥：《交通银行研究(1907—1928)》，复旦大学 2006 年博士学位论文，第 138 页。

便很难说是基于正常的商业考量而非用于政治投效的；其三，交通银行得不到广泛的同情和支持。正如前两点所述，无论是从经营角度还是从道义角度，交通银行都很容易成为被人鄙夷和抛弃的对象。曾任中国银行北京分行副理的吴震修说，"社会各方面均认为交行是袁世凯称帝的筹款机关，不能与中国银行相提并论"①。这里的"各方""不能相提并论"，其内涵可谓极为丰富。可以设想，如若中、交两行陷入危机，市场要选择进行救助，应该也不会中意更加棘手的交通银行。

相较于内外交困的交通银行，政治上比较清白、运营也更加商业化的中国银行在应对停兑令时底气显然更足。尽管京津地区的中国银行也执行了停兑，但其上海分行却极力抵制和反抗。5月12日当日，中、交两行的上海分行均接到了各自总管理处转来的停兑止付令。在上海的交通银行忙着粘贴告示、交通银行沪钞市值大幅下跌之时，中国银行上海分行却在下达一切照兑照付的通知。当时上海中国银行的两位高管——宋汉章②、张嘉璈认为，如果遵照北洋政令停兑，"则中国之银行将从此信用扫地，永无恢复之望，而中国整个金融组织亦将无由脱离外商银行之桎梏"③。他们不愿意将自己辛苦经营的事业和一个毫无希望的政权牢牢捆绑，更不甘心自己的事业被这样一个堕落的政权带到沟里去。由是，为了维持银行钞票信用和表明自身独立，同时也受到时任江苏

---

① 文昊编：《我所知道的金融巨头》，中国文史出版社2006年版，第28—29页。转引自潘晓霞：《危机背后：北京政府时期的中国银行和交通银行挤兑风潮》，《中国经济史研究》2015年第4期。

② 宋汉章在辛亥革命时就不同意沪军都督陈其美借垫款项。他认为银行发行钞票就应该如数兑现，政府存款也可以要求兑现，但不能任意要求银行垫款。

③ 姚崧龄编著：《张公权先生年谱初稿（上册）》，传记文学出版社（中国台北）1982年版，第27页。

督军、直系军阀首领冯国璋反对停兑态度①的影响,中国银行上海分行决意抗命。

很显然,宋、张等人作出如此决策,是要冒很大风险的。一则他们自身可能会被免除行政职务甚至遭到逮捕②,二则若提兑风潮最终失控,中国银行也将难逃此劫。针对前者,中国银行上海分行有关人员前往拜访上海会审公堂,征询法官使现任高管继续留行工作的办法③。在法官的建议下,由股东、存户和持券人各方④作为代表出面提起对宋、张的诉讼,确保两人不被北京当局逮捕。同时,股东们也行动起来,成立以张謇为会长、叶葵初为副会长、钱永铭为秘书长的联合会,为抵制停兑提供后援,决意以公司治理的力量对抗政治力量的可能干预。他们发表宣言,致函商民各界,旗帜鲜明地指出上海乃是全国金融之枢纽,"且为中外观瞻所系,故以为保全中国银行,必先自上海分行始"⑤,而只有保全上海分行,才能在根本上保全工商界的股份和存款。以此广泛凝聚各方共识。

然而,关于后者,中国银行也只能在同业内四处协调,尽人事

---

① 冯国璋不仅通令其管辖地方要"一体照常营业",还给南京中国银行提供了一定的现金支持。参见潘晓霞:《危机背后:北京政府时期的中国银行和交通银行挤兑风潮》,《中国经济史研究》2015 年第 4 期。

② 在停兑令下达前的几天(一般认为是 5 月 8 日),天津、上海、汉口等地的中交两行各分行接到财政部密电,要求移出租界、搬迁到华界营业。上海的中国银行、交通银行均电询总管理处迁址原因,但未获答复。结合停兑令的颁布,银行高层很容易得出这与北洋政府为了确保命令执行有关的判断,也会产生政府可能将强行推动命令执行的联想。

③ 董昕:《中国银行上海分行研究(1912—1937 年)》,复旦大学 2005 年博士学位论文,第 191 页。

④ 三人分别是浙江地方实业银行总经理李馥荪、浙江兴业银行常务董事蒋抑卮、上海商业储蓄银行总经理陈光甫。

⑤ 《上海中国银行股东会致南北商会函——决定接管上海分行照此兑现》,《新闻报》1916 年 5 月 13 日。转引自中国人民银行总行参事室编:《中华民国货币史资料(第一辑)》,上海人民出版社 1986 年版,第 219—220 页。

听天命。这一过程是惊心动魄的,中国银行上海分行几乎没能熬过去。对于当时令人感到窒息的局面,张嘉璈在回忆时,仍然有不寒而栗之感。据说,停兑令消息刚出的 5 月 12 日,他于"晨八时由私寓赴行办公,行至距离行址三条马路时,即见人已挤满。勉强挤到行门口,则挤兑者何止二千人,争先恐后,撞门攀窗,几于不顾生死",租界巡捕房如临大敌,出动大批力量,才勉强维持住秩序。而又过了几天,到礼拜一(5 月 15 日)时,该行的"现金准备消耗几达十分之八",如果兑现"仍如前二日之拥挤,则几乎不能继续维持"①。这种兑现的狂热,以及纸币在离中国银行较远的小钱庄兑现时要付出一定贴水的现象,都反映出持币者仍然对中国银行的实力将信将疑。幸而当时中国银行上海分行存有现金超过该行发出兑换券及活期存款总数的六成,在经历最初几天的提兑高峰后,终于获得了外资银行愿以现金救急的决议②。在这一消息的刺激下,5 月 16 日,上海中国银行提兑规模开始减小,至 5 月 19 日,兑现状况基本消失,中国银行钞票在上海市面流通恢复正常,风潮平息。受到上海中国银行抗命成功的鼓舞,原本犹豫观望的南京中国银行及其所属各行也于 5 月 17 日起执行有限制兑现,汉口中国银行于 5 月 15 日起开兑,安徽、江西、浙江三省也决定钞票照常兑现,存款亦于数日后恢复自由提取③。

对停兑令持抵制态度的并不只有银行。即便是在北洋政府内部,对该问题的看法也是不一致的。比如,交通部命令铁路用款搭

---

① 姚崧龄编著:《张公权先生年谱初稿(上册)》,传记文学出版社(中国台北)1982 年版,第 28—29 页。

② 1916 年 5 月 15 日,各外商银行代表在麦加利银行议决对中国银行上海分行"给予协助至必要限度",并于次日致函各国领事团转报驻北京的各国公使团,告知各外商银行愿借给中国银行上海分行 200 万元,以维持兑现。

③ 洪葭管:《1916 年上海中国银行不执行"停兑令"的始末》,《中国金融》1987 年第 10 期。

现,军队和警察的饷钱,也发放现洋①。海关、盐务、直隶省等随即也都相率拒收纸币。如此各行其是,政令不一,乃至上命不能完全出都门,仍要各界凛遵,岂不是令人笑掉大牙？就这样,由于受到来自银行界和地方实力派等多方的抵制和反对,停兑令已完全没有遵照落实的可能。北洋政府迫于压力,不得不于5月18日通电各省,要求"自行斟酌办理,中央不为遥制",实质上取消了停兑令；6月2日,财政部称前发停兑令"究系一时权宜之计",表示"一俟金融活动,即照纸币额面定数担保照常兑现"。至此,停兑令被彻底废止。

四

尽管停兑令很快被扫进了历史的垃圾堆,但此次停兑风潮依然造成了相当严重和持续的影响。

从时间上看,停兑尤其是交通银行停兑的结束,要较停兑令终止晚得多。1916年6—7月,除北京地区外,中国银行各地分行已基本恢复兑现,而自身情况糟糕的交通银行,其几近全面停兑的局面则持续了将近一年。直到经过长时间的"求爷爷告奶奶",于1917年初完成向日本兴业银行、朝鲜银行和台湾银行借款500万日元作为恢复兑现准备金后,交通银行上海及江、浙两省各地分行才于当年4月末实现开兑。

对于当事的金融机构而言,停兑风潮则带来了信用和发展的趋势性分化。由于敢于抗命,不仅宋、张两人声名鹊起,中国银行

---

① 邓先宏:《试论中国银行与北洋政府的矛盾》,《历史研究》1986年第4期。

的信用也大大增强。张嘉璈曾回忆说:"上海中国银行之钞票信用,从此日益昭著。"①洋大人们因坚持兑现有利于维持金融市场的稳定,对中国银行也称赞有加。驻上海的英、日等国领事甚至在5月13日就表示,"中央此次办法,实破坏全国金融基础,不仅影响华人,实于上海市面大有关系。上海市面,华洋共有利害,自应设法维持。上海中国银行股东联合会办法,余等异常赞美,当竭全力以维护之"②。这种表态显示出中国银行的国际声誉,亦必然将因抗命一举而大大强化。

这边厢中国银行载誉,那边厢交通银行则陷入了发展的低谷,甚至被人讥讽是不交通银行。于是,原本并驾齐驱的状态被打破,中国银行在经营上的领先优势更加明显。据统计,1917年中国银行的存款和兑换券发行较1915年分别增加了41.1%和89.8%,而交通银行则收缩了20.8%和23.3%;到1920年,中国银行与交通银行的存款比、放款比、兑换券发行比以及纯收益比分别为2.98、2.81、1.71和1.40,较1915年的2.17、2.56、1.03和1.18均有不同程度的上升③。

对于整个市场和社会而言,钞票停兑带来的伤害和相关遗留问题也持续了相当长的时间。停兑令下达伊始,首先带来的便是更加严重的市面恐慌。钞票不能兑现便形同废纸,只要不兑现的情况出现,哪怕是短暂的,就可以让原本就很糟糕的预期

---

① 姚崧龄编著:《张公权先生年谱初稿(上册)》,传记文学出版社(中国台北)1982年版,第29页。
② 全国政协文史资料研究委员会编:《文史资料选辑(第四十九辑)》,文史资料出版社1964年版,第114—115页。转引自董昕:《中国银行上海分行研究(1912—1937年)》,复旦大学2005年博士学位论文,第193页。
③ 汪敬虞主编:《中国近代经济史(1895—1927)》,经济管理出版社2007年版,第1672—1673页。

表 6.2 停兑令风波后(1917—1921 年)中国银行和交通银行经营情况

(单位：万元)

中国银行					
年份	存 款	放 款	有价证券	兑换券发行	纯收益
1917	14 871.5	13 950.3	409.3	7 298.4	207.3
1918	15 092.4	14 342.9	1 048.8	5 217	379
1919	18 146	18 405.2	1 063.3	6 168	345.6
1920	19 025.3	17 842.9	2 096.7	6 688.4	420.6
1921	17 620	17 229.8	2 288.3	6 249.3	54.9
交通银行					
年份	存 款	放 款	有价证券	兑换券发行	纯收益
1917	3 853.7	6 716	289.4	2 860.4	190.2
1918	5 236.5	5 808.4	1 089.4	3 514.5	445
1919	7 509.8	8 030.3	925.5	2 927.3	210.8
1920	6 375.8	6 356.2	1 055.4	3 917	300.8
1921	11 596.4	9 669.6	1 165	3 014.3	−58.7

注：数据来自汪敬虞主编：《中国近代经济史(1895—1927)》，经济管理出版社2007 年版，第 1672—1673 页。

进一步崩坏，并引起物价上涨和钞票折价。有人借此大作纸币投机，也有人视纸币为"烫手山芋"。除了漩涡中心的中、交两行，挤兑风还蔓延至四明等其他银行，上海的殖边银行也在此期间被迫停业①。

而与此相比，更加麻烦的是所谓"京钞"的收兑和整理。前述

---

① 邓先宏：《试论中国银行与北洋政府的矛盾》，《历史研究》1986 年第 4 期。当然，关于殖边银行的停业，也有说法认为发生在停兑令事件之前。如依此说，则殖边银行停业与停兑令风波无关，但其动摇民众对纸币的信任，从而间接加大事件对中、交两行的冲击，仍然是确实的。

停兑令下达后各行各地之所以行为不完全统一，有一个重要原因便是当时发行兑换券多有地区之分，即在券上加盖地名标识，以发行区来限制兑现区。这种办法有利于防范因各地银两平色和银两银元比价不同而造成的跨区投机性兑现，但在客观上也使得各地银行的兑现压力和信用责任出现分化。上海中国银行在1916年能够抗令成功，乃至为停兑令的终结压上一根稻草，是执掌人员强烈的商业独立意识、自身资产端相对稳健、发钞存在区域性、地方势力和外国银行支持、北洋政府无力遥制等诸多原因的共同产物。简而言之，更多是因为在地理上离得远，才在道德上站得高。但不管站得再高，上海中国银行也不可能消灭风潮的源头——中央财政窘迫信用低落，继而将压力向金融转移的倾向。换言之说，停兑令的失败，更多是因为中央政府实在太过无能，而不是因为中央政府解决了中、交面临的根本矛盾。在这种情况下，有些地方的人敢于抗命，有些地方的人却不堪重负，便自然不难理解了。与上海中国银行形成鲜明对照的，恰是中、交在北京地区的分行，它们一则执行停兑毫无变通，信用破坏最烈；二则承受政府垫款最高，钞票发行与现金准备的差额也更悬殊，其压力自然也是最大的。为了恢复钞票的地区信用，必须收缩兑换券存量，实行所谓"整理"。但在政治混乱、纷争不断的背景下，整理京钞过程反复、多次失败，前前后后竟经历了差不多七年。在此期间，中、交两行一面与政府不断磋商，要求通过归还垫款、发行公债等方式来降低京钞发行，一面又不得不穷于应付因军事行动等带来的政府垫款需求。京津地区的钞票价格随之涨落起伏，信用始终无法稳定地树立起来。例如1918年5月，北洋政府开始发行民国七年短期、六厘公债，明文规定发债是为了"归还中国、交通两银行欠款及补助该两行之准备金"，但事实上，在发债同时，两行仍在不断给政府垫款，京钞的市面价格反而从发债前的 70% 左右跌落到发债后的不足 50%[1];又如 1920 年 7 月,直皖两军在京津发生剧烈战争,开北洋系内部兵戎相见之恶例,北京形势大乱,中、交京钞价格在半月内即下跌 20% 以上,此后北京政府内争不断,钞价长期徘徊在五折上下[2];最为甚者,1921 年 11 月,在市场银根紧缩的情况下,自天津而至北京,中、交两行遭到了比 1916 年更为严重的提兑。据统计,挤兑初起之时,中、交两行发行银行券分别为 6 249 万元、4 069 万元,现金准备率为 53.04%、12.66%;准备不足的交通银行,其京津地区(含总管理处)共发钞 1 053.7 万元,而现金准备仅 40 万元[3]。所幸此次政府举措相对合宜,除积极引导舆论外,还及时协调了总税务司提早交拨关余款项向金融市场注入流动性,使得剧烈的风潮在较短时间内得到控制[4]。就在这样持续的一轮轮冲击与被冲击下,直到 1923 年,京钞才在多笔公债和银行定期存单发行的基础上,最终得以置换整理完毕,而其带来的社会代价究竟有多大,已经无法准确计数。

五

北洋政府时期的停兑令以及与此相关的延绵不断的钞票信用问题,是整个北洋时期财政压力向金融转移、疲弱的债信向不稳的

---

[1] 邓先宏:《试论中国银行与北洋政府的矛盾》,《历史研究》1986 年第 4 期。
[2] 同[1]。
[3] 潘晓霞:《危机背后:北京政府时期的中国银行和交通银行挤兑风潮》,《中国经济史研究》2015 年第 4 期。
[4] 1921 年 11 月下旬开始,提兑局势渐渐趋于缓和。1921 年 12 月 1 日,中国银行在京津地区恢复无限制兑现;1922 年 1 月,交通银行再次向东三省官银号和奉天兴业银行借银 400 万元后,也恢复无限制兑现。

币信演化的一个局部与缩影。可以看到，由于没有拥有足够的政治权威、稳定的经济环境和良好的财政基础，北洋政府既没能变更货币制度，也没能完全有效控制银行业金融机构。它既无法持续承担起公债的偿付责任，也没有能力把财政负担完全货币化，只能在信用交互崩坏的泥沼中，逐步走向自己的灭亡。

尽管这一时期不过是历史中的一瞬间，但已足以留下诸多值得细细探讨的命题和教训。比如，从纯技术的角度看，在金融机构受到冲击的时候，政府采用诸如强制停兑之类暂停交易的方法，其实只会加剧而不会缓解危机；比如，金融机构在经营中抛弃商业化的基本立场和准则，无条件向权力靠拢和跪拜，终究会引火烧身难以自拔；再比如，在无法修复基本面的情况下，财政金融不分家，单纯试图将金融作为财政泄洪的渠道，只能是一时的饮鸩止渴，最终会形成复杂纠缠无法打开的死结。

有人曾说，在纷乱的民国年间，"停兑令"的前前后后，还算是一个银行家的黄金时代。其例证是，宋汉章和张嘉璈他们虽然也承受过莫大的压力，但至少还有敢于违抗乱命的思想和空间，事后也没有被"穿小鞋"甚至开刀问斩。从这个角度而言，这种说法当然是有道理的，但我们或许更需要明了，他们之所以能如此不顾"国情"地行事，并成为一战成名的猛士，除了心怀理想信念，更多是因为自己所直面的，毕竟只是一头有心无力的"病兽"。

从「局中人」到「笼中鸟」

内·生·的·挣·扎

一

　　无能的北洋政府令全国人民失望,新兴的政治力量则正悄然生长。金融家本身并不是政治家,但在现实中,金融家却往往难以和政治脱离干系。他们追求的独立性往往会被政治的强力撕扯,也逼迫他们不得不养成观察政治、预判政治的习惯。这种现象在乱世风云中往往更加明显。中国银行的张嘉璈可谓极具代表性。1916年,他与宋汉章挺身力抗停兑令,按说可谓是个人到集体,名利双丰收。一面是自己于1917年升任中国银行副总裁[①],一面是中国银行在新则例通过[②]之后商股比例不断增加,业绩也扶摇直上。到1926年,中国银行的商股比例已经超过99%[③],而全行存款和发行钞票的数量则已占到全国25家重要华商银行存款总额和发行总额的35.1%和60%[④]。毫无疑问,它是既在治理上领独立自主之风骚,又在经营上执金融同业之牛耳。但"春风"之下,却

[①] 民国初年的则例规定中国银行总裁、副总裁需由北洋政府简任,因北洋政府内阁如走马灯般更换,中国银行总裁、副总裁也变动频繁,1912—1916年间主要负责人即有11位。张嘉璈在1917年7月接受财长梁启超任命出任副总裁时,一度担忧任期不确定问题,后在梁启超允诺保全其上海分行副经理职位的条件基础上,才北上赴任。

[②] 当时中国银行总裁王克敏一般行内事务均交张嘉璈处理。张嘉璈到任后,即谋求修改则例,以尽量摆脱北洋政府控制。1917年11月22日,新则例条文公布,规定股本收足1 000万元即可成立股东会和董事会,董事由股东会选任,政府只能在五位常务董事中任命总裁、副总裁。由此加大了商股的权力,提高了总裁、副总裁人选的稳定性。

[③] 到1923年,中国银行的官股只剩下5万元,而商股则达到1 971万元,占全部股份的99.75%,参见洪葭管:《张嘉璈与中国银行》,《近代史研究》1986年第5期。

[④] 洪葭管:《张嘉璈与中国银行》,《近代史研究》1986年第5期。

未必只有"得意马蹄疾"。张嘉璈经营得好银行，却改变不了政府和社会。1924年，直系军阀吴佩孚准备跟奉系的张大帅大干一场，"兵马未动粮草先行"，于是便要他眼中的"大户"——中国银行借出60万元，为达目的甚至采用了毫不上路的形同绑票的手段，把张嘉璈关进自家司令部相要挟。

类似事件让张嘉璈认识到，仅仅在北洋政府统治的框架内谋求更大的自主权恐怕仍是不够的。原本在动荡的时局里保持高度的敏感性，与各式各样的势力都打打交道，避免自身业务受到世代更替、政治风潮的过多冲击，对各类生意人来说就是很正常的。对北洋政府统治失望透顶的张嘉璈，遂开始将目光投向国内的其他政治势力。当时，南方国民党的革命声浪正不断高涨，自然引起了他的格外关注。1924年下半年，张嘉璈曾这样写道，"照此趋势，北方几无政府，南方似有成立统一政府之望，姑坐以待"①。不过，对这个很有成立希望的"统一政府"，他虽然表示"姑坐以待"，但大概率是不会选择只做一个无为的旁观者的。

恰恰当时身处广州的那群革命者，不管是从理论和实践上，都对金融颇有看法和心得。孙中山先生从事革命多年，深深吃过缺钱的亏，对筹款之重要性，当然认识深刻。正如他曾说，"无论有战无战，财政问题之当解决，必不容缓也。文于谋革命时，已注重于此，定为革命首要之图"②。其陆海军大元帅府麾下，具备金融思想的也不在少数。且不论财金方面的关键人物、宋庆龄的弟弟宋子文是哈佛的经济学硕士、哥伦比亚的经济学博士，就连当时革命

---

① 姚崧龄编著：《张公权先生年谱初稿（上册）》，传记文学出版社（中国台北）1982年版，第67页。
② 中国社会科学院近代史研究所中华民国史研究室、中山大学历史系孙中山研究室、广东省社会科学院历史研究室编：《孙中山全集（第二卷）》，中华书局2006年版，第545页。

军队的中坚——蒋介石也曾在 1921 年的"信交风潮"中有过难以忘怀的经历[①]。这些人物可能理念不同,但在革命需理财、打仗要花钱、找钱靠金融这一点上是没有异议的。

1923 年,孙中山先生在广州正式开府、筹划北伐后,除了困于战争和内部派系争斗外,也面临着极为严峻的财政困难——在巨大的亏空压力之下,自 1923 年初至 1924 年 9 月期间,先后辞职的财政主官就有六任之多。为摆脱财政困境,更好地调剂金融、配合北伐,广州革命政权决定筹组自己的中央银行。1924 年 8 月 15 日,该行正式开幕。出于提高自身纸币信用、夯实发行准备的考虑,时任行长宋子文向香港中国银行经理贝祖贻商借现金,并最终在中国银行总行的应允下拿到了 50 万元,是为中国银行与南方国民党势力往来合作的标志性事件。不论中国银行当时是否只是想作个简单的示好,宋子文对此是极为感谢的。1926 年北伐大军正式出师后,宋即致电各军要求对沿途各地的中国银行加以保护。也正是从这个阶段开始,中国银行与北伐军的相互因应开始日益密切起来。1926 年 5 月,张嘉璈连任中国银行副总裁,随即提出为服务全国民众,中国银行的总裁和副总裁应分驻京、沪,并借母亲在沪病危为由长期居停上海,联系到 1913 年中国银行从上海迁往北京,反映了当时政治力量的南北消长,张此时的举动确实在客观上有利于自身保持与南方势力的密切联系、及时研判局势变化。北伐正式开始后,张在提供资金支持方面更是积极踊跃,几乎可谓有求必应:1926 年 9 月,蒋介石率北伐军到达江西赣县,即通过与张交往甚密的国民党人黄郛提出用款需求,中国银行冒着被控制江西的军阀孙传芳发觉的重大风险,将 30 万现金送达;张嘉璈还

[①] 参见本书正文第四篇《凋落的昙花》。

托黄郛南下时带密函给汉口中国银行,允许在蒋抵达武汉后给其借支 100 万元,尽管因蒋介石最终没有在武汉设司令部,该款未动用,但当其 1926 年 11 月抵达南昌提出支用 20 万元的要求后,张嘉璈不久便密电南昌中国银行拨款满足。

事实上,中国银行对北伐军的支持远远超过了以上具体事例所涵盖的范围。根据宋汉章后来的报告,在北伐军出发后,广东、湖南、湖北、福建等地中国银行前后垫借 347 万元,北伐军次第克复江浙后,又获巨额襄助。到 1927 年 3 月底,中国银行对北伐军的资金支持已达 500 万元以上。

中国银行的这种行为,并不是自行其是的个别现象。相反,它反映了当时中国整个资产阶级的普遍态度。对于银行业的诸多人物来说,不论是出于对国民革命的真心热爱,还是仅仅出于看到南方势力节节胜利后的政治站队与投机,他们都有理由接触或向北伐军伸以援手。而出身江浙一带的银行家,因与蒋介石有同乡之谊,在行动上无疑更加积极。创办上海商业储蓄银行、长期在南方开展业务的陈光甫,也是早早就对广州方面抱有期待的上海金融家之一。1926 年 12 月,从广州迁往武汉的国民政府筹议发行国债,陈光甫等人便展开密商,最后的结论是"与议者大都赞成国民政府财政计划"①,由此积极推动了发债的进程;1927 年 1 月,上海市党部执行委员汤济沧在向蒋介石报告其询问陈光甫诸人未来经济支持问题所得到的相关答复时,也明确说"杭嘉战事一有改动,则指抵壹贰百万元当易着手,上海如为我军所得,即发行公债数千

---

① 《陈光甫致唐寿民函(1926 年 12 月 25 日)》。转引自中国人民银行上海市分行金融研究所编:《上海商业储蓄银行史料》,上海人民出版社 1990 年版,第 291 页。

万元,亦无问题"①。

很显然,这些银行家都在以自己最擅长的方式,爽快地表达着对新秩序建立的殷殷期盼和乐观态度。

二

1927年3月下旬,北伐军先后攻克沪、宁。26日,蒋介石骑着高头大马,在资产阶级发自内心的欢呼和慷慨的金钱支持中,傲然进城。然而,在胜利的花团锦簇之下,分裂的阴霾已悄然袭来。一面是尚未结束的北伐战争,一面是国民党内部对峙和蒋介石决意反共。复杂的情势逼迫着每一个无法置身事外的人都必须作出抉择。那些为北伐供给军需输送资金的人们也不例外。

选择之所以令人感到痛苦和折磨,正是因为其中充满难以调和的矛盾。手握军权的蒋介石是不是一个好伺候的人,对此问题,宋子文应该是很有发言权的。尽管宋与蒋存在密切的个人关系,但作为国民党方面此时的财经主官,他已经早早感受到了来自蒋的巨大压力。1926年下半年北伐开始之后,军费开支急剧增长,以蒋介石为代表的军方不时催促财政当局提供费用,而宋子文一旦对这类要求稍有延宕,便会遭到蒋介石的强硬反弹,两人之间的矛盾不断激化②。对蒋而言,客观事实和能掌握的力量是最纯粹的,枪杆子和钱袋子都必不可少,而借着枪杆在

---

① 中国台北"国史馆"藏蒋中正"总统"文物档案:特交档案(一般资料)第16册。转引自王正华:《1927年蒋介石与上海金融界的关系》,《近代史研究》2002年第4期。
② 吴景平:《国民革命时期宋子文与孙中山、蒋介石关系之比较研究》,《近代史研究》2015年第5期。

手,在战事眉急之时索取更大的财权,在他看来十分自然也十分合理。相对而言,出生于基督徒家庭、受过系统美式自由主义经济学训练的宋,则是一个比较喜欢坚持纯粹理念的人。比如,他坚持财政独立、军人不得干涉财政;比如,他认为自己是因追随中山先生而参与国民革命,并非服膺蒋介石个人,蒋介石也不等同于国民革命;再比如,在蒋日益坐大、宁汉对立日显的时期,尽管他厌恶劳工运动,但仍一直视政治精英主导的武汉政权为合法继承孙中山先生革命事业的正统①。因此,随着时间推移,蒋宋之间关于军费数额和财权分配的矛盾不但没有缓解,反而还掺杂了更多的政治分歧成分。1927年"四一二"反革命政变发生后,宁汉关系急剧恶化,直到当年8月蒋介石下野,宋子文都未再出面替蒋介石筹款。

  蒋宋矛盾尚且如此,本不是政治中人的金融家以及工商业大佬们,自然也很快就尝到了与蒋合作的那一丝苦涩滋味。尽管他们出于对武汉方面激进做法和所谓"赤化"的恐惧②,以及倚仗新政权扩大自己实力的期待,在政治上倒向反共的蒋介石,但并不意味着蒋就会把他们作为自己人平等谦和待之。相反,深知江浙资产阶级软肋的蒋,随着自身力量的膨胀,对金融工商界的态度很快开始强硬和恶劣起来。这一点从张嘉璈及中国银行这一期间的经历中略举两例,就可以看得很明白。蒋初到上海时,尚亲赴张宅,对其前期支持执礼致谢③,但这种客气一旦碰上关于钱的纠纷,便显得并不牢靠。1927年3月底,蒋介石派总司令部军需处处长俞

---

① 吴景平:《国民革命时期宋子文与孙中山、蒋介石关系之比较研究》,《近代史研究》2015年第5期。
② 关于蒋介石及国民党当时政治态度的变化,以及各地工农运动的开展情形,可参见杨奎松:《国民党的"联共"与"反共"》,广西师范大学出版社2016年版。
③ 郑会欣:《关于张嘉璈被撤换的经过》,《学术月刊》1986年第11期。

飞鹏向上海中国银行借支100万元,经理宋汉章不知之前有总行致汉口的密函,只答应先给30万元,后虽同意借100万元,又要求提供担保品。这种在银行家看来合情合理的做法,令蒋介石十分恼火。他不仅直接"狮子大开口"提出500万元的价码,还要俞飞鹏待在中国银行经理办公室,意思是钱不到手就不走,以致场面极其难看,直到张嘉璈闻讯赶到现场顺意办理,才算了结;1个月之后,总计3 000万元的江海关二五附税库券开始发行,但蒋要钱急如星火,5月3日即亲电宋汉章,希望马上拿到1 000万元。此时,中国银行各行对北伐军的各种垫款支持已高达669余万元[①],再要支出巨款实在困难,只能与蒋的代表讨价还价,于5月8日先付200万元,剩下的则软磨硬泡,冀图能拖就拖能免则免。但蒋的态度之严厉,恐怕是中国银行方面想不到的,除了私下里跟俞飞鹏说"(宋汉章)此等商人毫无信义可言""此种奸商,何可讲情理",形同泼妇骂街,还直接祭出了扣帽子的大招——称中国银行不给钱就是"支持共产政府",是"阻碍革命有意附逆"的罪魁[②],真是"枪杆在手,翻脸无情",如何言说都理直气壮。这一冲突最终以达成中国银行拿出400万元、并劝募库券600万元的方案暂告化解,算是双方都让一步,但其给张嘉璈、宋汉章等中国银行人士的打击肯定是巨大的。费尽辛苦腾挪支应,反而被索取无穷,明明立下汗马功劳,反而动辄得咎,甚至随时面临被处置掉、引来无妄之灾的危险,真是令人有遇上"中山狼"之感。对此事件,张嘉璈在日记里这样感叹道,"轰轰烈烈,闹得全行天翻地覆,各方左右为难。实则库券

[①] 王正华:《1927年蒋介石与上海金融界的关系》,《近代史研究》2002年第4期。
[②] 中国台北"国史馆"藏蒋中正"总统"文物档案:特交档案(筹笔):2010.10/4450.01-008/59。转引自王正华:《1927年蒋介石与上海金融界的关系》,《近代史研究》2002年第4期。

总是要销,军需总是要付,以堂堂当局,何必与中行闹意气耶? 由于军人不明财政,而处处干涉,政治前途悲观在此"[1],其中消沉、失望之意可谓昭然,而宋汉章深恐类似情事再发,索性于7月以身罹疾患需静养为由去职,自请专任常务董事。

　　蒋与中国银行的矛盾,其实也是他与整个金融界矛盾的缩影。作为南京政府及相关地区财政机关尚未正式设立前的过渡机构,由蒋介石初入苏境时网罗一批上海金融界、工商界著名人士成立的"江苏兼上海财政委员会"[2],在这一阶段便既要忙于通过垫借、募债等各种方式为蒋筹款,又要忙于调息军队与金融界之间的冲突,颇有顾此失彼的狼狈之态。担任这一委员会主任委员的陈光甫,在开初就跟人表示"惟财政委员一事,尚未能完全摆脱,痛苦已极,如熟友及与我行有关系之人问及,希为解释,以免发生误会,是所拜托"[3]。陈所要人体谅的,当然不是那种知识分子为人高洁、淡泊名利、被迫入仕的苦衷,而是夹在政治强权和自己出身行业之间的两头不讨好。中国银行5月份筹款事件发生后,陈不得不多次组织开会协调,并与蒋往复来电来信陈述利害。如5月24日在委员会电文里称"中行目下已极疲惫,以后对于垫款等事,恳请钧座予于鉴谅",又以个人名义发函言"今者为中行事,辉德率性戆直,不敢缄默,知而进言⋯⋯恳切陈词,伏祈垂察,幸甚幸甚"[4]。曾有人说,陈光甫及财委会的表现,是金融界被动

---

　　[1] 中国银行行史编辑委员会编:《中国银行行史(1912—1949)》,中国金融出版社1995年版,第13页。

　　[2] 该委员会成员名单于1927年3月30日以国民革命军总司令部名义公布,4月20日,委员会正式成立。从5月底起,委员会的财政行政机构性质不复存在,专事二五库券的发行及相关事项,到8月结束。

　　[3] 中国人民银行上海市分行编:《上海商业储蓄银行史料》,上海人民出版社1990年版,第305页。

　　[4] 同[3],第298—300页。

中的主动,但实际上,又何尝不是金融界前期主动之后的无奈与被动?

必须承认,在蒋介石到达东南以及南京政府建立的初期,金融界的确获得了一些自己期望的东西。在政治上,他们倾力支持的这个军队和政府,以血腥、粗暴的方式镇压了令他们深感恐惧的左翼力量;在金融市场上,他们也看到了一些改进的措施,例如江海关二五附税库券发行后成立了以金融人士为基本班底的基金保管委员会,例如南京政府承认旧债并加以整理,都有利于维护债券信用和金融界利益。从做生意的角度看,"将欲取之,自然必先予之",只要价码合适,双方都会觉得各得其所。但问题在于,对于这笔生意当中利益分配的合理边界,政治权力和金融资本的认知终究是不同的。蒋在四方纷争的处境下,便已如此强力,那么当其进一步站稳脚跟后,与财政密切结合的金融业,又会遭遇一些什么呢?

三

一个人的行为决策与其个人经历密不可分,强权人物蒋介石也概莫能外。军事和政治斗争实践令他承认金融的重要性,比如他认为"军事一统端赖政治一统,政治一统端赖经济一统,经济一统端赖金融一统";同时他又对金融资产阶级怀有颇多鄙夷,自觉在1921年"信交风潮"中被坑惨后,也满怀愤慨地说过"商家之析利,心计险恶……市侩诚可诛哉"[1]。因此,他可以在一定程度上

---

[1] 杨天石:《蒋氏秘档与蒋介石真相》,社会科学文献出版社2002年版,第85页。

代表金融资产阶级的政治利益，却很难做到完全代表他们的商业利益。具有政治抱负、追求权力集中的蒋介石，既要打手握兵权的各路豪杰好汉，又要打共产党和他们的工农兄弟，就必须依赖巨额资金支持，而金融家们总是让他觉得拖泥带水，不够痛快也不够服从。那么最好且符合其理念的办法，就是彻底把筹款纳入政治权力的控制之下，而其中的关键内容之一，就是实施对银行金融机构的所谓统制，做到"予取予求，如臂使指"。

在当时的背景下，控制金融机构其实就是控制银行，而控制银行的关键，就是搞定中国银行或者搞出一家能和中国银行比肩的新银行来。从历史演变看，自1927年下半年开始，南京政府和金融界的关系，就开始从单纯的矛盾中合作，逐步转化到矛盾中合作与控制—反控制斗争并存的局面上来，并在此过程中衍生出更多难以调和的冲突，不断刺激政府心理趋于强硬。

要管窥这一演变，张嘉璈及其背后的中国银行仍是一个不错的视角，而双方争斗的过程，举其典型节点，又可以划分成"查账风波—建立央行—欲加之罪—增资改组"几个主要阶段。首先是1927年11月，南京政府决定检查华商银行账目，遭到上海银行业联合会等强烈抵制。11月中旬，财政部金融监理局派员先后赴上海中国银行和张嘉璈私邸，要求检查中国银行账目，均遭严词拒绝；其后是1928年中，已回到南京方面并担任财政部长的宋子文代表政府向张嘉璈提出将中国银行直接改造成中央银行的设想，遭到坚持银行商业化经营导向的张嘉璈的反对。由于当时双方都没有足够的博弈力量，最终南京政府决定于1928年10月颁布相关条例，规定新的中央银行为国家银行，并拥有经理国库、铸造货币、发行兑换券、经募债券等权利。11月1日中央银行正式成立，与此几乎同时，中国银行和交通银行则分别转为特许的国际汇兑银行和实业发展银行,但仍拥有发行权①。需要指出的是,中央银行成立时筹集的第一笔作为流动资金的现款,还来自南京政府财政部利用新发金融短期公债向上海银行业的抵押借款,其中,中国银行即占 400 万元②。不难发现,在这两个阶段,政府虽咄咄逼人,但还没有过于造次,银行方面总体都占了上风。

随后是 1928 年 9 月,蒋介石要求张嘉璈赴南京,张因害怕蒋当面提出更多非分要求,推辞不肯成行。恼羞成怒的蒋介石一气之下电令中国银行立即筹款 1 000 万元,并随即亲自到沪,提出查封中国银行库存,并准备以勾结桂系及奉系为由通缉张嘉璈。该事嗣后虽经虞洽卿等人从中斡旋而渐告平息,但无疑使得两人原本就存在的嫌隙和猜疑更深。1930 年中原大战爆发,6 月蒋又以军饷筹集事向张嘉璈等人要求援助,因张未完全遵其旨意,蒋介石便于 7 月 15 日密电宋子文,称"迭据各方密报,张公权勾结阎、冯,扰乱金融,图危政府等情,希即严密查复,以凭核办为要"③。上述蒋之行事固有一时意气,但其对张的做法俨然就是 1927 年对待宋汉章的翻版。很显然,总是想着要钱的蒋介石此时已将张嘉璈视作统制金融的重要障碍,几欲"除之而后快"了。

时光就这样在紧张的气氛中继续流逝,而南京国民政府的资金需索丝毫不见减少。银行家们发现,来自政治强力的逼迫正一阵紧似一阵,而大环境似乎也并不打算助他们一臂之力。他们原

---

① 张嘉璈当时向宋子文建议,仿照日本银行、横滨正金银行和日本兴业银行三行鼎立的制度。若政府需现款充作中央银行股本,中国银行愿意分担,且如果政府能将过去中国银行所垫政府用款归还,中国银行自愿放弃发行权。中央银行成立后,中、交两行的条例作了一些修改,否定了其国家银行性质,取消或修改了之前拥有的部分特权,此外两行也增加了部分官股,但依然保持了商股为主、商股控制的基本精神。
② 中国人民银行上海市分行编:《金城银行史料》,上海人民出版社 1983 年版,第 224 页。
③ 郑会欣:《关于张嘉璈被撤换的经过》,《学术月刊》1986 年第 11 期。

以为,拿出钱来支持枪杆子,能得到更多的保护或者更少的侵扰,却没有料到自己的"露富",反而带来了烦恼乃至无妄之灾。按照蒋记的逻辑,不管你是不是尽力,只要枪杆子不满意,你就是反革命的渣滓。所谓"匹夫无罪,怀璧其罪"。他们是不是真的完全无罪另当别论,但所怀的"璧",诸如帮助政府融资的能力,的确已经开始成为被算计的由头,经营中对商业逻辑的遵循,也很快将要遭到更严重的践踏。不久之后的1934年,就在内外因素的共同作用下,最终成了孕育关键转折的年份。这一年,美国开始实施购银法案,导致中国白银大量流出,进而诱发金融危机,极大改变了银行生存的经济环境[1]。各大主要商业银行的经营陷入了困局,在公债市场上也开始削减投资[2]。只有完全听话的中央银行能逆势而动,积极吸纳,当年底持有公债即达17 380万元,总资产则从1933年的36 300万元增至47 820万元[3]。中央银行与其他银行的表现差异是如此之大,让南京国民政府品尝到了自己在金融业拥有"亲儿子"的甜头,进一步看到了加强对银行业控制的迫切性。而商业银行普遍面临的困难,又恰好使其找到了加强对银行业控制的绝好理由。

1934年4月,孔祥熙提议中央银行增资扩充实力,经南京政府行政院决议通过并于次年拨足;1935年3月,孔在张嘉璈等事先不知情的情况下,又借口救济国内金融,拟发行金融公债1亿元,并分别以其中2 500万元和1 000万元作为增加中国银行、交通银行的官股,以达到官股占优的目的。孔的建议得到了蒋介石

---

[1] 可以参见本书正文第九篇《迎面吹来白银风潮》。
[2] 可以参见本书正文第五篇《民国前期的债信浮沉》。
[3] 金普森、王国华:《南京国民政府1933—1937年之内债》,《中国社会经济史研究》1993年第2期。

的竭力赞同,在一封致孔祥熙的密电里,蒋甚至声言"国家社会皆濒破产……其中关键全在中、交两行固执其历来吸吮国脉民膏之反时代之传统政策,而置国家社会于不顾。若不断然矫正,则革命绝望,而民命亦被中、交二行所断送…无论为政府与社会计,只有使三行绝对听命于中央,彻底合作,乃为国家民族唯一之生路"[1],其调门和站位之高,简直令人无话可说。既然三行都要绝对听命于中央了,那么原来主导那些所谓"反时代传统政策"的张嘉璈肯定也要滚蛋。蒋的建议是委以诸如中央银行副总裁的虚名头衔,反正总而言之,言而总之,就是要让这个看不顺眼的刺头跟中国银行彻底了断关系。随后的事情进展便很顺利了,张嘉璈在强力之下最终被迫辞职,中国银行的股东大会也被迫接受增加官股。当年4月1日,张在自己的一篇随笔中如此写道,"天下无不散之筵席,手栽的美丽花枝,何必常放在自己室内。能让人取去好好培养,何尝不是一桩乐事。所惋惜者,自民国成立后,希望以中行之力,辅助政府建立一完善之中央准备银行,一面能永保通货健全,一面能领导公私金融机关分业合作,创造一力能发展经济之金融系统。庶几内有资金充沛之金融市场,外具诱导外资之坚强信用,足以追踪经济发达后进之日、德两国。此志未遂,斯为憾事"[2]。文中违心之感和切肤之痛,令人颇觉酸楚。

在北洋时期勇敢的张嘉璈和中国银行,终于低下了那颗令任何专制强权看着都不舒服的高傲头颅,交通银行自然也没有理由和机会继续坚持下去。感受到所向披靡之气的南京国民政府,挟胜者之威,又于4月将豫鄂皖赣四省农民银行改组为中国农民银

---

[1] 郑会欣:《关于张嘉璈被撤换的经过》,《学术月刊》1986年第11期。
[2] 姚崧龄编著:《张公权先生年谱初稿(上册)》,传记文学出版社(中国台北)1982年版,第141—142页。

行，于 10 月成立中央信托局，11 月将邮政储金汇业总局改为邮政储金汇业局，从而正式建立了"四行二局"的政府金融体系。同时，又通过相似的改组方式，利用经营原本就不甚稳健的四明、中国通商、中国实业银行在金融风潮中面临挤兑的机会，不断加深对其的渗透和控制，逐渐换上自己人上位①。多年的金融机构统制之梦终于实现，可谓志得意满。

"丧事变喜事，时势造英雄。"蒋介石和他领导下的政府，此时大概就是这样想的。那些坚持"银行是银行、国库是国库"的人，到底被杀退下去了。

四

从金融界在满怀期待给蒋介石和南京政府大量政治投资，到双方矛盾重重、斗争频频，及至最后被对方控制的整个过程看，银行家们试图成为最大化自身利益的时代弈局参与人，却最终沦为政治强权的"笼中鸟"，既有最高决策者思想因素的影响，也是财政不断试图金融化、政治权力不断压迫金融资本的必然结果。南京政府对统制金融的渴求是其政治权力集中的反映，是其对巨大财

---

① 需要指出，前述三行普遍存在经营激进、管理不善、内控缺陷等问题，其在外部冲击的影响下陷入危机是有必然性的。有观点认为三行遭遇挤兑有政府有意安排的成分，但论据并不充分。不过可以确定的是，政府的确借机变更了三行人事：中国实业银行总经理刘晦之由中央银行国库局总经理胡祖同取而代之；四明银行董事长兼总经理孙衡甫虽然保留董事长一职，但总经理一职被迫交卸，由中央银行暨中国银行常务董事叶琢堂接任；中国通商银行则董事长和总经理两个职位均变更，前者由该行常务董事杜月笙继任，后者由时任钱业准备监理会委员的顾贻縠担任。具体可参见陈礼茂：《论国民政府对中国通商、四明和中国实业三银行的改组》，《中国社会经济史研究》2005 年第 3 期。

政和债务压力的因应,那么反过来,金融之受统制,必然也会映射到债务信用的瓦解上。这也可以从南京政府的两次债务整理得到印证:1932年的债务整理计划是在接受持票人提出的确定预算、财政公开、未来不再举债筹集内战费用等8项条件下通过的,银行业依然拥有较大的影响力,属于相对平等的友好协商,而1936年由孔祥熙主导的债务整理则事先完全没有与金融业商议,并利用青帮等组织施加压力,自上而下强制债权人接受,而政府没有遇到任何阻力和有组织的抵制[①]。

我们曾经说过,缺乏系统的制度改革与发展路径调整来实现经济社会基本面的重塑,便无法保障公共信用的质量,这一逻辑继续延伸,自然会指向构建相对独立金融系统和发达金融市场理想之破灭。金融活动具有强烈的社会外部性,金融体系实质上也是社会治理的重要镜像。南京政府加强对金融的控制,当然会提高自身掌握资源、调动资源、配置资源的能力,有助于应对世界经济危机和外部势力侵略,并不是完全没有积极意义,但政治力量一意强求对金融体系的绝对控制,以近乎野蛮的手段凌驾其上,却终非实现善治和良好制度变迁之福。

张嘉璈在中国银行期间与政界的诸多经历,若以一言蔽之,恰是孜孜求取政治力量与金融体系交互的合理边界,对此,我们不妨称为"张嘉璈之问"。斯人斯事皆已成过往,此问应该如何恰当作答,仍需今人不断求索。

[①] 有关债务整理的内容,可参见马长伟、姚会元:《近代中国政府三次债务整理案的比较研究》,《江西财经大学学报》2014年第2期。也可以参见本书正文第五篇《民国前期的债信沉浮》。

内·生·的·挣·扎

再造泉府

一

如果说金融机构和金融市场构成的一整套机制是资金流动的管道,那么货币就是管道中的不息水流。所谓金融服务经济,很大程度上说的便是货币之水流滋润灌溉实体之田亩的过程。中国是一个拥有悠久铸币史的国家,而人们对于钱及其流通的认识也是非常形象和深刻的。泉水流淌不止,货物和货币不也应该如此吗?于是,古人很自然地就把对世界朴素、美好的印象应用到对货币金融的期望中去了,顺便让铜臭味也带上了一丝诗意。《周礼》中记载,"泉府掌以市之征布、敛市之不售、货之滞於民用者",这里所说的泉府,便是一个集掌管税收、调配物资、经营借贷等多种职能于一身的政府组成部分。后世也多有将泉府指代铸币主管机构者,例如《南齐书》中收录的《铸钱均货议》里,就有"以为宜开置泉府,方牧贡金,大兴熔铸。钱重五铢,一依汉法"的说法。泉府成了钱炉,那么泉本身当然就是货币了,许多古币的名字里也理所当然地带上了泉字。唐代著名诗人柳宗元就说,"古今之言泉币者多矣"。

尽管很难说完全垄断了货币发行,但除了西汉文景两帝曾短暂地将私人铸币正式合法化外,中国历朝历代的政府对于铸币的控制大多还是孜孜以求的[①]。然而就是这样一个国家,在近代却

---

① 管汉晖、陈博凯:《货币的非国家化:汉代中国的经历(前175—前144年)》,《经济学(季刊)》2015年第4期。

经历了一段货币制度极为紊乱的时期。清代后期,传统白银与铜钱并行的货币体系在外国银元大量流入的强力冲击下开始解体。按枚计量的白银铸币在交易中被广为应用,在实践中,又有以西班牙本洋、墨西哥鹰洋①为代表的外国银币和各地铸造的本国银币两类②。民国初期,流通于市面的银币有龙洋、袁大头、孙小头、鹰洋等多种,不一而足;而银两货币也种类繁多,根据是否具有流通存储的实物形态,可以分为"实银两"和"虚银两"两大类,前者因铸造地、形态、成色等存在差异,体系颇为繁杂,"非专家鉴定,不能分辨优劣"③。为了保证银两货币的顺利流通,官方或者民间在各地设立了众多的公估组织,以鉴定银两的成色和重量。"虚银两"则只用于财务账目,主要思想是建立以一定平砝和一定成色为标准的记账单位,从而实现将实银折算入账的目的。到民国初期,影响力较大的"虚银两"既有政府规定的纹银、海关通用的海关银,也有上海的九八规元、天津的行化银和汉口的洋例银。其中,九八规元(又称为豆规元、九八规银)是上海通行的一种虚银两,在上海金融界具有极其重要的地位,转账汇划都以它作单位,是近代中国影响力最大的标准银。除了银两和银元之外,市场还流通着许多铜质钱币。与金属货币对应,外资银行、华资银行,也包括本国的钱庄,

---

① 西班牙本洋又称为"双柱"银币,主要铸造于美洲的西班牙殖民地,其中以墨西哥为多,根据币面花纹,又分为"地球双柱""人像双柱"等不同种类款式。随着西属美洲的独立,本洋在19世纪20年代陆续停止铸造,墨西哥铸造的鹰洋逐步取代了其在国际经贸中的地位。

② 根据估计,到民国二十年(1931),中国流通银币总数为170 722.5万元,其中外币8 000万元,中国铸造银币总数162 722.5万元(含龙洋20 000万元)。参见中国人民银行总行参事室编:《中华民国货币史资料(第二辑)》,上海人民出版社1991年版,第101页。

③ 《财政部令上海银钱业限期交纳宝银》,《银行周报》1933年12月26日。转引自中国人民银行总行参事室编:《中华民国货币史资料(第二辑)》,上海人民出版社1991年版,第97—98页。

发行了诸多可兑现纸币,包括银元票、银两票、铜元票等。

　　上述异彩纷呈的货币形态,和当时中央政府力量的孱弱存在密切关系,也在客观上反映了不同金融力量的并存。自清末到民国时期早期,国内政局混乱,各地不仅经济发展水平很不均衡,政治力量之间也是互不买账。清室固然是过往云烟,可民国时期,天下却仍未真正一统。中央政府徒具其名,政治上实际四分五裂,国家主权亦不完整,货币铸造和发行又如何可能统一呢?从实物的银质货币看,银两的官方铸造虽然基本停止了,但各地的私炉铸造仍然存在;而银元的铸造权除了中央有,多省地方政府也有。从纸币发行看,外国在华银行、国内国家银行、地方银行、私营商业银行以及民间传统金融机构都各行其是,这既是新旧金融机构力量交错的印证,也是近代以中央银行为中心的国家货币体系未能形成的体现。

　　学术上常说,百家争鸣才能百花齐放。但百花齐放是不是一定带来好处,答案却是存疑的,至少在货币领域,百花争相斗艳看起来并不是件大快人心的好事情。从理论的角度来说,这一时期的中国货币种类庞杂,不仅银铜货币比价多变[①],连银元和银两(一般指九八规元的虚银两)之间,都存在名叫"洋厘"的比价,往来换算,极为繁琐,根本确立不了所谓的本位制。这从学者们互不统一甚至有点相互矛盾的提法中便可略知一二。多数中国货币史学家倾向于将这种白银与铜钱并行的货币体制称为复本位制或平行

[①] 白银与铜钱之间的比价呈现高波动性,并不是某一时期的特定现象。例如,1808—1856年,中国白银相对铜钱的价格上涨了约2.5倍。银铜货币比价的变化深刻地改变拥有和使用不同类别货币人群的生活质量,给国家兴衰带来巨大冲击。在述及鸦片战争等十九世纪的一系列重大事件及其影响时,就有观点认为,"中国整体秩序变动的一个重要原因,是世界经济的变迁导致19世纪前期中国白银价格节节攀升"。参见林满红:《银线——19世纪的世界与中国》,江苏人民出版社2011年版,第2页。

本位制,但这种货币制度又与西方国家历史上曾广泛实行的金银复本位存在很大差别[1],有人认为货币白银化就是银本位[2],有人则说此时没有货币银行学学理上的本位涵义[3],而著名货币金融学家朱嘉明则索性称此时中国货币处于"多元本位"状态,"市面流通着各式金属货币和纸币,货币彼此之间的交换价值随时变动,难以建立固定的关系"[4]。不可否认,货币的混乱促进了学者们讨论的繁荣,给大家各抒己见发表成果创造了有利条件,但货币带来的困惑,却绝没有也绝不会仅仅局限于书斋。从经济社会活动的角度看,以白银为核心,同时货币标准不统一、铸币权不统一的坏处就更明显了。单单只看白银一端,就已经足够麻烦。一方面,杂乱不堪的货币必须经过复杂的鉴别和兑换,才能完成与之匹配的商品交易,自然大大增加了市场的交易成本,正如有人指出,"国内外贸易有两有元,曲折转化,计算艰难,手续繁杂,精力空耗,对内贸易用银两计价者,实以银元付,迂回化合,进出迥别"[5]。另一方面,中国本身并不属于产银国——北洋政府时期最高年产量都不到 5 万两[6],也不拥有白银的国际定价权[7],而此时西方主要国家

---

[1] 管汉晖:《浮动本位兑换、双重汇率与中国经济:1870—1900》,《经济研究》2008 年第 8 期。

[2] 王信:《中国清末民初银本位下的汇率浮动:影响和启示》,《国际金融研究》2011 年第 2 期。

[3] 戴建兵:《中国近代的白银核心型货币体系(1890—1935)》,《中国社会科学》2012 年第 9 期。

[4] 朱嘉明:《从自由到垄断——中国货币经济两千年》,远流出版社(中国台湾)2012 年版,第 315 页。

[5] 朱福增:《中国货币制度之革新——"废两改元"》,《商学期刊》1929 年第 1 期。转引自王忠宝:《利益集团与民国"废两改元"货币制度改革研究》,辽宁大学 2017 年博士学位论文,第 35 页。

[6] 同[3]。

[7] 第一次世界大战以前,居于世界金融中心的伦敦是主要的白银市场。直到 20 世纪 30 年代以前,世界的银价由伦敦银市确定,而上海的对外汇价则以伦敦大条银价格为标准。

多采用金本位,白银更多以商品形态出现。国际银价涨落不居,相当于汇率波动频繁,会极大影响中国白银的流入和流出,"洋厘"行情亦变化不定,对金融市场、物价和贸易均影响甚巨。不说别的,就是赔个款或者还个债,朝廷都得吃大亏。比如甲午战争后,清政府为了筹措赔款多次借洋债,结果正好赶上白银相对黄金的价格迅速下跌,实际偿债支出便大为增加。仅以1896—1900年的克萨镑款为例,5年里按借款年汇率折合的库平银每年是366 084两,而按付款年汇率折合的库平银则分别是366 084、409 602、422 910、405 348、393 108两,后者比前者差不多整整多出了10%[①]。

二

对于以上现实问题,中国政府当然不是一无所知。自清末开始,关于货币本位和货币统一的讨论与制度变革尝试就从未停止。其中,因为历史传统、黄金产出和人民生活水平等诸多因素的限制,又以银本位制度的想法比较有市场。1910年4月,清政府颁布《币制则例》,提出国币单位为圆,本位为银,主币一圆重库平银七钱二分,辅币则包括银币、镍币、铜币三种,同时要求各省现有大小银铜元一律停止铸造,待新币通行后,公私用款都要使用大清银币收发交易。应该说,清政府虽然行将就木,但它制定的这个则例,至少还是在理念上颇为先进、在内容上比较系统的,同时也是近代第一个完整意义上的货币制度改革方案。

[①] 管汉晖:《浮动本位兑换、双重汇率与中国经济:1870—1900》,《经济研究》2008年第8期。

尽管改革很快就随着清王朝的覆灭夭折了,但市场交易成本高企始终令人头疼,并不会因改朝换代而不同。因此,共和政府决定在清王朝开头的基础上,继续探索下去。民国元年,财政部就牵头建立了币制委员会,以期为改革打下坚实的研究基础,在公布该会委员名单的命令中有这样一句话,"币制不定,种种困难,不特国家财政紊乱,即国民生计亦大受损害"①,可见政府认识之清晰、意愿之迫切。1914年2月,北洋政府又在清政府方案的基础上,颁布了《国币条例》十三条,其基本内容皆与前者无异。在该条例的框架指引下,带有袁世凯头像的新银元很快开始进行铸造并投放市场。虽然不排除有营造个人崇拜、鼓动称帝气氛的动机在内,但新币仍然取得了巨大的成功。据说"此项新币花样崭新,成色划一,人民非常欢迎,频年铸数既多,流通愈广,今则全国可以行用无阻,足为我国银元史上开一新纪元"②。一时之间,改革势头看上去颇为喜人。

但是,这一改革有两个重要的缺陷:一是改革没有将落后的银两货币制度废除,而是继续保持着银元和银两货币并存的货币体系;二是改革本身缺乏强有力的中央政府作为支撑。北洋统治时期,军阀混战经久不息,派系争雄互不相让,内阁更换更如走马灯一般,其政令连新兴的江浙银行家都敢挺身相抗,而政府竟然没有什么办法③。那么,这个政府推动货币统一改革努力的成色能有几分,也就不难想见了。

不过改革虽然难以深入推进下去,却并不妨碍对问题讨论的

---

① 《财政部命令——公布币制委员会委员名单》。转引自中国人民银行总行参事室编:《中华民国货币史资料(第一辑)》,上海人民出版社1986年版,第56页。
② 《国币条例公布后之银元进化观》,《银行周报》1924年3月11日。转引自邹晓昇:《银元主币流通与上海洋厘行市的更替》,《史学月刊》2006年第8期。
③ 参见本书正文第六篇《荒唐的政令与勇敢的银行家》。

持续开展。行业人士、专家学者固然对动荡的政治环境无能为力,但他们发表观点的踊跃热情倒是不怎么受影响。毕竟嘴上说说笔下写写,管杀不管埋总是容易的,而说得漂亮一些,还可以讲成是解决问题的关键虽在决心和能力,但前提到底还是在利弊分析。随着时间推移,关于"废两改元"的声浪逐渐高涨起来。1917年,上海总商会部分人士就首倡"废两改元"之议;1918年,上海银行公会正式成立后,银行业人士和部分经济金融学者开始在上海银行公会的刊物《银行周报》上发表文章,主张实施"废两改元";1921年,第二届全国银行公会联合会在天津召开,由天津银行公会倡议,全国银行公会联合会又向北洋政府呈请统一各造币厂的银元重量成色,并将关税盐税等按银元进行计算,以求"废两改元"之实现。不过,银行业的"热脸"显然贴到了"冷屁股"上。在政治危机、财政危机之间疲于奔命的北洋政府早已暮气沉沉,自己都快气数到头被废了,当然无心、无暇也无力去规划实施什么"废两改元"之事,甚至连立场都懒得公开表达了[①]。

既然政府靠不住,银行业决定自己试一试。1923年11月,上海银行公会在银根大紧的背景下,致函钱业公会,提议在往来结算当中实行银两和银元并用,采取"有银解银,无银即以洋元代之"[②]的方案,后又提出在两者并用过程中以银元代替传统规元的理由。他们的论述当然还是围绕市场交易成本展开的,按说有理有据。但令人遗憾的是,钱庄对此或是以"当此银根虽紧,市面尚觉安靖。

---

① 吴景平:《评上海银钱业之间关于"废两改元"的争辩》,《近代史研究》2001年第5期。

② 《银行公会主张两元并用》,《银行周报》1923年11月27日。转引自中国人民银行上海市分行编:《上海钱庄史料》,上海人民出版社1960年版,第157—159页。

一经改弦更张,未免更形恐慌"①为由敷衍拒绝,或索性不予理睬,以淡漠态度冷处理对之。钱业的这种表现并不难理解。他们并不是不知道传统制度的坏处,但作为近代中国土生土长的金融机构,钱庄日常经营的业务,无论是发行庄票、票据清算,还是从货币兑换以及洋厘等行市变动中获利,恰恰都与银两制度存在密切关系。同时,由于华资银行并不是钱庄主导的汇划总会成员,为了让自己发行的票据能够在金融领域中实现流通,必须求助于钱庄,也就要将大量资金存入钱庄作为资金流转的储备,客观上造成华资银行在金融业务上受到钱庄的约束,一定程度上造就了后者的业务优势,而这种现代反而受制于传统的状况,正是业务发展蒸蒸日上、经营理念科学领先的银行所难以容忍,而被钱庄业视为核心利益的所在。正如日常所说的,触动利益比触动灵魂还难。要让钱庄以牺牲己之利薮为代价,去修补同行面临之弊端,减低社会之成本,几乎毫无指望。银行业的尝试即便不说是在与虎谋皮,也注定是会无功而返的。

　　由此可见,带有公共品属性的制度变迁,并不一定是市场会自发乐意和能够高效供给的。货币制度的变革,毕竟是国家力量和市场力量或者说社会力量的博弈和在各自所及范围的一次再分配。没有外生的冲击,单纯依靠市场力量,要实现新币制对旧币制的替代,即使能够有所推进,也将是极为缓慢的过程。

　　既然北洋政府无能为力,那么南京国民政府是否能担当起这一变革的重任呢?

---

① 《钱业公会反对两元并用》,《银行周报》1923年11月27日。转引自中国人民银行上海市分行编:《上海钱庄史料》,上海人民出版社1960年版,第159页。

三

答案是显然的。对于金融活动,南京政府向来很是关注。要统制金融,抓住金融机构只是一手,与之相比,抓住货币,更为接近本源。1928年4月,也就是南京国民政府成立一年后,当时的财政部便根据浙江省政府关于统一国币先实行"废两改元"的提案①,拿出了一份呈文。其主要内容是,筹建上海造币厂,并于上海、浙江、江苏试行"废两改元"。考虑到上海是全国金融中心,江浙又是南京国民政府控制最强的核心地区,这一貌似渐进的改革建议实际上是具有全局意义的。南京国民政府的反应也很快,呈文在23日报上,27日即由国府第58次会议正式通过。同年6月下旬,南京政府在上海召开全国经济会议。根据会议专刊的记载,该次会议着重讨论的问题包括金融、公债、税务、贸易和国用五个方面,而金融的条目下,列举的便是"以我国枯竭纷乱之金融如何整理,各省参差之币制如何统一,滥币如何整理,以巩固金融之根本"②。在参会的31名金融界人士中,来自上海银行界的有20人,来自其他地方银行和外商银行的8人,来自上海钱庄业的则仅有秦润卿等3人。在如此一边倒的情况下,会议最终通过了反映银行业人士诉求的《废两用元案》,该案明确指出"货币本位制度,聚讼多年,迄无解决"的现状和"囿于习惯,惮于改革,政府亦从无切实整理之计划"的症结,强调"虚银单位,实在天演淘汰之列",要求

---

① 1928年3月,著名经济学家马寅初以浙江省政府委员身份提出该方案。
② 全国经济会议秘书处:《财政部在沪召开全国经济会议》,《全国经济会议专刊》,第14—15页。转引自中国人民银行总行参事室编:《中华民国货币史资料(第二辑)》,上海人民出版社1991年版,第58—59页。

"废两改元""应速为设计,以期早得实现。若以整理币制须待金融机关完全设备,银币流通足敷应用然后实行,计非不周,窃恐旷日持久,仍蹈民三颁行《国币条例》至今十余年仍为一纸空文之故辙",对于新币铸造跟不上政策执行的问题,提出的则是"暂准以本国所铸市面原能流通之银元抵用""国家银行量为调剂"的应对方案[①],而钱庄业人士虽不敢在原则上反对"废两改元",却在其两份提案中坚持将整理银元和纸币制度作为"废两改元"实施的前提。双方虽然看上去没有大的分歧,但心思迥异,一方急切地想改变现状,将旧制度宣判死刑,而另一方秉持的其实是推托延宕的消极态度。

如果事情继续停留在银钱两业的争执上,那么"废两改元"依然将遥遥无期。不过南京国民政府毕竟比北洋政府要积极得多,经济会议结束后不久,便又于同年7月召开了全国财政会议。相对于请各界人士发表意见、更多是带有协商性质的经济会议[②],财政会议主要由各级财政机关负责人参加,实质意义更强。在该会议上,进一步明确了实施"废两改元"的方针,认为"凡百事业,恃财以行,整理财政,实为目前之急务",而"币制握财政之枢纽,与国民经济最有关系",要确定币制方针,其中要重点考虑的便是"推行金汇兑本位…第一步,'废两改元',确定银本位"[③]。以此为标志,政

[①] 全国经济会议秘书处:《废两改元案》,《全国经济会议专刊》,第138—140页。转引自中国人民银行总行参事室编:《中华民国货币史资料(第二辑)》,上海人民出版社1991年版,第62—63页。

[②] 根据官方的说法,经济会议的源起,是"凡财政上建设诸大端,皆待国民指示方针,本部庶得根据民意从事进行"。在该次会议的专刊中,也颇多"有良好国民而后有良好政府""中华民国本由全民组织,人民本与政府合作,祸福无不由于自求…在人民方面,尤须内察事实,外审国情,而遇事加以指导及纠正""勿宜放弃而徒以空言责备"等言。显示出经济会议的召开,更多是为了展现政府大开言路、广求意见的姿态。

[③] 全国财政会议秘书处:《整理财政大纲案(审查修正报告)》,《全国财政会议汇编》审查报告一,第12—19页。转引自中国人民银行总行参事室编:《中华民国货币史资料(第二辑)》,上海人民出版社1991年版,第60—62页。

府在币制改革问题上与银行业方面达成了共识。

然而方针虽定,执行却并不顺利。刚刚实现国家形式统一的南京国民政府,其执政基础尚不十分坚实。国内政局很快发生了巨大变化。1929年初,南京国民政府召开军队编遣会议,旨在以此为名,削夺地方军事力量,很快引起拥兵自重的各地实力派反弹,新军阀混战箭在弦上。3月,以李宗仁为代表的桂系先行发难,战事到6月方告结束;5月,以冯玉祥为首的西北军事力量又举旗反蒋。1930年,先后两次对抗失败的地方势力,再次发动了对中央政权更大规模的挑战。当年5月初,山西的阎锡山联合冯玉祥和李宗仁,在河南、山东、安徽等地区与中央政府展开激烈战斗,战事一直持续到11月份。交战各方投入总兵力在百万以上,死伤亦达数十万之多,史称"中原大战"。虽然上述对抗最终都归于失败,但南京政府在此期间也颇感压力,维持各方面的稳定便成了当务之急,考虑到钱庄业的反对态度,已经提上日程的"废两改元",其步伐随之延缓下来,钱业也暂时松了一口气。

但这也仅仅只是暂时的。世事纷乱,既可能是延缓变革的借口,也可能是加速变革的催化剂。自身的削弱、金融的不稳、财政的需求,方方面面的变数,都加速消解着钱业赖以维持现状的条件。首先,1931年,"九·一八"事变爆发,1932年初,日军又将战火烧到了上海,加之1931年夏季长江、淮河流域的大规模洪灾,使得金融机构蒙受很大损失,其中以钱庄业所受打击最重;其次,1929年爆发的全球经济危机,引发了国际范围内金本位制度的崩溃。从1931年9月到1932年12月,就有17个国家放弃了金本位制度,金价下跌,国际银价随即开始一改前些年的下跌势头而转为上涨,由此带来白银外流压力,导致淞沪战事渐告平息后,大量白银开始流入上海,并对银元银两的比价——洋厘产生重大冲击。

"6月10日的洋厘为0.6905,7月1日上午的洋厘已跌为0.688,跌至历史最低点"①,金融体系一时混乱不堪,在银两制下,银行的银元储备出现大幅贬值;最后,取得"中原大战"胜利的南京国民政府在提升对国家全面控制力的同时,正面临着因所谓"安内"军事行动、外部入侵和天灾等带来的巨大财政压力,掌控金融和货币的迫切性也大大加强了。对于这一点,当时苏区刊印的《红色中华》也有一些颇为有趣的评论。一篇名为《进攻红军与废两改元》的文章里这样写道,"(南京政府)提出'废两改元'的办法,来救济银元价格的跌落,以每月获取银行界供给南京政府一百五十万元进攻红军为交换条件","政府可以藉口统一币制,从造币中取得利润"②。

在这样的环境下,上海银行业人士再次掀起了要求施行"废两改元"的呼吁声浪,并很快得到了南京国民政府的回应。先是1932年3月,中国银行董事长李馥荪在上海银行公会执委会会议上提出与钱业协商"废两改元"事,再是1932年5月,中国银行上海分行经理贝淞荪全面阐述相关主张,继以6月初,上海银行公会向钱业公会提议召集联席会议讨论"废两改元"问题。及至7月,时任财政部长宋子文两次到沪与银行业人士会商,明确表述"废两改元""除非不办,办当从速",其关于和行政院长汪精卫沟通情况、财政部对钱业公会复电等也先后见诸报端,所述对"废两改元"推进意愿极为积极,而新成立的以中央银行副总裁陈行为主席、由多位银行业人士及专家组成的"废两改元"研究委员会,甚至已没有

---

① 姚崧龄编著:《张公权先生年谱初稿(上册)》,传记文学出版社(中国台北)1982年版,第126页。
② 佚名:《进攻红军与废两改元》,《红色中华》1932年第45期。转引自王忠宝:《利益集团与民国"废两改元"货币制度改革研究》,辽宁大学2017年博士学位论文,第94页。

钱业代表[1],该会主要也不再就"搞不搞""废两改元"作讨论,而是将工作重心集中在"如何搞"上。凡此种种,皆表明政府已经明白表达了推进改革的态度和决心。

尽管银钱两业仍在自己的刊物上连篇累牍地发文,频频挑起观点的交锋,但毕竟时过境迁。银行业既得政府表态之坚决支持,又兼维护切身利益之强烈意愿,攻势自然猛烈;钱业虽仍表消极意愿,但除了重弹改革需有若干先行条件的老调外,并不能就银两制、货币制度紊乱等提出有力反击意见,其对银行业的反驳或者了无新意,或者章法凌乱,甚至还先后打出了指责支持"废两改元"的马寅初"怯外交而勇内争,昧事实而尚意气"的"人身攻击牌"、力陈行业发展"无非谋同业之便利应社会之需要而产生之果,当时何尝食欧美之唾余而为之"的"民族主义牌",以及声称骤行改革"必使剿赤大计,废于一旦,而全国经济,崩溃亦即随之"的"危言耸听牌"[2]。然而,自身实力到底远不如前,胳膊毕竟拧不过大腿。没有足够的底牌和底气,光会写材料打笔仗又焉能于事有补? 就这样,在纷争当中,钱庄业渐有"螳臂当车"之感,强硬的立场开始崩塌。至当年9月,《钱业月报》已开始刊登有关"废两改元"对钱业影响的文章,到11月甚至还出现了对"废两改元"筹备情况的正面报道。凡此种种,皆显示在巨大的现实和舆论压力之下,钱庄业内部已经意识到"废两改元"势在必行,再行抵制已无实质意义。

尽管外商银行此时一度表达过消极声音[3],但总体来看,在官

---

[1] 吴景平:《评上海银钱业之间关于废两改元的争辩》,《近代史研究》2001年第5期。
[2] 同[1]。
[3] 外商银行提出"废两改元"应等新币完全充足,差不多需要十到二十年后才能施行,且要求政府承担铸费。这种论调的产生,跟外商银行自身持有大量银两且国际银价此时上涨有关。对于外商银行所提的意见,陈行予以了驳复。具体可以参见贺水金:《论国民政府的废两改元》,《档案与史学》1998年第4期。

方的强力推动下,"废两改元"终究是大势所趋,且各方面的条件也渐渐齐备。一是从 1932 年 7 月开始,到 1933 年初,经过半年多时间,无论是在上海还是其他地方,各界在思想上、心理上已有相当准备;二是政府于 1932 年下半年加快了上海中央造币厂的筹建工作,确保造币厂能够尽快竣工;三是在反复讨论下,与折算率、新币成色等方面有关的基本原则问题也都差不多有了答案。到 1933 年 2 月,连上海钱业公会也议定了固定洋厘价格、加开洋拆市价等几项应对改革的措施。在大量白银汇聚上海市场的情况下,迁延已久的"废两改元"终于迎来了实施的曙光。

四

1933 年 3 月伊始,南京国民政府发布关于"废两改元"的财政部通令,规定了上海市面通用银两与银本位币之间的换算率。3 月 3 日,立法院正式通过《银本位币铸造条例》,进一步明确了银本位币的铸造、成色、重量等事宜,并于 8 日公布实施。中央造币厂随即开始铸造正面为孙中山半身像、背面为帆船图案的新币。银两银元兑换管理委员会也宣告成立,"废两改元"开始在上海试行。这一期间,虽然银两银元依然同时使用,且两者可互相兑换,但已必须遵循固定的折算率。

试行的初衷,当然是以上海为中心,逐步引导市场适应新环境,却遭遇到了意想不到的困难与阻力。由于事先确定的一银元兑 0.715 银两的比价偏高,而新币偏少和未铸造银条等因素又造成部分人士的观望心理,导致在实际当中以元换两者多,以两换元者反而较少。事后发现,自 3 月 10 日至 4 月 5 日,兑换委员会反而净兑入银元 6 140 万。对此,有人称"废两改元"成废洋改两之局①,改革几有功败垂成之虞。

为应对这一局面,南京政府决定加快进度,以更大的力度实施干预。4 月 5 日,财政部发布《关于废除银两改用银本位币制布告》,宣布"废两改元"在全国范围正式推行,规定自次日起"所有公私款项之收付与订立契约、票据及一切交易,须一律改用银币,不得再用银两…新立契约票据与公私款项之收付及一切交易而仍用银两者在法律上无效","持有银两者,得依照银本位铸造条例之规定,请求中央造币厂代铸银币,或送交就地中央、中国、交通三银行兑换银币行使"②。4 月 5 日晚,上海银行公会与钱业公会召开紧急联席会议,达成了执行最新政令的八点办法③。为确保实施,政府多管齐下,以国家力量为后盾推进。一是因地制宜,针对汉口、天津惯用的虚银单位分别制定其与银元的折算率;二是于 6 月 6 日向各省市政府发布咨文,订立田赋改征银币办法,并限期完成,以改变作为地方大宗收入的田赋仍多按两、石折合计算的状况;三是于 12 月训令上海银钱业迅速交纳宝银(也就是元宝),消除其充当准备金的功能,以期将带有历史遗迹的库存予以翻新,挖掉银两制的实物根子;四是于次年 1 月致电各地要求将铸造元宝等所谓"银炉"停业并撤销公估局。同时,也采取了加速鼓铸新币、相机铸造银条、同意负担宝银兑换新币损耗等有利于市场主体接受改革

---

① 潘恒勤编:《政府提前实行废两改元的原因》,《废两改元之成功》自序。转引自中国人民银行总行参事室编:《中华民国货币史资料(第二辑)》,上海人民出版社 1991 年版,第 94—95 页。
② 财政部档案:《财政部布告——自四月六日起所有公私款项收付一律改用银币,不得再用银两》。转引自中国人民银行总行参事室编:《中华民国货币史资料(第二辑)》,上海人民出版社 1991 年版,第 94 页。
③ 《上海市银钱两业议定废两改元执行办法》。转引自中国人民银行上海市分行编:《上海钱庄史料》,上海人民出版社 1960 年版,第 229—230 页。

的措施①。根据统计,1933年3月至12月间,中央造币厂鼓铸新本位银币2 800余万元,8—12月间鼓铸银条总值约380万元②。到1933年12月15日,上海银钱业登记宝银总额已达约1.46亿两③,"废两改元"基本取得成功。

对于这一改革,各方普遍给予了较高评价。日本驻天津的总领事桑岛主计作为一名旁观者,对此就说道,"这次中国政府断然着手进行改革,确实是个英明的决断,对于统一货币来说,是个划时代的措施"④。

五

在经历长期争论和不同利益群体的反复博弈后,"废两改元"最终在政府的强力推动下落地了。可圈可点的是,政府在此次金融改革中,不仅善于调动自己的行政力量,也乐于在讨论会商乃至实施配套措施中树立尊重市场的姿态,一定程度上实现了市场需

---

① 前述措施根据《沪、汉、津三市银两换算率》《财政年鉴》下册)、《财政部咨各省市政府文——订定田赋改征银币办法》(财政部档案)、《财政部呈行政院文——定期发行新铸银币》(财政部档案)、《财政部复中央银行函——同意负担宝银兑换新币损耗》(财政部档案)、《财政部令上海银钱业限期交纳宝银》《银行周报》1933年12月26日)、《财政部致各省市政府电——各地银炉一律停止营业并撤销公估局》(财政部档案)等文献材料总结。有关文献,均转引自中国人民银行总行参事室编:《中华民国货币史资料(第二辑)》,上海人民出版社1991年版,第95—98页。
② 《中央造币厂鼓铸厂条统计》,《中央银行月报》1935年10月;《中央造币厂鼓铸新本位银币统计》,《中央银行月报》1935年10月。转引自中国人民银行总行参事室编:《中华民国货币史资料(第二辑)》,上海人民出版社1991年版,第102页。
③ 财政部档案:《上海宝银登记汇总金额统计》。转引自中国人民银行总行参事室编:《中华民国货币史资料(第二辑)》,上海人民出版社1991年版,第103页。
④ 日档:《日本驻天津总领事桑岛主计致外务大臣内田康哉函——正金银行的调查结果》。转引自中国人民银行总行参事室编:《中华民国货币史资料(第二辑)》,上海人民出版社1991年版,第98—100页。

要和政治需要的良好统一。由于实现政府所求与解决货币体系内生矛盾在根本上相一致,尽管改革不能说是一帆风顺,但成本总体上还是较小的。

这是中国近代货币史上的一件大事,也是政府在与市场、社会划分权力边界中的一场胜利。它在一定程度上改变了长期以来货币制度紊乱的状况,加强了政府对铸币的控制,同时也标志着旧钱庄的式微和新银行在金融体系内主体地位的强化,真正宣告了中国银本位的确立。"废两改元"的确在很大程度上反映了南京国民政府巩固统治、加强金融控制的意图,但也符合社会经济发展的需要,具有积极的进步意义。

但是,也必须看到,"废两改元"毕竟是以白银为核心的货币体系演变的产物。一方面,它无法改变国家政治权力不统一的现实,各地自行发钞状况依旧;另一方面,它没有也不可能脱离银本位的桎梏,自然也无法解开银本位落后于整个世界环境和白银进出受制于人的死结。国家力量再强大,也无法凭空生出、变出银子来。事实上,"废两改元"能够成功,原本就是与国际银价变动、白银的区域奔流分不开的。顺势能成事,逆势当然也会坏事。就在中央造币厂不停歇的铸造声中,一场来自大洋彼岸的风暴也在悄然酝酿了。

迎面吹来白银风潮

内·生·的·挣·扎

一

　　金融活动是人类社会活动和交易博弈的缩影。它的实现形式受到特定环境的约束，因而可以看作是历史惯性的产物；但它同时又总会不安分地，或主动或被动地冲击现有的秩序，甚至成为诱发制度快速变迁的"催化剂"。1933年的"废两改元"作为政府重整铸币权的行动，是中国货币现代转型的重要一步，也是突变性和保守性纠缠结合的双重产物。说它具有突变性，是因为"废两改元"在国家力量的推动下，摧枯拉朽般荡涤了纷乱复杂货币体系带来的许多困扰，说它具有保守性，是"废两改元"仍然继承了将白银作为中国货币核心的根深蒂固的传统，甚至还在形式上进一步强化了。

　　一个人力气再大，也无法把自己举起来。以银本位为基础与前提的变革当然无法克服银本位的脆弱性，它能解决的问题自然也就不会超越银本位框架，而放眼当时的寰球，不要说银本位，整个金属本位都已经不怎么受人待见了。更加不妙的是，中国虽有建立银本位的动机和权力，却没有相应的捍卫银本位的实力与本钱，犹如你能将城市建设得光鲜亮丽、精致大气，却没有足够能耐去防卫和保护它一样。作为不怎么产银的用银大国，作为自19世纪七八十年代就进入长期总体贸易逆差的经济体，中国没有白银的定价权，也无法自由地决定白银的流入和流出，这便意味着在面临国际银价涨跌时，中国大率只能被动起舞或者承受痛苦。

到20世纪初期,放眼全球,中国已几乎成为"世界唯一用银国家","各国之仍以银为本位者,除中国外,殆罕见也"[①]。举世皆以白银为货,而中国则以其为通货。这种对明朝正统年间[②]以来传统的妥协与致敬,这种格格不入、遗世独立的做法,虽不能决然说成是作茧自缚,但带来许多不确定的麻烦,却是没有疑问的。设国际银价低落,在对外支付时便有汇兑损失之弊,而若国际银价走高,则有白银外流、通货紧缩之害。所谓两害相权,可取其轻。然中国虽有权衡之名,却绝无取舍之实。"天下熙熙,皆为利来;天下攘攘,皆为利往。"1880—1930年间,除开日俄战争与一战时期,纽约白银价格在大多数时候都高于美元在上海外汇市场的汇率,有23年汇率高于输入点,差价便驱使白银更多地流入中国[③]。这些闪耀光芒的金属远涉重洋而来,更多只是被作为商品输送和贩卖,而不是出于爱心或者高尚的道德情感来志愿支持中国的改革,稳定中国的金融,促成中国的繁荣。一旦无利可图,抑或另有利薮,便会很快转向离去。来时如相爱,去时似相杀,这种冰火交替的风险,在一开始就给"废两改元"和中国刚刚正式确立的银本位埋下了深深的隐患,使其命运蒙上了一层难免乖舛的阴霾。

事实上,"废两改元"的展开,恰恰就站在了一个微妙的时点

---

① 工商部工商访问局:《金贵银贱之原因及其影响》,《关于银价波动的报告》。转引自中国人民银行总行参事室编:《中华民国货币史资料(第二辑)》,上海人民出版社1991年版,第103—106页。

② 朱嘉明认为,中国在宋时已有白银、铜钱和纸币并存的货币体系,但该体系在元朝遭到破坏。明朝初年,中国白银匮乏,但自15世纪开始,白银供给不足的现象开始改观,促使货币白银化进程加速。明英宗正统元年(1436),政府宣布浙江、江西、湖广、广东、广西各布政司范围内不通舟楫、交通不便的地方,田赋可不交纳实物,而以白银折纳,并放松民间用银禁令,被视作白银货币合法化的开端和白银奠定其在中国货币体系当中作用的里程碑事件。具体可参见朱嘉明:《从自由到垄断——中国货币经济两千年》,远流出版社(中国台湾)2012年版,第178—184页。

③ 周子衡:《20世纪30年代经济大萧条对中国货币经济的冲击——1933—1948年中国货币经济的现代转型、失败及其遗产》,《金融评论》2012年第4期。

上。如果说在1929年开始的一段时间里,大萧条带来的国际银价下跌,使得白银踊跃输入而令自身免于负面冲击,在某种程度上还可以算是中国的一种幸运的话,那么国际银价随着受困于大萧条的不少国家开始完全退出金本位制而止跌上涨,就是一种不妙的征候了。1933年的4月,也就是这一改革正式全面铺开的同时,大洋彼岸的美国正式颁行禁止现金出口法令,宣布也放弃金本位,从而为其白银政策的次第推出铺平了道路。在当时的美国政坛中,所谓白银集团的影响相当之大。根据货币学大家弗里德曼在一本小书中记述的说法,美国西部的7个产银州,即犹他州、爱达荷州、亚利桑那州、蒙大拿州、内华达州、科罗拉多州和新墨西哥州的参议员控制了参议院选票的1/7[①],他们强烈要求政府出面为"白银做点事情",说得直白些,就是采取措施提升银价。这一诉求也得到了农业州的支持,因为任何可能带来通货膨胀的做法都可能促使农产品价格上涨。同时,农业院外活动集团也希望白银集团可以"投桃报李",支持他们的其他通货膨胀政策建议。

政治是博弈,也是妥协。只有广泛交换,才能促进和达成共识。鼓吹白银涨价的喧闹,让以罗斯福为总统的美国当局认识到,如果想让更多政策得以顺利通过,"为白银做点事情"可能是一笔回报还不错的买卖。在这种思想的主导下,美国政府很快行动起来了。1933年年中,美、英、法等65国在伦敦举行了会议,并达成了以美国为首提出,加拿大、秘鲁、墨西哥、澳大利亚、中国、西班牙、印度等7个产银或者用银大国赞同的《白银协定》。其主要内

[①] 米尔顿·弗里德曼著,安佳译:《货币的祸害——货币史片段》,商务印书馆2008年版,第154页。

容包括提高银价、限制白银生产和市场供给量①,以使银价不至下跌。其中对中国政府的约束则是自 1934 年 1 月 1 日起,4 年之内,不得将由货币熔毁所得之生银出售②。然而,尽管协定开宗明义便冠冕堂皇地写道,其目的是为了"减少银价之变动",但这一精神显然没有在美国接下来的行动中得到贯彻。1933 年 12 月,罗斯福总统宣布美国政府批准伦敦白银协定,并命令财政部按照每盎司 0.645 美元价格收买及铸造国内开采的白银;1934 年 6 月,美国进一步通过《购银法案》,要求将国家货币储备中白银与黄金的比例提高到 1/3,财政部长可以自行决定购买的时间和数量,但须维持购买白银直至通货储备达到既定量,或白银市场价格达到每盎司 1.29 美元时为止③。如果按照这一比例和当时自己的通货储备构成来计算,美国总共大约需要收购 10 多亿盎司白银才能达标。很明显,这一法案为美国突破协定的约束大规模高价收购白银提供了法律依据,为政府力量介入和干预白银供求关系打开了方便之门。

作为当时控制着大约全球 2/3 白银生产的国家④,美国政府的种种行为取向,对国际银价的影响自然是不容忽视的。银块现货的市价,1933 年在伦敦为每盎司 18.15 便士,在纽约为每盎司 35

---

① 协定规定,澳大利亚、加拿大、美国、墨西哥、秘鲁在协定期内不再售银,并应于 1934 年起,每年从各自国家矿产的生银内,合计购买或由市面收回 3 500 万盎司。

② 实业部银价物价讨论委员会:《伦敦白银协定节略》,《中国银价物价问题》,第 100—104 页。转引自中国人民银行总行参事室编:《中华民国货币史资料(第二辑)》,上海人民出版社 1991 年版,第 112—114 页。

③ 实业部银价物价讨论委员会:《美国白银购买法案(摘要)》,《中国银价物价问题》,第 108—109 页。转引自中国人民银行总行参事室编:《中华民国货币史资料(第二辑)》,上海人民出版社 1991 年版,第 114 页。

④ 在 20 世纪 30 年代,世界白银产量的 32% 出自美国。同时,加拿大银产量的 34%、秘鲁银产量的 87%、中美洲银产量的 89%、智利银产量的 83% 也由美国资本控制。参见朱嘉明:《从自由到垄断——中国货币经济两千年》,远流出版社(中国台湾) 2012 年版,第 357 页。

美分。在1934年1月,两者分别为19.35便士和44.44美分。而随着购银法案的通过和实施,其变动像被注入了一针强力的兴奋剂,到1934年的12月,伦敦银价已达到每盎司24.41便士,而纽约银价则为每盎司54.48美分。

古罗马哲学家卢克莱修曾在《物性论》里说过一句,"吾之美食,汝之鸩毒",这种富有辩证意味的叙述,并不只停留在书页中。银价的大幅上涨,让获益者喜上眉梢,但地球终究只有那么大,有人开心,就有人难免要作难甚至倒霉了。

二

国际银价的猛烈上涨,令身处远东的外资银行喜不自胜。价格低落时流入中国的白银,有相当一部分在他们压箱底的存储中。此时运出,账目获利几何自不待说,而如果中外银价存在能够覆盖必要成本的差异,就更美妙了。白花花的银元和元宝在中国自然是通货,或者说具有通货的意义,但在海外只不过是经过加工的银制品。如果将其熔化得到银条,失去的只是图案花色和形状,得到的却是一种可以换得高价的商品。对于理性的经济人来说,眼前有挣钱的机会却不去运用,反倒是不正常了。马克思在他闪耀着不朽光辉的著作中曾经引用过这样一段话,"一旦有适当的利润,资本就胆大起来……如果有50%的利润,它就铤而走险;有100%的利润,它就敢践踏一切人间法律;有300%的利润,它就敢犯任何罪行,甚至冒绞首的危险"[①]。这一说法中的数字固然可以只作

---

① 卡尔·马克思著,中共中央马克思恩格斯列宁斯大林著作编译局译:《资本论(第一卷)》,人民出版社2004年版,第871页。

比方看，但它对资本特性的刻画却是普遍适用的。20世纪30年代的上海乃至中国当然也不会是例外。

在逐利心理的作用下，中国白银开始汹涌外流。对白银流出的具体规模有多种不同的说法，但不同数字反映的趋势基本是一致的，即数量大、增长快。例如，在孔祥熙于1934年10月致美国驻华公使詹森的一份备忘录中，他转述了由海关报告得来的统计数字，称1931年之前的10年，中国平均每年进口白银约1万万元，但自1932年开始，情形便逆转了。中国白银从净流入转向净流出。其中，1932年和1933年的净出口额分别为1 039.5万元和1 442.3万元，及至美国白银政策剧烈加码的1934年，仅前8个月的出口额就有1.32亿元，而9月份向中央银行提交的白银出口申请书，记载的交易规模则达到了惊人的3 558.6万元[1]。如果我们将孔祥熙叙述的时间再稍稍延长3个月，就会看到，关册统计显示的1934年全年白银净流出为2.57亿元[2]。

与白银流动相关的一个数据是白银存量的变化。两相比较，可以提供非常丰富的佐证信息。以影响举足轻重的远东金融中心——上海为例，就有资料显示，1934年3月，全上海银行白银储备总量折合国币共计5.89亿元，其中国内银行和外资银行分别占有3.37亿元和2.52亿元。到6月，上述三者分别为5.83亿元、3.38亿元和2.45亿元；而到当年年底，以上三个数字已经分别下

---

[1] 中央银行英文档案：《孔祥熙致美国驻华公使詹森的备忘录——在世界银价猛涨下中国白银外流的情况及其后果》。转引自中国人民银行总行参事室编：《中华民国货币史资料（第二辑）》，上海人民出版社1991年版，第146—149页。

[2] 中国海关：《1931—1935年中国白银进出口价值》，《中外贸易统计年刊》。转引自中国人民银行总行参事室编：《中华民国货币史资料（第二辑）》，上海人民出版社1991年版，第155页。

降到 3.35 亿元、2.80 亿元和 0.55 亿元①。结合前面的海关统计，这些材料至少可以清晰地说明两点：一是在 1934 年夏天之前，尽管上海是白银出境的主要口岸，但由于同时承接着自内地集中汇聚而来的现银，其存量看上去仍相对稳定。而随着白银流出境外的加剧和内地白银的大量消耗，这种暂时的表面稳定状态也就宣告结束了；二是外资银行普遍充当了运送白银出口的主角。透过文献资料可以发现，最迟在暑热还未完全消退的 1934 年 8 月，关于外资银行卖力运银的消息，就已经频繁见诸报章杂志。有一篇文章不厌其烦地详细列举了一次大规模的贩运。"自上月份起，本埠洋商银行迭将巨额现银送出口⋯十五日洋商银行又有大批现银运出，总数为现洋 528 万 5 千元，现银 156 万两。内计汇丰银行厂条三百三十八条，合洋一百六十九万元；麦加利银行现银六十一万两；花旗银行现洋一百万元；大英银行一百万元；安达银行二百七十万元；大通银行洋条二百十五条，合洋一百零七万五千元，又洋二十五万元；东方汇理银行二十一万两；德华银行四十万两；中法银行银三十四万两。自经此次出口后，本埠存银又减。据昨日查仓报告，约计存银一万零二百万，厂条合洋约一万三千七百九十余万元，又现银三万八千一百七十三万元云。"②

白银大量流出对中国经济和金融的损害是显而易见的。1929 年之后的两三年，中国以白银为核心的货币体系，相当于为自己构造出了一个独特的浮动汇率制环境，暂时隔绝了发端于金本位国家的大萧条的冲击。由于银价低落，中国白银充裕、货币贬值，出

---

① 戴建兵：《白银与近代中国经济(1890—1935)》，复旦大学 2003 年博士学位论文，第 244 页。需要指出的是，孔祥熙在致詹森的备忘录中也列举了一组上海白银存量的数字，其绝对数与本文此处稍有出入，但在判断与佐证变化趋势上没有显著差异。

② 《汇丰等银行又运出大批现银》，《钱业月报》1934 年第 8 号。转引自戴建兵：《白银与近代中国经济(1890—1935)》，复旦大学 2003 年博士学位论文，第 244 页。

口贸易和国内信用扩张,外国投资持续流入,商业、金融活跃,银行业蓬勃发展,物价水平上涨。当然,银价下跌不是没有坏处,但即使是由汇率贬值而上升的外债偿还压力,也在一定程度上被南京政府推行的"海关征金"措施抵消了①。在这样的氛围下,放眼当时的各类资产市场,多少都散发出了泡沫的气息,甚至给人以烈火烹油、鲜花着锦之感。据美商普益房地产公司的调查,30年代初,上海经营房地产的企业达到300多家,行业一时风光无限;银行体系充沛的资金为南京政府发行公债提供了良好条件;而金贵银贱,则激发了巨大的所谓"标金"投机浪潮,以致"上海之标金市场,其势力之伟大,初不亚于伦敦、纽约之于银市"②。人民的疯狂,引得当时工商部都全然不顾公文通常应有的婉转典雅之美与中正平和之气,在调研报告中发出了"无纪律之社会组织,无意识之群众心理,助桀为虐,相煽相仿,致兴风浪"③等情绪化意味颇浓的愤愤之语。

然而以长江水灾、日本侵略为开端,再随着国际金本位被人弃如敝屣,国际银价大幅上涨,资本流出和汇率升值并存,以上的一切都消失了。西方国家经济已经开始逐步复苏,而中国曾经的繁

---

① 工商部的一份研究显示,1930年前后,中国每年需以外币支付的债务本息约合上海规元银1.3亿两。由于偿债要折合为外币,本币(银价)下跌会大大加重中国的财政负担。为减轻这一影响,南京政府于1930年2月开始实行海关金单位制度,即提出一个与各国货币存在相对固定折算率的名义单位作为征税依据,将金银比价变动的调整吸收进关税征收当中,若银价下跌,则以银计算的税收就会增加。有关政策内容及影响,可见李大年编:《江海关颁发用金单位征税及其折合率的布告》,《金涨银落问题及其救济》,第576—579页。转引自中国人民银行总行参事室编:《中华民国货币史资料(第二辑)》,上海人民出版社1991年版,第108—109页。也可参见吴景平、龚辉:《1930年代初中国海关金单位制度的建立述论》,《史学月刊》2007年第10期,等等。

② 工商部工商访问局:《金贵银贱之原因及其影响》,《关于银价波动的报告》。转引自中国人民银行总行参事室编:《中华民国货币史资料(第二辑)》,上海人民出版社1991年版,第103—106页。

③ 同②。

荣却一下子完全被萧条所代替。

通货紧缩魅影来袭。若以1926年水平为100,则1934年上海、华北、广州的批发物价指数分别为97.1、91.78和94.28,较1932年水平分别下跌了23.4%、25.1%和16.3%[①]。

宽松货币环境消失,紧缩的银根和高涨的利率成为常态。在上海,"自1934年上半年以来,利率由一般钱庄向客户所索取相当于年息六厘,上升到(1935年)1月1日的二分六厘",以至于"不管用什么抵押品,按任何利率,借款几乎是不可能的"[②],而金融业的同业拆借日息,1934年1月为0.055元/每千元,到1935年1月则高达0.205元/每千元[③]。

出口贸易颓势尽显。1931年,中国对美、日、英的出口额分别为1.92亿元、3.73亿元和0.99亿元,1934年则下降到0.94亿元、0.84亿元和0.50亿元[④]。

资产价格表现疲软。1934年7月到1935年初,政府和实业债券价格下降10%,工业证券下降7%,上海中心地价下降15%[⑤]。

工商企业接连倒闭,像瘟疫一样蔓延。有资料指出,到1935年春,上海31家华资纱厂停工8家,33家丝厂停工28家,面粉厂开工的仅14家,不及原有厂数一半。倒闭的橡胶厂有15家,约占

[①] 《银价暴涨与中国物价下跌(1930—1935)》。转引自中国人民银行总行参事室编:《中华民国货币史资料(第二辑)》,上海人民出版社1991年版,第156—157页。
[②] 中央银行英文档案:《中国驻美公使馆致美国国务院非正式备忘录——由于美国抬高银价,中国面临严重的财政金融危机》。转引自中国人民银行总行参事室编:《中华民国货币史资料(第二辑)》,上海人民出版社1991年版,第116—118页。
[③] 孔敏主编:《南开经济指数资料汇编》,中国社会科学出版社1988年版,第485—486页。
[④] 同③,第382页。
[⑤] 同②。

华资橡胶厂的1/3,倒闭的商店则多达521家①。

金融机构压力重重。尽管银行业没有出现系统性的崩溃,但存款增速、盈利水平明显下降。1935年上半年还出现了挤兑白银的现象,中国银行、交通银行均遭波及,中国实业银行、四明银行、中国通商银行等受影响尤烈。比起银行,"废两改元"之后原本就走下坡路的钱庄处境更加不妙。1934年和1935年,上海钱庄业总利润为133.4万元和38.2万元,较1933年分别下降了33.6%和80.9%②,倒闭歇业者甚多。

事实上,相较于大城市、金融和工业,农村和农业遭受的打击更是有过之而无不及。比起上海等口岸,乡村白银流出更早,农产品和初级产品价格跌落更甚,靠天吃饭的农人们,其购买力的萎缩也就更剧烈。这是一种具有普遍性的现象。连当时共产党领导下的根据地也出现了现金缺乏的问题,使苏维埃政府不得不实行严格的管制政策,将藏匿和偷运现金出口视作"反革命行为",严重者可处死刑③。广袤的经济腹地表现出极大的脆弱性,又反过来让城市的困局益发难解,动摇国本。

较之危机本身更加糟糕、更令人窒息的,是似乎完全都看不到依靠市场力量自发扭转趋势的可能性。按照最朴素的经济学道理,中国白银的出口总会改变国际市场供求,加之外汇流入,境内外银价之差迟早会弥合,从而塑造出新的平衡来,危机也会随之结束。但这种美好的预期,在美国持续的政策压力下,已完全不复有

---

① 杜恂诚:《货币、货币化与萧条时期的货币供给——20世纪30年代中国经济走出困局回顾》,《财经研究》2009年第3期。
② 原始数据参见中国人民银行上海市分行编:《上海钱庄史料》,上海人民出版社1960年版,第270页。
③ 朱嘉明:《从自由到垄断——中国货币经济两千年》,远流出版社(中国台湾)2012年版,第366页。

实现的机会。滚滚流出的白银似乎就像雪落大江,根本泛不起什么涟漪,更不要说改变银价的走势了。正如孔祥熙哀叹的那样,"这些纠正力量的作用,却被国外银价的人为刺激所阻碍了"①。

当时的人们如果向着时光奔流而来的方向回首一瞥,必然会有天差地别之感、判若云泥之叹。

三

白银流出之后果如此严重,中国的政府和各界当然感受深切。在社会精英当中,能看到问题根源的并非少数。他们都采取了自己认为合理的方式,来试图扭转不利的情势。

在美国实施白银政策后的相当一段时期内,南京政府的态度是温和甚至可以说是带有些许暧昧的。1933年伦敦会议之前,宋子文在会见美国国务卿赫尔等人时,曾公开表达了对稍微提高银价的支持。尽管美国政府的后续举动逐渐明白地显示出其并不打算遵守白银协定的基本原则,但南京方面的做法仍然一度很有"稳坐钓鱼台"的感觉。1934年2月23日的《申报》刊登了这样一段话,"外报载我当局因美银价值猛涨,我禁止白银出口之说,据财政部某员云,美银价高涨,无损于我国,外传将禁止白银出口说,部方尚无此举动"②。这可以视作政府自信岿然不动的一种表态。虽然立法院在讨论《白银协定》时已经认识到"美国代表白银利益者

---

① 中央银行英文档案:《孔祥熙致美国驻华公使詹森的备忘录——在世界银价猛涨下中国白银外流的情况及其后果》。转引自中国人民银行总行参事室编:《中华民国货币史资料(第二辑)》,上海人民出版社1991年版,第146—149页。
② 原文出自1934年2月23日《申报》。转引自熊昌锟:《试论民国时期中国各界应对白银危机的举措及失败的原因》,《上海经济研究》2015年第11期。

的这种狂妄主张（即《购银法案》等的内容），不啻根本违反白银协定开宗明义第一段所谓'应设法协定减少银价之涨落'的精神"，但在附加了一句"因银币为中国本位币，倘遇金银比价发生变动至中国政府认为足以妨害中国国民经济而与本协定安定银价之精神不合时，得自由采取适当之行动"①的保留声明之后，《白银协定》也还是顺利得到批准了。上述情况表明，不论当局者是否出于某种特定的主观动机，抑或受到了不懂装懂的所谓专家的误导，至少从行动结果来看，南京方面似乎一直在等待美国政府作出调整和改变，对其政策力度及影响的估计是相当不足的。

也许是因为利益攸关，也许是因为身处一线，比起政府，上海滩的金融家们以及有关社会团体倒是早早地站出来，更加坚决地发出声音了。1934年2月20日，上海银行业同业公会致电美国总统罗斯福，称"希贵大总统保障银价安定，不使其飞奔上腾⋯⋯现下受贵国实行白银政策谣言之恐惧，深希贵大总统将此次政策予以改变，庶几敝国数万万人民不致受此厄灾也"②。2月27日，上海外侨公会也致电罗斯福总统，指出"此项法制宜以关于美国之银价为限，而不可牵及世界银价。中国繁华之必要者，端赖银价⋯⋯否则中国白银将源源流出，中国银价之涨高将使地价与货价一落千丈"③。没有政府的明确指示就敢给别家正国级领导打电报喊话，这种自主行动精神当然是可嘉的；早早看出问题根源和不好的苗

---

① 《我国批准白银协定的经过和保留声明》，《银行周报》1934年4月17日。转引自中国人民银行总行参事室编：《中华民国货币史资料（第二辑）》，上海人民出版社1991年版，第114—116页。

② 上海档案馆馆藏档案：S173-1-94。转引自熊昌锟：《试论民国时期中国各界应对白银危机的举措及失败的原因》，《上海经济研究》2015年第11期。

③ 市隐：《白银问题之发展》，《东方杂志》第31卷第7号。转引自熊昌锟：《试论民国时期中国各界应对白银危机的举措及失败的原因》，《上海经济研究》2015年第11期。

头希望从源头上进行干预,背后的专业判断水平也是毋庸置疑的。可惜敢想敢说敢做的,并不只有中国的银行家和社会团体。数万万人民固然不少,但是和罗斯福隔着一片大陆和一片大洋,实在离得太远了,更何况他们啼饥号寒也好、怒发冲冠也罢,都不会给自己带来赞成票。比起这些虚无缥缈的诉求,还是让白银集团再次伟大显得更加情真意切。希望用道德感召推动白银政策的转变,无疑是"与虎谋皮"之举。中国人有中国人的关切,美国有美国的利益,大总统也有大总统的考虑,断不会因为几封电文就改变既定国策。即便美国也不乏预见到有关对中国不利影响的判断,甚至官方还派出专家罗杰斯前来调查[①],但罗斯福最终还是选择这样表达自己的观点,"白银既不是中国过去的问题,也不是中国现在的问题。不要根据一些所谓的数字或事实,就认为西方文明的行动会对中国人产生非常深刻的影响"。至于那位耶鲁大学学者罗杰斯的访华,则被白银派议员讥讽为"一个歧视白银的教授想通过访问中国的苦力来弄清一些情况,那是极其愚蠢的"[②]。

  美政府的这种态度,即使到南京方面开始意识到情况不妙之后,也没有发生什么实质上的改变。1934年初秋,感受到美国新购银法冲击和国内各界压力后的南京政府逐渐意识到自己的淡定失去了基础,转而变得紧张和慌乱起来,但行动依旧不很坚决。一方面,孔祥熙与美方沟通频频,8月20日通过美国驻沪总领事转呈了关于"希望美国能就今后购买白银的政策加以阐明"[③]的意

---

  ① 米尔顿·弗里德曼著,安佳译:《货币的祸害——货币史片段》,商务印书馆2008年版,第168—169页。

  ② 转引自仇华飞:《20世纪30年代白银问题与中美关系》,《近代中国(第八辑)》1998年。

  ③ 《美国驻沪总领事克宁翰致国务卿函——转呈孔祥熙致罗斯福电》,《美国外交文件》1934年第3卷,第440—441页。转引自中国人民银行总行参事室编:《中华民国货币史资料(第二辑)》,上海人民出版社1991年版,第119页。

愿,9月底则开始提出中国以白银交换美国黄金的请求①,散播中国可能放弃银本位的空气;另一方面,孔在九月上旬又多次声称出口白银为外国银行的正常业务往来,是纯粹商业性的买卖,政府没有干涉的意图②。南京方面的诉求没有得到美国有意义的回应,他们坚持自身的白银政策是符合伦敦协定精神的,也拒绝了官方金银交换,只不过提出了"如中国政府在任何时期为维持其银币,而认为必须取缔白银出口,则本政府愿意接受中国政府之意见"③这样相当空泛的话语。

美国如此毫无诚意,南京政府失落、失望和失策交加。迫于局势,只好开始自己想办法阻止白银外流。1934年10月中旬,财政部向行政院报告开征白银出口税及平衡税事宜,具体要点为银本位币及中央造币厂厂条净征7.75%(加铸费为10%),其他银类征收10%,若上述税率不能弥补市面汇价和伦敦银价的差额,则另开征平衡税。呈文同时以"事机急迫,立待救济,如提请核定,恐稍延时日⋯激起白银巨量之流出"④为由要求新规自15日即一律施行。同时,由财政部委托中央、中国、交通三家银行组织外汇平市委员会,政府所征白银平衡税拨交委员会作为平市基金,由财政部

---

① 《美国国务卿赫尔备忘录——孔祥熙要求以白银交换黄金》,《美国外交文件》1934年第3卷,第443页。转引自中国人民银行总行参事室编:《中华民国货币史资料(第二辑)》,上海人民出版社1991年版,第121—122页。在差不多同一时期,中国驻美公使施肇基也向美方表达了南京方面"以为中国不应单独维持银本位制度,故已考虑逐渐采用金本位货币"的意思。

② 熊昌锟:《试论民国时期中国各界应对白银危机的举措及失败的原因》,《上海经济研究》2015年第11期。

③ 中央银行英文档案:《美国驻沪总领事克宁翰致孔祥熙函——转达美国政府关于白银政策的意旨》。转引自中国人民银行总行参事室编:《中华民国货币史资料(第二辑)》,上海人民出版社1991年版,第119—120页。

④ 财政部档案:《财政部呈行政院报告——因美政府无磋商诚意,为防止白银外流,自十月十五日起征收出口税及平衡税》。转引自中国人民银行总行参事室编:《中华民国货币史资料(第二辑)》,上海人民出版社1991年版,第141—142页。

令总税务司交中央银行另户存储,通过委员会委托中央银行买卖外汇生银,以平定市面。利用经济手段干预从出发点来看当然是好的,但理想和现实往往并不是一回事。财政部顾虑的是课税将导致白银提前流出,而这一顾虑成立的前提显然是税制的精神和措施将得到严格遵守,但实施上,平衡税政策一开始执行,就完全事与愿违了。首先,平衡税的操作没有充分体现初衷。依照原来的想法,国内缴纳完税收后的白银价格要基本等于伦敦价格,使运银出口无利可图,但负责制定平衡税率的外汇平市委员会①为了多收税款,反而压低了税率,使得被外资行控制的汇价和国际银价的价差无法得到弥合。资料显示,1935年第二季度开始,在不考虑运费和其他费用的情况下,增加税款后中国白银汇价与理论平价之间的差额均在10%以上,最高时甚至超过了14%。

表9.1 1935年1—10月期间伦敦银价与上海汇率之间的平价差额

	理论平价差价	中国两税税率	差 额
1935.1	16.67%	13.78%	2.89%
1935.2	12.83%	13.50%	−0.67%
1935.3	14.48%	13.56%	0.92%
1935.4	24.95%	14.50%	10.45%
1935.5	27.44%	14.50%	12.94%
1935.6	27.21%	14.50%	12.71%
1935.7	26.60%	14.50%	12.10%
1935.8	27.43%	14.50%	12.93%

① 《外汇平市委员会组织大纲》规定,"每日应征平衡税之标准由委员会核定之"。具体内容,可以参见中国人民银行总行参事室编:《中华民国货币史资料(第二辑)》,上海人民出版社1991年版,第145页。

续　表

	理论平价差价	中国两税税率	差　额
1935.9	24.94%	14.50%	10.44%
1935.10	29.06%	14.50%	14.56%

注：数据来自李爱：《白银危机与中国币制改革——解析国民政府时期的政治、经济与外交》，华东师范大学2005年博士学位论文，第137页。

其次，税是国家力量在经济领域的重要体现。然而在现实中，南京政府面临的是不完整的国家主权、沦陷的东北、日益被渗透的华北和漫长的海岸线，根本没有力量去保障法令的执行。加税在部分限制白银合法流出的同时，反而大大助长了猖獗的走私活动，偷运活动一时遍及各地。特别是乐见中国经济、金融遭受风潮打击的日本，极力默许和纵容白银从中国流出。对走私额很难做出准确估计，不过从一些文献素材中，我们可以就此形成相当形象的认识。譬如，1934年12月1日财政部向各地银钱业同业公会及商会发文要求协助监查白银走私，内中提及"近有不肖商民，只图私利，罔顾大局，时有偷运银货出口情事，违法营私，殊堪痛恨。本部前已严令海关认真查缉，惟前项偷运，诡谲多端，官厅耳目，容有未周"[①]；河北省主席于学忠1935年5月22日报告反映华北地区白银走私出口十分严重，"本国商民虽稍敛迹，而日、鲜人乘机大事偷运…如以月计，约有四百余万元之巨数流出国外"[②]；5月28日财政部的一份秘密咨文则指出"查日人尽力吸收我国各地现金，并收买汉奸浪人组织密输团，分由海、陆偷运，实属扰乱金融，亟应切

[①] 财政部档案：《财政部令各地银钱业同业公会及商会文——希协助共同坚实私运白银出口》。转引自中国人民银行总行参事室编：《中华民国货币史资料（第二辑）》，上海人民出版社1991年版，第149—150页。

[②] 郑会欣：《有关日本策动华北走私情况档案史料选》，《民国档案》1987年第4期。

实防止"①。日本媒体在同年的一篇报道中也披露,"从一月至九月,由上海向日本走私输出白银约达一亿四千四百十五万五千日元"②。

对白银外流束手无策的南京政府开始在1935年早期提出改革币制的设想,但无论是稳定白银以继续坚守银本位,还是换成别的什么本位,它都寄希望于以美国等为首的外援。然而,美国尽管内部存在分歧,仍不愿放弃提高银价的政策;英国虽然考虑自身在华利益,但又顾忌与美国、日本的复杂关系,态度并不完全明了,推进缓慢。在漫长的煎熬中,危机持续深化,南京政府转圜日艰,几乎困坐愁城。虽然1935年4月,在美国再次提高国内银价之后,宋子文以新任中国银行董事长的身份,与外商银行达成了几点君子协定,并于4月16日获得上海外商银行公会正式通过。该协定在中国自身不禁止白银出口、不降低银元成色、不取消平衡税等基础上,换取外商银行与中国政府在汇价上进行合作,在顾客有运出白银时加以劝阻。但这一协定没有强制执行效力,对风行的走私也没有什么作用,与其说是良药,不如说只是聊胜于无的安慰剂。

时间一天天过去,银本位已经如同一所千疮百孔的老旧破屋,它的梁柱和窗棂都在风雨中吱呀作响,支撑不了多久了。

四

从大洋彼岸而起的白银风潮,虽是美国政府一意孤行的产物,

---

① 郑会欣:《有关日本策动华北走私情况档案史料选》,《民国档案》1987年第4期。
② 《法币改革前夕通过日本走私之白银》,东京《日日新闻》1935年10月20日。转引自中国人民银行总行参事室编:《中华民国货币史资料(第二辑)》,上海人民出版社1991年版,第150—151页。

但从根本上讲，却是近代中国在政治、经济、货币等各方面制度缺陷和矛盾的一次全方位暴露。它深刻地说明，金融的问题首先当然是自己的问题，但归结到底不可能脱离整个时代环境。对中国而言，建立以白银为核心的货币制度也好，确立银本位也好，都缺乏现实基础、悖逆时代潮流。这确实是货币制度的落后，但进一步映射到整个事件过程，中国既没有国际交往的主动权，也没有坚强的国家力量和完备的国家主权，事事都想求人抬手，博弈处处落于下风，才是自身措施在应对和结束危机上苍白无力更直接、更根本的原因。自身的系统性危机，其解决要依赖他人的怜悯和慈悲，比单单自身的货币流通吞吐要仰人鼻息，更加可悲。南京国民政府是新兴政府，比起前任，它当然要有力得多，也想要有作为得多。但它到底只是弱国的政府。它在白银危机中的失败，无论是在经济上，还是外交上，都是注定的，白银只不过是个特殊的符号和注脚罢了。

不过，要说南京政府在整个白银风潮中完全一无所获，倒也不尽然。虽然对外步步受制、处处碰壁，但在严重事态的冲击下，它反倒因为在经济陷入困境时稳定金融系统的举动，实现了对多家银行的控制[①]，可谓外战外行、内战内行，而更进一步的币制改革，也是进一步的政府与市场的边界划分，也在悄然胎动了。

世事玄妙，祸福相依，大抵也就是如此吧。

[①] 参见本书正文第七篇《从"局中人"到"笼中鸟"》。

刀光剑影下的法币改革

内·生·的·挣·扎

一

　　美国对政策的执着和"白银风潮"的肆虐,逐渐将中国的银本位挤压到崩溃的边缘。不可否认,与国际世界日益暌违的银本位,本就不会是中国货币制度演变的最终归宿,只是它何时会发生变迁,最终会走向何方,事先无人确知而已。事实上,南京国民政府高层对币制改革早就有过一番谋划。1933 年 8 月,金融学家顾翊群草拟了《中国货币金融政策草案》,认为政府应实行"货币管理制"。这一扩大政府货币权力的方案得到了时任南昌行营秘书长,也是蒋介石帐前军师杨永泰的极力推崇,在他写下一段"顾君为国内研究经济之有名学者,所拟货币金融政策确有商榷之价值,非普通条陈可比"的批语后,蒋阅读了报告,并作出了"可抄交宋部长、孔总裁采阅"的指示,在此之后,蒋介石、孔祥熙等人也就币改事宜沟通频频[①]。只是由于在诸多细节上尚未取得共识等原因,币改才没有被推到决策的最前台。

　　历史本就是必然性在无数偶然下的复杂演绎。白银风潮的爆发与深化,逼迫着中国政府和社会各界在压力下加快抉择的进程。在日益严峻的形势面前,币制改革不仅作为一种设想愈来愈容易被包括上层在内的各界接受,也愈来愈开始成为近乎必然的选项。不过问题在于,如果银本位不再被坚持,中国的货币将以何为基

[①] 吴景平:《蒋介石与 1935 年法币政策的决策与实施》,《江海学刊》2011 年第 2 期。

础，又将以何途径来维持币值以取信各方呢？南京政府财经当局对此的回答是，无论是维系以白银为核心的旧制度，还是开辟其他的新道路，都必须要仰赖外国的援手，谋求列强的支持。在这种思想的主导下，1935 年前后，除了继续祈求美国松动其政策立场外，南京政府也开始频频与英国政府接触。货币对经济、对政府、对社会、对国家的影响是基础而深远的，对一国货币产生重要影响乃至控制一国的货币，其意义如何更显而易见。于是，就像一个螺旋一般，尚未从充斥着复杂国际博弈的"白银风潮"中脱身的孱弱中国，其币改从一开始就成了各国的角力场。

虽然在早期对中国的请求并不太热心，但面对美国对华经济影响的加深和日本独霸中国野心的暴露，之前不愿卷入中美白银纠纷的英国逐渐认识到，为了保护自己的在华利益，介入中国货币事务将是必要且有利可图的。当然，这种介入在初期是有限的。譬如 1935 年初，上海的英国资本家沙逊提出了一个所谓"上海磅券"方案，即基于英国借款作为准备，在上海发行一种与英镑等价的代币，不仅在市面流通，也可用于国际偿付；不仅可兑英镑，也可兑换银元。这一试图联系中英货币的方案在当时没有得到英国政府的支持，但 1935 年二三月间，英国还是倡议召开由英、美、日、法、中五国参加的会议，以商讨一个对中国的国际援助办法。

这一举动令南京政府感到振奋。政府有关部门积极行动起来，为会议能够成功且富有建设性地举行而努力[①]。然而，几个大国的态度并不统一。实施白银政策在先的美国政府此时仍不愿意

---

① 南京政府在致英国驻华公使的复照中称"中华民国政府⋯对联合王国英王陛下政府所显示的友好精神表示感谢⋯热诚地欢迎联合王国英王陛下政府采取行动，与中、美、法、日开始谈判，中国准备参加这些主要有关政府的谈判，并乐于知道王国政府对如何使初步谈判顺利进行的看法"。有关内容可参见中国人民银行总行参事室编：《中华民国货币史资料（第二辑）》，上海人民出版社 1991 年版，第 163 页。

得罪国会,对此提不起强烈兴趣。而偷运中国白银出境甚为得力的日本,早已视中国这一庞然大物为禁脔,不许他人染指。如果说1934年4月的"天羽声明"是日本独占中国、全面侵华的舆论准备,那么,如今中国的经济危机则是日本认为的绝佳机会,他们正试图逼迫南京政府接受包括中国聘用日本人担任军事顾问、经济顾问、海关总税务司等在内的一揽子苛刻条件,甚至还做着所谓"日、'满'、中"相互提携、货币一体的春秋大梦,自然不愿意看到英美向中国提供援助,甚至对中国与西方的来往都颇为敏感。

美国不愿改弦更张,日本志在一家独大,英国则极感在华影响日益穷蹙谋求作为。三国这般各怀心思,注定会议不会产生令人轻松愉悦的结果。最后,"几家抬"的预期毫不意外地成了英国一家的"独秀"。1935年夏,英国对华政策进一步转变,他们意识到英国在华地位"依赖于一个独立的南京政府",因此,在当时的环境下必须"独立帮助中国,以挽救其经济危机,从而加强中国对日本的抵抗"[1]。于是,一个以英国政府首席经济顾问李滋·罗斯爵士为首的使团被派了出来,并于当年的9月21日抵达上海。英国官方称他是"为了与中国政府,以及其他有关政府,研讨当前发生的局势,并对英王陛下政府提供其专家意见"[2],但明眼人都知道,这位爵士绝不仅仅是来作走马观花的调查研究的,只是站在不同立场的各方,表态各异罢了。中国方面对此当然寄予厚望,时人有撰文称"爵士此行意义之重大,及其使命之非同寻常,

---

[1] 佛雷德曼:《英国人论李滋·罗斯使团来华的使命》,《1931—1939年的中英关系》,第64—68页。转引自中国人民银行总行参事室编:《中华民国货币史资料(第二辑)》,上海人民出版社1991年版,第170—172页。

[2] 同[1]。

更可意想而得"[1],一种"以夷制夷、中或最赢"的喜悦感似乎跃然纸上;美国内部矛盾重重,国务院担心这可能使英中关系进一步密切,也担心英国会同日本妥协,对美国远东政策产生不利影响,而罗斯福和财政部则依旧态度冰冷[2];心知肚明的日本极其不爽,在爵士途中逗留东京并会见其外相广田等政府代表的时候,双方虽然广泛交换了意见,但没有形成任何共识。日本人断然拒绝了爵士关于联合行动的建议,还在报纸上发表了充斥着谴责、不满、傲慢和愤恨的言辞。比如《朝日新闻》就说道,"日本抱着不在同等地位上和英、美在华进行合作的观点。日本只有在其领导地位被承认时才考虑合作"[3]。

由是,罗斯的来华和途中美、日两国的冷淡态度,既标志着也促成了英国在解决中国货币危机的棋盘上走出了先手,主动也好,被动也罢,英国都得有所表示了。

英国的这步先手,的确动静不小。至少,它打破了中国政府内部决策的一个重大僵局。

二

僵局来自南京政府高层对新货币是否要兑现的争议。

---

[1] 《李滋·罗斯来华的国际背景和企图》,《东方杂志》第 32 卷第 20 号。转引自中国人民银行总行参事室编:《中华民国货币史资料(第二辑)》,上海人民出版社 1991 年版,第 172—175 页。

[2] 仇华飞:《20 世纪 30 年代白银问题与中美关系》,《近代中国(第八辑)》,1998 年。

[3] 佛雷德曼:《英国人论李滋·罗斯使团来华的使命》,《1931—1939 年的中英关系》,第 64—68 页。转引自中国人民银行总行参事室编:《中华民国货币史资料(第二辑)》,上海人民出版社 1991 年版,第 170—172 页。

如果说"五国会议"和罗斯来华是币改的一条外线,那么方案的制订则是币改的重要内线。回顾一些史料档案,我们基本可以确认,发行纸币的设想早已不成问题,币改方案的制订也是以中方为主来推动的。但在逼仄的现实状况下,从币改思想的提出,到方案的酝酿,再到最终的实施,却经历了一个不短的过程,颇有扑朔迷离之感。剥离掉那些边缘的细节,影响币改方案的核心,其实就在"信用"两字上,而这两字,恰恰也是外线、内线的交集所在。

人的思维和行动是有惯性的,因而制度设计也往往是有惯性的。被白银货币影响了数百年的中国,如果要在一夕之间过渡到纸币,就必须设立锚定、合理准备才能实现其信用。这点肯定毫无疑义。但是如何理解信用,在不同的人眼里,却是大不相同的。

蒋介石本人支持发行纸币,但以他统领全国军政的地位,其对纸币的迫切,虽然也受到经济、金融条件的影响,但在根子上更多还是基于对中央政府如何统一发钞权,如何处理与地方的关系,以及如何应对瞬息万变的政治局势等问题的考虑。因此,他对币制改革提出的要求相当之高。一方面,他看到日本侵略破坏的严重性,看到中央加强集权的必要性,要求在政府已经借着救济金融控制中、交等银行的基础上,尽快推出统一纸币的新方案,并谋求以国家货币取代仍然存在的地方钞票;另一方面,在相当长一段时间里,他又坚持纸币需要十足兑现,以免各界抵触而生动荡。

大领导"既要又要"的指示,在现实中一般会让人非常为难,身兼财政部长和中央银行总裁的孔祥熙,此时的这种感受就特别强烈。对于以孔等为首的具有欧美背景的财政金融当局成员来说,看到问题并不困难,但解决问题的方案必须务实。通过惨烈的风潮,他们已经意识到,货币兑现金银毫无现实基础,采用可以缓解财政危机、符合世界潮流的不兑现法币政策才是出路。蒋的要求实质上是要搞集中发行的银行券,核心在发钞权的集中,而不是货币基础的完全转变,这不过是徒然追求形式、强人所难且缺乏远见的空中楼阁。而在国库空虚的背景下,是否以及如何给货币找到现实可行的"新锚",则完全取决于外部那些有实力的大块头国家的态度。因此,他们的信念虽然是坚定的,但拍脑袋拍来拍去的几张纸却总随着形势的变化不断摇摆,没有确定的版本。譬如1935年4月27日,孔祥熙致驻美公使施肇基,内称"中国考虑出售大量白银与美国政府换取黄金来进行币制改革的可能性"[①];5月3日,孔在另一封给施的密电中,则说"具体的币制、借款计划,已准备多时,但尚未提出,因为拟先与英国私下秘密商议,以取得他们的支持"[②];而根据负责筹划币制改革方案的财政部钱币司司长徐堪的回忆,他是在当年夏天接到命令,在南京郊区独居完成法币方案起草的[③]。这些零散的信息显示,财经智囊们的币改方案,其具体内容是随着时局的变化而不断变化的。这种反复多次而带有观望性的修改,在本质上,正是对包括美国在内的外国政策态度期待的结果。

　　蒋欲求快,孔欲求稳。以上分歧的存在,使蒋孔两人在罗斯来华这件事上的认识并不统一。蒋的意思是,无论如何,都要先把统一的纸币发行马上搞出来。1935年9月10日,督战前线追剿红

---

　　① 中央银行英文档案:《孔祥熙致施肇基电——拟出售大量白银换取美国黄金进行币改》。转引自中国人民银行总行参事室编:《中华民国货币史资料(第二辑)》,上海人民出版社1991年版,第139页。
　　② 中央银行英文档案:《孔祥熙致施肇基电——币制和借款计划须俟各国专家到此后拟具细节,促美速派专家来华》。转引自中国人民银行总行参事室编:《中华民国货币史资料(第二辑)》,上海人民出版社1991年版,第164页。
　　③ 潘晓霞:《温和通胀的期待:1935年法币政策的出台》,《近代史研究》2017年第6期。

军的他,便借中央力量入川之势、四川金融凋零之弊,发布《收销四川地钞及收兑四川杂币办法》,宣布统一川币,四川省内一切交易均以中央本钞为单位,从而一举完成了迁延许久的四川地钞整理①;9月16日,也就是罗斯爵士抵达南京前的差不多一周,信心满满的蒋介石又对峨眉军官训练团众人发表演讲,唾沫横飞、理直气壮地高调声言"我们要完成政治建设,一定要先使国民经济能够发达;要经济能够发达,一定要使为交换中准百货代表之钱币,能够便利而充裕,金融能够活泼稳定。照社会进化的趋势,纸币一定会取金银之地位而代之,成为唯一的钱币"②。而孔的想法则是,尽力争取英国的实质援助,最好能保障新法币与英镑挂钩,从而巩固其信用,因此必须要跟罗斯先行接触后再相机推进。他在9月29日发电向蒋陈情,重申若坚持十足兑现,则仍不能扩大发行、弥补财政、活动金融,纯属无益;在没有得到蒋介石理睬的情况下,又于次日将电文重拍并附千字长函,指出财政崩溃就在眼前,甚至以辞职相要挟,"只求能有办法,如有贤能肯任艰巨,弟亦甚愿让贤"③。孔的这种思想和行为,在蒋看来简直具媚外、软弱、耍无赖、没格局、不担当于一体,令他无法理解,也极为不满。在当天的日记里,他以愤怒的笔触写道,"今彼不估量倭寇之心理与毒计,而一意以英款为可靠,且不信己之政策,而遥望李斯洋鬼之赐惠,舍本逐末,可痛之至。李斯到华后,倭之毒计必更激成…国人愚鲁而

---

① 关于四川地钞整理的来龙去脉,可以参见石涛:《抗战前南京国民政府对四川币制的统一——以整理地钞为中心的考察》,《江苏钱币》2013年第2期。
② 卓遵宏等编:《抗战前十年货币史资料(一)》,中国台北"国史馆"1985年版,第91—92页。转引自贾钦涵:《"纸币兑现"之争与1935年法币改革决策》,《中国社会经济史研究》2016年第2期。
③ 中国台北"国史馆"藏蒋介石档案:002-080109-00023-001-004x、002-080109-00023-001-005x。转引自贾钦涵:《"纸币兑现"之争与1935年法币改革决策》,《中国社会经济史研究》2016年第2期。

不识时势,党国安得而不危也"①。

　　应该说,蒋对各国以币改为名行干涉和控制中国之实的认识还是清楚的。他所孜孜以求的纸币兑现,实际上是想达成既对外独立自主又对内信用坚强的货币,以此作为巩固和扩大政府力量的基础。然而,洋溢于激愤言辞中的民族主义情感再炽烈,也不可能作为长期维持币值和币信的手段。蒋、孔都有自己的道理,有自己的立场,也都有自己的无奈,但打嘴仗终究无济于事,他们最终都得回到现实的空间里来选择。

　　事情的发展最后超出了双方的意料。远涉重洋而来的罗斯爵士积极地和孔、宋等财金官员商讨币改方案的技术性细节,提出包括发行成色较低的银辅币、汇价与英镑联系在内的诸多建议,对方案的内容表示了支持和肯定,但是却没有带来孔祥熙等一直心心念念的、确定的巨额英援。然而正如蒋焦虑的那样,形势是不等人的——金融经济情况正不断恶化,日本则在华北屡屡发难。时局的发展迫使蒋介石和孔祥熙都作出了一定的妥协。最后,蒋同意实行不兑现纸币政策,而孔则加快了具体措施的颁布进程。1935年11月1日,孔祥熙正式将方案通报美国财长摩根索,虽然他仍旧提到了"极盼(美国)对抛售白银的答复""英国代表团表示赞成在上海发行债券⋯如举债成功,就包含着与英镑发生联系"等内容,显示在英美外援尚未落实的情况下,底气依旧不足,但也表示"政府已采取了如今日英文电所示的计划,并立即实施"②。如果

---

　　① 《蒋介石日记》,1935年9月30日,存美国斯坦福大学胡佛研究所。转引自贾钦涵:《"纸币兑现"之争与1935年法币改革决策》,《中国社会经济史研究》2016年第2期。
　　② 中央银行英文档案:《孔祥熙致施肇基电——秘密通知美财长,中国即将实行法币政策》。转引自中国人民银行总行参事室编:《中华民国货币史资料(第二辑)》,上海人民出版社1991年版,第168页。

说孔祥熙此时心底还有些许踌躇,那么他很快就会发现,自己没有机会再等待和犹豫了。就在同一天,亲日的汪精卫在南京的国民党四届六中全会现场,被王亚樵派遣的义士孙凤鸣刺成重伤。这起意外事件加剧了社会上本就存在的恐慌,立刻引发金融市场剧烈波动,使得情况变得更加复杂棘手,也使得箭在弦上的币制改革,哪怕还有诸多尚未解决的问题,也不得不发了。

11月3日,孔祥熙将法币政策的各项内容电呈国民党四届六中全会,要求鉴核并通饬遵行。嗣后,更多的法令、文告开始随着电波向四方迅速传布。南京政府财政部于同日发布布告,详细说明法币政策,宣布自次日起生效,主要内容包括:中央银行、中国银行和交通银行所发钞票为法币[①],其他各行不得再续发新钞,旧钞仍准流通、逐步收回;各种以银币单位订立的债务契约继续有效,到期以法币偿还;对法币准备金及其发行收换事宜将设发行准备委员会办理,持有银本位币、其他银币或生银者应兑换法币;现金不得继续使用,违者全部没收,若故意隐匿、意图偷漏,则照违害民国紧急治罪法惩处;发钞三行将无限制买卖外汇,以维持汇价稳定。布告同时还呼吁全国民众,"咸体斯旨,一致遵行,共跻国家于繁荣"[②]。蒋介石也于同日发布通电,要求各地军政机关切实协助,并严密保护银行,以免不肖份子乘机造谣,扰乱治安[③]。在这之后,法币兑换、折算价格、银制品用银管理、缉私处罚等一系列配套办法亦先后颁布。

[①] 1936年,中国农民银行也争得了货币发行权,其发行之钞票可与法币同样行使。

[②] 财政部档案:《财政部布告》。转引自中国人民银行总行参事室编:《中华民国货币史资料(第二辑)》,上海人民出版社1991年版,第180—182页。

[③] 财政部档案:《军事委员会委员长蒋中正通电》。转引自中国人民银行总行参事室编:《中华民国货币史资料(第二辑)》,上海人民出版社1991年版,第182页。

在不得不改的大气候下，在打进汪精卫身体的三颗子弹的嘶鸣声中，在必然和偶然的纠缠里，中国近代货币转型的最重要一幕，终于拉开了。

三

然而，法币改革并不是一帆风顺、敲锣打鼓就成功实现的。迟迟没有到位的外援、不统一的国内政权、日益遭受外敌侵凌的国土，像一条条藤蔓，从一开始就束缚着改革的展开。原本就存在的各种矛盾更加凸显起来，由它们引发的冲突彼此交织、汇集，犹如浓稠的墨水，似乎随时都会将初生的改革拉到无边的黑暗里去。

首先，南京政府的行为举止就显得不够坚决、明了和自信。有当事人回忆，11月3日晚，宋子文在中央银行匆忙主持了财政部布告的翻译工作，对于其中的第六条，他强调"仅说由中央、中国、交通三行无限制买卖外汇，其余不要多说"。宋在美国留学多年，他的化繁为简之举，显然不是因为对自己的语言翻译水平不自信，而是不愿意承认新货币已转向管理通货制度。11月4日，孔祥熙发布宣言，除阐述改革原因、政策内容外，虽专门强调"政府对于通货膨胀，决意避免"，但却对准备金如何使用及钞票兑现等问题只字不提[①]。11月18日，南京政府财政部编发《新货币制度说明书》，此份文件称新货币制度的精义在于"统一发行、集中准备、保存现银、复兴产业"，只字不提"停止兑现"内容，甚至专辟"新货币制度绝非放弃银本位"一节，说明"法币与银本位币间，非但未曾脱

---

① 财政部档案：《财政部长孔祥熙宣言》。转引自中国人民银行总行参事室编：《中华民国货币史资料（第二辑）》，上海人民出版社1991年版，第178—180页。

离关系,尚保持原有之固定比例"[1]。当局的这种做法,虽可理解为是出于减少抵制和阻碍的谨慎考虑,但在事实上执行白银国有的同时又对"停止兑现"讳莫如深,实有欲盖弥彰之嫌,不利于统一社会各界的认识,遭到了众多经济学家的批评。这在客观上反映了财政金融部门在仓促推行改革的同时,内心其实是相当没底的。

其次,地方在执行改革方案时各行其是。法币改革如若完全实现,势必让许多地方实力派失去原本自行发钞的自肥机会,而首先在金融方面成为南京中央政权的附庸。无论说是"自废武功"也好,还是"开门揖盗"也好,他们都不甘心成为币改刀俎下的鱼肉,便开动脑筋想出种种办法来抵制。抵制当然是要有实力作支持的,特别是需要有枪杆子的支持。于是,法币政策推行的效果便严重受制于中央与各省之间的关系。南京政府原本就能牢牢控制的长江中下游各省,以及在中央军围追堵截红军过程中刚被收服的四川、贵州,反应比较正面,执行比较积极。相对疏离的北方各地,诸如河北、山东、察哈尔、平津、晋绥、陕甘宁等,则多不同意将库存及兑换的白银运出本地,对取消地方银行发钞权也很不情愿。虽然在明面上不反对法币政策,但执行起来却大打折扣。例如,陕西省政府明发公告省钞和三行钞票俱为法币、一体通行[2],并在发行准备委员会接收准备金时多方刁难,令后者不禁感叹"个中情形,复杂错综,笔难罄述,阻碍多端,实难解决"[3];绥远当局迟迟不公

---

[1] 《财政部新货币制度说明书》,《银行周报》1935年第46期。转引自贾钦涵:《"纸币兑现"之争与1935年法币改革决策》,《中国社会经济史研究》2016年第2期。

[2] 财政部档案:《中、中、交三行报财政部文——转报西安分行陈陕西省府明定省钞作为法币行使并拒绝封存省行现金》。转引自中国人民银行总行参事室编:《中华民国货币史资料(第二辑)》,上海人民出版社1991年版,第221页。

[3] 财政部档案:《中、中、交三行呈财政部文——接收陕西省银行准备金困难情形》。转引自中国人民银行总行参事室编:《中华民国货币史资料(第二辑)》,上海人民出版社1991年版,第223页。

布中央法令和实施规定,甚至密嘱税务机关拒收法币①。至于南京政府鞭长莫及、地方军阀势力强劲的两广和云南,则更是选择公然对抗,离心倾向最为强烈。他们一面继续坚持自行发钞、禁止白银流出,一面还借着法币政策的原则实施白银国有(确切地说,是地方实力派所有),同时还高唱着中央英明的赞歌。广西省政府主席黄旭初在11月9日的电令便说"最近中央毅然颁布管理货币办法,实为挽救商民经济危机急不容缓之举"②,简直把南京政府捧上了天。中央辛辛苦苦推出来的方案,反倒给同床异梦的地方做了嫁衣,任哪个决策者都会感到很气愤。对于这种明目张胆打着中央旗号反中央的行为,孔祥熙洞若观火,并断言部分地方"迄无诚意遵办""仅袭取法币之名"③,但一时间却毫无办法。

最后也最重要的,是国际各方对法币改革的态度。法币改革能否成功,关键在于无限制买卖外汇能否实现,"命门"则在于外汇基金的储备是否充足。即便是国有化的白银,最后也要变成外汇才能起作用。外汇,外汇,当然要来自外部。那么主要列强的态度又如何呢?

先看英国。毫无疑问,早先看起来最有可能以实际行动支持法币的,就是英国。改革伊始,发钞银行主要公布的是根据过去五年平均水平确定的法币兑英镑汇率④,其余汇率则在此基础上套

---

① 张连红:《南京国民政府法币政策的实施与各省地方政府的反应》,《民国档案》2000年第2期。
② 《广西省政府主席黄旭初电令——禁银出口》,《中行月刊》第12卷第5期。转引自中国人民银行总行参事室编:《中华民国货币史资料(第二辑)》,上海人民出版社1991年版,第228页。
③ 《财政部长孔祥熙致次长邹琳、特派员宋子良电——查明粤省拒不执行法币政策的缘由,妥商具体办法,呈候核定施行》,《银行周报》1936年8月4日。转引自中国人民银行总行参事室编:《中华民国货币史资料(第二辑)》,上海人民出版社1991年版,第227—228页。
④ 当时法币对英镑汇率定为1元兑1先令2.5便士。

算而来。这种做法很明显地反映了对法币绑定英镑的愿望。然而英国虽然支持法币改革,在行动上却是有限度的。南京政府的政策推出后,英国政府确实马上发布了国王敕令,要求在华侨民及银行、商团等不再使用白银,以此作为对南京方面的重要支持,但英国本身在经济上却没有大量收购白银的能力和需求,出于不过分刺激日本的考虑,官方在贷款援助南京政府方面也始终拖宕[①],始终未敢再越雷池一步,这使得法币被完全纳入英镑集团渐成泡影。

再看日本。基于自身的地缘战略和对世界秩序的认知,日本面对法币改革恼羞成怒,并采取了大量的破坏性举动。他们认为,中国跟英国暗通款曲实施法币改革,是确凿且不可容忍的"抗日行为",对此必须全力加以阻挠、抵制。除了电告日本在华银行拒交白银,在上海虹口、吴淞等日商聚集区发行日币外,他们还继续在华北地区走私白银,并加快推进所谓的华北自治,既向地方实力派施压阻止北银南运,又利用汉奸建立傀儡政权,企图策划华北自主币制,抵消法币影响[②]。1935 年 11 月 14 日,也就是法币改革实施后的仅仅 10 天,日本便炮制出笼了《华北金融紧急防卫措置要项》,12 月 10 日和次年 2 月 20 日,又先后制定了两个《北支自主币制实行计划纲领》。虽然名目各异,但核心都是通过分裂中国来劫夺华北地区的银行资产、独占华北币权。

英国支持不足,日本破坏有余,让南京政府不得不改弦易辙,再次转向美国寻求帮助。尽管法币改革的重要推手——中国前期遭受的巨大经济痛苦就源于自己,但美国政府显然不甚为意,还希望能从中获得更大的好处,最好对外大赚、对内也有交代。这使其

---

① 吴景平:《英国与 1935 年的中国币制改革》,《历史研究》1988 年第 6 期。
② 聂庆艳、贺俊杰:《法币改革前后中日间的博弈与较量——以国家货币主权为考察视角》,《日本问题研究》2017 年第 3 期。

对法币改革的态度看起来相当矛盾。一方面,他们深知中国币改的准备不足,如能控制外汇基金之供给,便可获得中国币制的最后支配权,因此,绝不愿意中国在从己方获得帮助的同时又将货币与英镑密切联系;另一方面,中国放弃银本位会冲击美国的白银政策,白银派议员对政府大量收购中国白银的行为也不满意乃至颇多指责,这需要摆平。思想决定行动,美国政府这种各样便宜都要占干净的利益驱动,使其行为多有反复。1935年11月初,美国同意收购1亿盎司中国白银,12月份便出尔反尔,突然宣布停止在伦敦市场购入,通过制造白银价格暴跌,来攻击中英双边汇价和两国货币之间的联系①,以迫使中国接受能令美方满意的条件。对此,孔祥熙当时曾忧心忡忡地说道,"银价下落的直接结果,已到了白银输入有利可图的关头,从而可能破坏新币制。最初由于银价上涨使通货紧缩和白银准备外流日趋严重,经过一年的剧烈烦扰,我们才建立了新制度,而现在银价跌落,又导致新的不安,大大贬低了中国通货的白银准备的价值,伤害了人民的信心"②。在严峻的考验下,南京政府最终还是就范了。1936年3月,上海商业储备银行总经理、中国银行常务董事陈光甫率领实际上代表着官方的"中国银行调查团",赴美开始了有关白银问题的协商③。经过40多天的艰苦谈判,5月15日,双方终于签订了《中美货币协定》。南京政府以答应扩大白银用途、保证法币不与英镑联系等要求为

---

① 由于中英之间保持稳定汇价,一旦国际银价跌至某一水平以下,白银就会反过来流入中国,先按南京政府规定的比例兑换法币,再利用"无限制买卖外汇"条款换购英镑获利,从而消耗法币准备基金,冲击汇价和信用。根据时人的测算,这一临界点为每盎司17.7便士,而1936年1月,伦敦银价已跌至每盎司19便士,与临界值所差无几。

② 中央银行英文档案:《孔祥熙致施肇基电——由施与美商谈并提出商谈的三个要点》。转引自中国人民银行总行参事室编:《中华民国货币史资料(第二辑)》,上海人民出版社1991年版,第250—251页。

③ 美国出于国际影响考虑,为避免其他国家猜忌,不希望举行正式的外交谈判。

条件,最终换取了美国政府同意购买7 500万盎司中国白银,另接受5 000万盎司作为2 000万美元贷款担保的许诺。

四

巨额美援的敲定,终于为法币的发行准备提供了渠道保障,使其避免了夭折的命运而站稳了脚跟,也让南京政府在与地方实力派以及日本的不断折冲中有了必要的凭借。中国政府掌握的各类储备逐渐丰盈,截至1937年6月全面抗战爆发前,总额达到了3.789亿美元,为稳定法币汇价奠定了基础。法币发行量也不断上升。4家国家银行的发钞额,在1935年11月为4.53亿元,在1936年6月为9.48亿元,而到1937年6月则增至14.77亿元[1]。

表10.1　1937年6月末南京政府持有的金银外汇情况

(折合美元,单位:百万美元)

年　份	存国外及运输在途	存国内	总　计
黄金	32.8	12.4	45.2
白银	49.4	118.3	167.7
美元	73.9	—	73.9
英镑	92.0	—	92.0
日元	0.1	—	0.1
合计	248.2	130.7	378.9

资料来源:数据来自中国人民银行总行参事室编:《中华民国货币史资料(第二辑)》,上海人民出版社1991年版,第238页。

---

[1] 张嘉璈著,于杰译:《通胀螺旋》,中信出版集团2018年版,第10页。

新币制运行的渐趋稳定,终于将中国拖出了被困已久的金融通货紧缩、生产销售萧条、对外贸易低落的泥潭。一是银根趋松、物价上涨。法币发行的增加,以及对外汇价的抑低[①],促使金融和实体的价格开始向正常水平回归。从拆借利息看,1935 年 12 月,上海每千元日拆水平为 0.105 元,较 1934 年同期的 0.322 元大幅回落[②]。从物价水平看,若以 1926 年为 100,则上海批发物价指数在 1935 年 10 月为 94.1,1936 年 12 月为 118.8,1937 年 6 月为 126.1,基本回升到了 1931 年的水平[③]。二是经济开始活跃、产值回升。根据经济学家叶孔嘉和巫宝三各自的估计(按 1933 年不变价格),1936 年中国国内生产总值和国民收入分别为 309.5 亿元、218.8 亿元,较 1935 年的相应值增长了 6.39%、8.96%[④]。三是国际贸易改善,规模扩大,逆差减少。1934 年中国关内各港进出口货物总值为 15.65 亿元,同比下降 20.05%,1935 年继续缩减为 14.95 亿元,而到 1936 年则回升至 16.47 亿元,其中进口、出口较 1935 年分别增长 2.43% 和 22.57%[⑤]。

从更加宏观的视角看,法币改革的成功,其意义绝不仅仅限于短期经济复苏的方面。作为从银本位向管理通货的重要转变,法币改革拔掉了白银这一旧经济的总根子,不仅大大增强了货币的符号化意义,也在更广泛的意义上重新调节了国家与社会、中央与

---

① 与 1935 年 10 月水平比,1935 年 11 月,中国货币对英镑、美元、日元、法郎、德国马克的汇价分别贬值 17.26%、16.83%、16.95%、16.54% 和 16.71%。参见孔敏主编:《南开经济指数资料汇编》,中国社会科学出版社 1988 年版,第 458 页。
② 同①,第 485—486 页。
③ 中国科学院上海经济研究所、上海社会科学院经济研究所编:《上海解放前后物价资料汇编(1921—1957 年)》,上海人民出版社 1959 年版,第 15 页。
④ 赵留彦、隋福民:《美国白银政策与大萧条时期的中国经济》,《中国经济史研究》2011 年第 4 期。
⑤ 同②,第 379 页。

地方的利益关系,为南京政府增强控制金融以及调配资源能力提供了重要载体,也为后期的抗战奠定了基础。不少中国学者和实务界人士都认为,如果没有进行法币改革,则中国的抗战将会是难以想象的。著名经济学家马寅初就曾谈及,"假定中国于抗战时,尚未实行法币政策,钞票必然挤兑,银行穷于应付,信用失坠,势所必然…人皆谓法币政策大有助于抗战,良有以也"①。对于这一点,日本人也十分了然。参谋本部中国课的冈田酉次曾于1935年末受命调查中国币制改革,他在1974年出版的《日中战争内幕记》一书中如下表述道,"这一币制改革实际上构成蒋介石政权战时经济体制主干,如无'七七事变'前的改革,无论蒋政权如何努力实现政治上的统一,如何充实空军及陆军实力,喊着'焦土抗战'去全面指导战争,都很成问题。如此论之,币制改革既是日中战争的导火线,同时也是中国战胜的一大原动力"②。

五

法币改革作为终结中国白银货币时代的根本性事件,是集政府行为主动性和被动性于一身的产物。从出台到实施的整个过程,它几乎都在复杂的博弈中进行:方案制订中的蒋孔之争,反映的是政治权力决策和金融技术决策的冲突;推行过程中各地的差异化执行,反映的是中央政府和地方实权派的冲突;从难产到初期

---

① 马寅初:《通货新论》,商务印书馆2010年版,第141—142页。
② 冈田酉次:《日中战争内幕记》,东洋经济新报社1974年版,第13—14页。转引自刘成虎、高宇:《论日本对法币改革的干预及其后果》,《中国社会经济史研究》2015年第4期。

近于"立孤"的艰难,则反映了美、英、日等各主要帝国主义国家之间地缘政治战略和世界利益分配的冲突。一国进行货币改革,自身无力保障实施,而反被列强视作竞逐之鹿,当然是民族、国家的悲哀,而在如此险恶的政治、经济环境下最终能得以完成,除了不易之外,也确实可谓幸运。

但也正因如此,法币改革承载了太多的历史任务,也背上了沉重的历史包袱。在形格势禁的时代背景下,这注定了法币改革对各种冲突的调和与解决将是不彻底的,不可避免地会带上强烈的局限性和两面性：它虽然打破了银本位的枷锁,但最终仍然要受制于西方集团的耳提面命;它增强了南京政府的实力,但也更加激化了中日早就根深蒂固的矛盾,使这种刚刚构建起来的国家力量很快就要面临血与火的洗礼;它倔强地让中国货币展现出富有希望的现代之光,但不兑现的特征又隐隐埋下了超发滥发以致崩溃的种子。它到底能走多远,从一开始就不是能够完全操之于己的。

毕竟,金融可以表达时代的期待和寄托,可以给时代带来一抹鲜明的亮色,但它终究也仍然是受到时代禁锢的囚徒。

内·生·的·挣·扎

面子与里子

一

在刀光剑影中摇摇晃晃站起来的法币,很快就迎来了它最大的考验。1937年7月,也就是在法币改革正式实施后不到2年,卢沟桥事变爆发了。中日全面战事箭在弦上,钢铁、火焰和鲜血将无情地重新定义时代。初生不久的法币会何去何从,以它为中心的金融体系又能否经受住残酷的一切,都是未知之数。

众所周知,战争是扭曲一切、吞噬财富的丑陋巨兽。两国战争是资源和国力的比拼,其实也是一种消耗的博弈。从这种意义上说,战争参与方与其说是在争当赢家,不如说只是在角逐出现更晚的输家。在这场较量中,谁拥有更多的资源,譬如更加丰沛的人力、粮食、能源、工业品,谁就更可能坚持到最后。资源需要汲取、组织和调配,这离不开必要的手段——财税和金融,也离不开必要的中枢——政府。由此,货币的重要性就不言而喻了。政府发行的法定货币,是政治力量和集团信用的载体。一旦崩溃,其后果既是经济意义上的,也是社会意义上的。对此,搞过几次币制改革的南京国民政府还是颇有体会的。法币改革的制度设计从一开始就与西方帝国在华利益密切相关,而这一改革之所以能最终取得成功,也离不开英美集团的支持,离不开外汇的支持。法币代表的不仅是政府对人民的信用,也代表着中国对列强的信用。从长远来看,固然只有打赢战争,才能避免货币的崩盘,但从短期来说,也只有努力维护货币和金融的稳定,才能有更大的打赢战争的把握。相对充足的外汇,相对坚挺的货币是保障战时政府资源动员能力的重要手段。更具体地说,必须有足够的资金,才能购买包括武器在内的必需品;必须有稳定的货币,才能安抚人心——包括国内的百姓和那些潜在的盟友们。唯其如此,方可使局势不至顿时倾覆,方可有等待希望和外援到来的机会。

于是,战端甫开,国民政府的首脑们就对法币以及金融问题表示出了极大的关注,甚至将之视为比军事行动更加优先的急务。事后来看,卢沟桥的枪声响起后,尽管中日军队在华北已经进入战斗状态,但毕竟还出现过协议停战等插曲,东亚的事态是否会因此变得不可收拾,即使在国际舆论上也仍然是个莫衷一是的问题。但在这个节骨眼上,南京国民政府却表现出了先知先觉、可圈可点的风险规避精神。事变发生的当天,蒋介石便致电当时担任中国银行董事长,实际上也是财金领域重要主持人的宋子文(当时孔祥熙不在国内),要求将位于远东金融中心——上海的各家银行(主要是拥有法币发钞权的中国、中央、交通和农民四家银行)之现金和钞票,从速移运杭州和南京,并打算进一步向南昌和长沙集中。这一指示得到了高效率的执行。有资料记载,在不到1个月的时间内,上海的现银就从4 887万元降到了550万元,钞票数额则从约5.5亿元下降到不足1亿元[1]。其中,大量白银[2]通过海运方式转移到了香港、伦敦、纽约等地,为进一步转卖成外汇、巩固抗战的金融力量打下了基础。

---

[1] 上海市档案馆编:《上海档案史料研究(第二辑)》,上海三联书店2007年版,第20—25页。转引自王丽:《杨格与国民政府战时财政》,东方出版中心2017年版,第23页。

[2] 华北平津等地储存的用于发行货币准备的约4 000万盎司白银则未能转移。

事实证明，高层的谨慎是不无道理的。就在蒋介石于庐山上铿锵的"如果战端一开，那就是地无分南北，年无分老幼，无论何人，皆有守土抗战之责任，皆应抱定牺牲一切之决心"话语未落之际，1937年8月9日，日军便在虹桥机场蓄意挑衅制造事端，随后大举增兵。8月13日开始，淞沪战事升级，范围迅速扩大，周边的杭州、广德等地均遭空袭。战争的阴云很快带来恐慌情绪的加剧。为防止挤兑存款、抢购外汇等金融风潮，国民政府于8月15日紧急出台了《非常时期安定金融办法》，其主要内容包括限制提取或者说变相冻结存款，例如规定活期存款户头每周只能提取最多5％（且以150元法币为限）、定期存款未到期不得提取等，核心则是通过限制提存减轻法币兑换外汇的压力，从而稳定市面、稳定币值。这一办法在短期内发挥了良好的效果，特别是在上海滩战事尚酣的夏秋之交，政府的外汇储备损耗相当有限。尽管在中国军队失利而撤出上海后，外汇兑换数量明显上升，例如1937年11月和12月，即分别售出2800万美元和1800万美元，但这种限提法币而不限制法币兑换外汇的做法，仍然被视作国民政府努力维系法币制度的积极举动，因而得到包括上海银钱业和工商业团体在内多方的认可。国民政府的美籍顾问杨格就认为，维持法币特别是维持法币的可兑换性，可以向外界传递出中国政府坚持抗战的信号和决心，且汇率的稳定也有利于保持外债信用和维护外国利益，而这对中国争取在他看来必可不缺的国际援助将是至关重要的。因此，虽然这一时期在国民政府内部存在不同声音，但维持法币与外汇之间这种相对自由兑换状态的意见仍然占据了上风。

如此看来，为了货币价值和金融秩序的稳定，外汇储备是必然要作出牺牲了。但问题是，战争远未结束，胜利更没有向中国招手。这种牺牲能坚持多久呢?是否仅以这样的牺牲,就能克竟全功呢?

二

事情很快就悄然发生了变化。随着中国在战场上的失利和军队的节节败退,允许法币与外汇进行自由兑换的政策,逐渐开始受到越来越大的质疑,面临着内外各方陡然升高的压力。诚然,开战初期的这一政策在某种程度上起到了良好的作用。例如,自1937年7月至1938年3月初,在利用外汇回笼法币的市场化运行机制下,中国物价涨幅只有差不多30%[①],这比第二次世界大战爆发后英国在同样长时间内的表现更为优秀。同时,法币与美元的汇率保持在每百元法币兑换29.2398美元,与英镑的汇率则为1元法币兑换14.25便士,基本维持在战前水平,与1936年12月的汇率也相差无几[②]。但正如俗话所说,"按下葫芦浮起瓢",相应的代价和成本也是巨大的。据外籍顾问杨格的统计,在这一时期,中国政府外汇支出总计达到2.1亿美元,其中用于维持法币币值(自由兑换)的部分大约就有1.21亿美元,而用于购买武器的支出则只有8900万美元[③]。毫无疑问,中国以外汇储备的流失和牺牲,至少是在汇率价格的层面上,顽强地继续树立和维持着法币的坚挺形象,

---

[①] 王丽:《杨格与国民政府战时财政》,东方出版中心2017年版,第59页。另有数据显示,若以1937年1—6月为基准100,则到1938年6月,整个后方的批发物价水平指数为127。有关情况可参见张嘉璈著,于杰译:《通胀螺旋》,中信出版集团2018年版,第30页。

[②] 相关外汇行市数据,可以参见宋佩玉:《抗战前期上海外汇市场研究(1937.7—1941.12)》,复旦大学2004年博士学位论文,第42—43页。

[③] 王丽:《杨格与国民政府战时财政》,东方出版中心2017年版,第59页。

在国都惨遭血洗、黎民生灵涂炭的悲剧色调下,宣示自己继续抗战的决心。然而,在外汇储备本身有限①、短期支出浩繁而外援尚是镜花水月的背景下,指望每一位决策者都继续对这看上去理想很丰满、现实却骨感,面子或赚足、里子且耗尽的做法给予强力支持,显然是一种奢望。毕竟这样的兑换很难让整个战争的后方都充分感受到过去积攒的外汇储备所带来的好处。况且,战时的统制体制已经逐步建立起来,自由化的金融市场操作既显得与大环境格格不入,也让习惯政治多于习惯市场的部分官员感觉相当不爽。同时,战争的失利和战场的向西移动,也使得在上海这样的沦陷区继续严格执行之前的安定金融办法变得不切实际,试想若商业银行特别是外国银行放任法币提取,或自身借机购入外汇牟利②,集中或流往沦陷区的大量游资必然会迅速冲击甚至抽干本已大量缩水的外汇储备。在现实因素的逐渐夹逼下,已经迁到武汉的国民政府内部在如何支持法币币值这一问题上,已经越来越难以形成统一意见。

最后的僵局则是由侵略者的行动打破的。相比于国民政府对货币作用的认识,日本人的理解显得要更加简洁直白一些。例如,在法币改革的过程中,日本方面就表现出了很善于从战略全局看待金融问题的特质。而从此时中国政府继续允许和维持自由买卖外汇的政策中,他们更是进一步看到了法币的巨大实用价值——用来兑换外汇,继而买入用于支持战争的大批物资。一时间,一两

---

① 1937年6月,南京政府持有金银外汇储备折合3.78亿美元,可参见本书正文第十篇《刀光剑影下的法币改革》中有关内容。
② 事实上,外国银行本身就是兑换外汇的重要参与者。有关情况,可参见吴景平:《上海金融业与太平洋战争爆发前上海的外汇市场》,《史学月刊》2003年第1期。同时,中国银行、交通银行也存在积累外汇牟利的行为。有关细节可参见宋佩玉:《抗战前期上海外汇市场研究(1937.7—1941.12)》,复旦大学2004年博士学位论文,第33页。

年前他们还恨之入骨、如芒刺在背的法币,看上去也变得可爱起来了。日方迅速开始着手将自己在战场上的优势转化为金融战线的攻势。1938年2月15日,也就是当年的正月十六,日本准备在华北占领区设立具有发钞功能的金融机构——伪"中国联合准备银行"的消息正式传出,3月上旬,日伪又颁布所谓《旧通货整理办法》,规定伪币"联银券"与法币平价,并逐步通过行政禁令的方式限制和缩小法币流通范围,试图以此达到在流通领域挤出法币、以伪币占领市场、吸纳法币在手并伺机套取中国政府外汇储备的多重目标。以上种种,均标志着在军事暴力的支持下,日方已经开始用系统性的金融手段,汲取沦陷区的财力物力。这一突如其来的冲击,令国民政府对日方大肆套取外汇的担忧急剧上升。1938年3月12日,国民政府财政部紧急发布了《外汇请核办法》。该办法规定,自该年3月14日开始,外汇的出售将执行一种由中央银行主持的核准制度。各银行在收付相抵后仍需使用外汇时,要填具申请书送交中央银行(当时设在汉口的总部,或者在香港地区的通讯处),由后者核定后按法定汇价售汇。发布办法的文告开宗明义写道,"溯自敌军侵略以来,政府对于法币始终维护,以是信用昭著,百业利赖,即在沦陷之区,亦仍依照法价买卖外汇,利便人民,久为中外所深知。不意敌人近竟指使北平伪组织设立所谓联合准备银行,发行无担保不兑现之纸币,减低汇价,逼令我人民行使,意在换掉我施行已久、准备充足之法币,调取外汇,增强其侵略之暴力,吸收我人民之脂血,而谋破坏我法币之信用"[1]。这段文字叙述总体客观,但又充满着鲜明的道德正义感,甚至还带着血泪控诉

---

[1] 《财政部公布中央银行办理外汇请核办法及购买外汇请核规则》,《财政年鉴续编》金融篇之附录"法规"。转引自中国人民银行总行参事室编:《中华民国货币史资料(第二辑)》,上海人民出版社1991年版,第439—441页。

的色彩。就在它随着跳跃的电波发往各地的过程中,颇具经济学课本理想主义之风的自由买卖外汇时期宣告结束了。

与任何管制措施一样,外汇请核办法的执行马上招致了市场主体的不适应,并显现出明显的负面效应。对市场主体而言,请核办法实行之后,从官方渠道获得外汇的难度一下子提高了。譬如,1938年3月办法实行后的第一周至第三周,总计申请数分别为90万英镑、120万英镑和154.45万英镑,核准数则分别只有45万英镑、45万英镑和42.85万英镑。随着对进口贸易品供给外汇范围限制的趋严①,核准率还继续下行,到当年六七月份,核准率已下降至约3%②。商人无法从官方获得足够的外汇,必然寻求其他渠道,而汇丰等外国银行也意识到,如果继续按照原有汇率进行买卖,核准之数将绝对无法满足贸易商和投机者的需求。因此,汇丰开始自行挂牌开展业务,不再遵循国民政府中央银行的牌价。一行如是,他行皆然。在利益的驱动下,外商银行开始纷纷背弃它们在1937年8月与宋子文达成的关于不再吸收华人新增存款、控制向投机者等售出外汇的君子协定,上海租界外汇黑市遂起,而象征面子的坚挺官方汇价也最终得到了被重新计量评估的机会。在官方管制加强,叠加中国军队不断受挫、国民政府将继续迁都传言纷纭的共同影响下,市场上法币汇率开始大幅下跌,至1938年6月,法币与美元的汇率已下跌到每百元法币兑换18.5529美元,与英镑的汇率则为1元法币兑换8.97便士,较三个月前贬值接近40%,而到8月,每元法币兑英镑汇率甚至一度跌破了8便士的关

---

① 国民政府不断细化和调整有关结售汇办法,后又将进口货物分为必需品、一般必需品、非必要商品和非必需品四类,并制定发放了有关商品清单。
② 购汇申请和核准数据,可参见宋佩玉:《抗战前期上海外汇市场研究(1937.7—1941.12)》,复旦大学2004年博士学位论文,第22页。

口。不难想见,黑市的出现给国民政府带来了很大的压力,毕竟管制的初始目的是缩量保价,但在行政管制能力不足的情况下,已经演化成"官方量缩、黑市量兴、价格不保"的尴尬局面。尽管在名义上官价与黑市价是双轨并行,但明眼人都看得出来,黑市势力已成,没有数量支撑的官方价格只能是名存实亡而已,至于管制请核一说,更将成为空文。不得已之下,国民政府也只能"头痛医头,脚痛医脚",仍然念着汇价意义重大、干系甚大,由中国银行和汇丰银行各提供50万英镑,双方合作来维持黑市价格,使之仍能大致稳定在1元法币兑8便士左右。

三

维持是一种类似平准的做法。相对于无限售汇,其成本当然是较小的,也有利于抑制黑市价格的巨幅波动。从1938年下旬到1939年4月,虽然历经广州、汉口陷落等重大事件,但法币的汇率还是保持了相对稳定。在买进卖出相抵之后,在此期间,联合维护的双方共抛出了约600万美元的外汇,加上在官方法规框架下售出的600万美元,合计花费1 200万美元。

但即便转向维持,黑市也不可能变成白的,政府手里那点可怜(并且还在不断减少)的外汇储备,既然已经完全不可能满足市场购汇的总需求,当然也就不可能无限干预黑市价格下去。更糟糕的是,请核办法都无法有效执行,要管好黑市秩序,使外汇只流向国民政府属意的主体就更是难上加难了。前述日伪在华北发行联银券之后,法币受到严重冲击,南来法币数量剧增已经对外汇市场产生压力,而日伪在通过攫取关税、发行伪币回笼、控制贸易、倾销和走私日货等手段获得更多法币后,当然不会放弃将其兑换为外汇以用于支持军事行动的机会。毕竟,对日本侵略者来说,在法币汇价仍然较高的情况下,用中国政府发行的货币换取中国市场的外汇,再以之购买原料生产军火,把炸弹扔到中国人的头顶上,继续扩大在中国的战争优势,搞金融领域的"以战养战",是一笔十分合算的买卖。单纯从经济意义上说,考虑到这些衍生冲击,要维持汇率水平稳定(且是一个相对较高的价格),国民政府的储备也显然是不敷使用的。

为此,仍然冀图维持汇率的国民政府,不得不像实施法币改革那样求援于英美。1939年3月,中英双方(中国银行、交通银行、汇丰银行、麦加利银行)在伦敦签署《中英货币平准汇兑基金合同》,旨在通过建立一个规模为1 000万英镑的基金,维持上海和香港两地法币对英镑的汇价[①]。当年4月正式运行后,在英方坚持下,平准基金确定了1元法币兑换8.25便士的较高入市汇价。考虑到中日战局的演化、国民政府控制区域的缩小、法币发行增加、物价上涨的影响,此时仍然确定一个与10个月前差不多的汇率水平,显然有刻舟求剑之嫌。此时的法币对外价值实际是被明显高估的。这必然迎来大量的购汇及套利需求,反过来不利于平准基金的可持续运行。事态的发展充分印证了这一点。闻听这一价位的持币者,包括一般投机者,当然也包括日本侵略者,都展现了极其踊跃的一面。资料显示,1939年4—7月,平准基金分别消耗了200万英镑、460万英镑、310万英镑和100万英镑[②],合计1 070万

[①] 中国银行和交通银行共出资500万英镑,汇丰银行出资300万英镑,麦加利银行出资200万英镑。关于这一合同的具体内容,可参见中国人民银行总行参事室编:《中华民国货币史资料(第二辑)》,上海人民出版社1991年版,第445—449页。
[②] 王丽:《杨格与国民政府战时财政》,东方出版中心2017年版,第86页。

英镑。也就是说仅仅过了 4 个月时间,基金的原定数额就已经被全数消耗,除此之外,还把中国方面增加部分当中的 70 万镑[①]也搭了进去。尽管在 6 月份时,因短期消耗过大、避免日伪新成立华兴银行加剧套汇等因素,平准基金曾一度暂停维持,并顺势下调了平准汇价,但仍不能避免被榨干的命运。1939 年 7 月 18 日,中英平准基金再次停止维持。法币汇率随即如洪水决堤一般下泄,到 8 月 11 日,竟跌到了 1 元法币兑换 3.25 便士(100 元法币兑换 6.312 5 美元)。

戏剧性的变化出现在 9 月。由于德国闪击波兰,欧洲局势陡变,英镑承压,反过来推动法币与其之间的双边汇率出现了一波可喜的回升,并一直持续到 11 月。这使得平准基金会有机会购回部分外汇,并继续发挥作用,一定意义上实现了汇率在随后一段时间相对平稳的回落。1940 年三四月间,1 元法币兑英镑维持在了 4.125 便士左右。但好景不长,由于汪伪政府成立、汪伪特务机关绑架威胁仍然听命国民政府的华资银行人员[②]等影响,当年上半年市场投机之风再次炽烈起来,平准基金也再度濒临枯竭。1940 年 5 月 2 日,平准基金第三次停止维持。

中英平准基金的屡陷困境,让国民政府考虑必须额外增加资金来源。自 1940 年年中开始,中国继续与英美接触。由于国际形势的变化,加之日本在东南亚的扩张,这些协商都取得了积极的成果。1940 年 7 月,中英乙种基金创建[③];1941 年 4 月,《中美平准基

[①] 6 月 28 日,中国银行增加了 30 万英镑;7 月 12 日,又与交通银行联合增加了 50 万英镑。

[②] 当年 3 月,汪伪政府绑架了四明银行总经理吴启鼎及其家属,使之被迫提供现金 200 万元和道契 360 万元给正金银行。在此之前,汪伪特务机关对中国通商银行、中国实业银行也曾进行过类似的威胁。

[③] 有关这一基金合同协定的内容,可参见中国人民银行总行参事室编:《中华民国货币史资料(第二辑)》,上海人民出版社 1991 年版,第 454—457 页。

金协定》签订,标志着中英美平准基金框架的诞生。但必须指出,虽然平准基金在后续对具体的操作和配套都作了一些改进,但总体而言,仍然跳脱不出巨量损耗、汇价下跌的循环。以1941年8月开始运行的中英美平准基金为例,其在差不多3个月的时间里,便耗费了2100万美元,月均消耗量达到了1938年6月至1941年6月间中英平准基金(及联合暗中维持阶段)的5倍,而法币的市场汇率则又跌落了差不多一半[1]。针对这一点,外籍顾问杨格曾经说道,"如果几个月之内太平洋战争不爆发,这项政策的后果将暴露无遗,新平准基金委员会将骑虎难下。如果不放弃上海汇市⋯(基金)将只能面临枯竭"[2]。

当然,杨格的担忧没有变成现实。1941年12月8日(夏威夷时间为7日),日本军队在"虎虎虎"的消息报告声中,将火力倾泻到了睡眼惺忪的美国士兵头上。以此为界,第二次世界大战进入了一个新阶段,日本和西方列强彻底撕破了脸,上海租界的"孤岛"就此沉没,原本在此处各方酣战搏杀的外汇市场也就此关闭了,加之英美封存中日海外资金,中日双方的外汇战终于偃旗息鼓。

需要专门提到的,是一个非常有意思,也是贯穿自全面抗战开始到太平洋战争爆发期间关于外汇市场政策措施讨论的问题,即在国民政府坚持法币自由兑换外汇以及设立平准基金为汇率托市的整个过程中,到底有多少外汇流入了敌手。对此进行精确估计,是一项很困难的任务。但有诸多观点认为,日方套取大量外汇毋庸置疑。例如,孔祥熙在1939年9月的一份批示中,就指出"敌伪

---

[1] 王丽:《杨格与国民政府战时财政》,东方出版中心2017年版,第118页。
[2] 同[1],第119页。

多方套买及投机家与资金逃避者乘时活动,平衡基金已受威胁"①。蒋介石也说过,"过去在上海办理外汇的方法,不但于我们中国商民没有利益,而且徒然替敌伪维持其金融生命,实在无异给敌人以操纵之柄,来摧毁我们抗战的经济"②。更有资料显示,外汇平准基金运行期间,大批日本所需军用物资都在上海进口,例如平滑油及燃料就主要由日方购去,供给其在华的机械化部队和空军部队使用③。对于这一点,即便是力主维护市场化运作的宋子文或者以杨格为代表的外籍顾问,也不敢完全予以否认。

毫无疑问,日本及那些跪随其粉墨登场的傀儡政权,以及他们在东亚大地上面临的对手,都在战争中将金融事务看得很重。那些常被人记起的战争往事,不论是 1941 年初国民政府特务机关与"76 号"在上海滩掀起的绑架杀害对方金融机构工作人员的血雨腥风④,还是双方互相伪造对方区域货币的"无双"故事⑤,都是这一时期金融战、货币战的写照,而外汇市场的风云变幻则是比这些

---

① 中国第二历史档案馆编:《中华民国史档案资料汇编(第五辑)》第二编《财政经济(四)》,江苏古籍出版社 1997 年版,第 470 页。转引自王丽:《杨格与国民政府战时财政》,东方出版中心 2017 年版,第 106 页。

② 谭熙鸿:《十年来中国之经济》,中华书局 1948 年版,第 428 页。转引自戴建兵、王贺宇:《战争与经济——战后通货膨胀之源》,收录于《中国抗战与世界反法西斯战争——纪念中国人民抗日战争暨世界反法西斯战争胜利 60 周年学术研讨会文集(下卷)》,社会科学文献出版社 2009 年版。

③ 宋佩玉:《抗战前期上海外汇市场研究(1937.7—1941.12)》,复旦大学 2004 年博士学位论文,第 76 页。

④ 1941 年初,围绕伪中储行的成立和中储券的发行,汪伪特务机关与国民政府特务机关在上海相互袭击、绑架和暗杀对方银行系统管理干部及一般工作人员,恐怖事件持续达 3 个月之久。留守四行的业务受到严重打击。由于国民政府鞭长莫及,最后结果仍是汪伪政权占了上风。

⑤ 1937 年,天津市内就出现了大批伪法币,1938 年 10 月广州一带同样发现了大批伪法币,后证实这些假币全是日本印刷。日军攻占华东、华中主要地区后,1938 年陆军省更成立了第九科学研究所(即登户研究所),专门筹划制造假币,1941 年后伪造法币技术水平更加成熟。与之相应,军统也在战争后期伪造中储券等。

故事更为宏大的一幅图景。从过程来看,国民政府在多数时候都处于手里缺粮、心里发慌的状态,战争中的败退更使他们无法在金融战中获得主动。而对日方来说,获取与掌握法币也好,将法币挤出流通领域也好,究竟是为了彻底使之崩溃,还是在其尚具有较高对外价值时作为向获取国际原料的媒介,只不过是相机抉择的问题罢了①。从结果来看,国民政府及其盟友付出了巨大的资源代价,最终也只能换得一个贬值非常严重的货币,用疲于应付、且战且退来形容,并不过分。至于这些扔下去都没听到几下响声的外汇,它们所惠及的,大概率都不会是在战火中饱受摧残的流离民众。

不可否认,法币汇价的稳定的确具有宣示中国抗争精神的意义,也不可否认,的确有中国人从中获得了利益。但如果说这样的政策措施是非做不可的英明选择,应该是会引起不小争议的。

四

货币的价值可以分为对外价值和对内价值。既然在外汇市场上中国没有讨到便宜,相反还有资敌之嫌,那么在对内价值,也就是物价角度,国民政府的政策表现又如何呢?

答案同样很不理想。

战争引发通货膨胀,是一件古今中外不可避免的事情。开支的增加、税收的减少、生产的破坏、预期的波动,或者刺激印钞机转

---

① 事实上,日方获取法币无利可图,恰恰是建立在法币汇率极度跌落的基础上的。具体情况,可参见宋佩玉:《抗战前期上海外汇市场研究(1937.7—1941.12)》,复旦大学 2004 年博士学位论文,第 56 页。

动的速度,或者加快钞票脱手的速度。总而言之,都会让钞票变得越来越像废纸。中国的抗战自然不会是个例外,日军对富饶地区的蹂躏、战费的膨胀、糟糕的战绩、枯竭的收入,都促使政府通过印钞来解决问题。更进一步来说,是以更多的印钞解决更多的问题,更多的问题带来更多的印钞。1939年3月,法币发行就开始进入了"以金公债充作现金准备,另账登记"①发行的阶段,从此发行量增速大大提高。以四行合计算,1937年6月至1939年6月,法币发行额季度平均增速为11.5%;1939年9月至1940年12月,前述增速为61.2%,而1941年3月至1942年3月,则已达到137.1%②。

但不可避免的事情,并不代表就必然不可控制。如果能意识到钞票滥发之恶,并及时采取有力措施回笼货币,事情并不一定会落到不可收拾的地步。但诚如国民政府自身没有足够本钱、总是乞求于外援外汇来维持汇率一样,他们在控制货币和物价方面也缺乏相应的能力和手段。

先从事后的统计数字看一下结果。以1937年1—6月为基准100,则政府赤字、纸币发行、后方批发价格和对美元汇率(上升表示贬值)在1939年12月的水平为336、304、306和424,到1941年年底为1 421、1 070、2 111和555,到1945年6月则达到了129 638、28 195、201 600和49 950③,增加之巨,显而易见。为了防

---

① 中央银行档案:《中央银行常务理事会决议——增加发行另账登记》。转引自中国人民银行总行参事室编:《中华民国货币史资料(第二辑)》,上海人民出版社1991年版,第285页。

② 财政部档案:《1937—1941年中、中、交、农四行发行膨胀的过程》。转引自中国人民银行总行参事室编:《中华民国货币史资料(第二辑)》,上海人民出版社1991年版,第289—294页。

③ 根据《通胀螺旋》(张嘉璈著,于杰译,中信出版集团2018年版)第一章和第二章有关数据计算整理。

止"如实公布将有损于人们的信心",中央银行甚至采取了将脑袋埋进沙漠里的鸵鸟行为,索性于1940年中期起停止公布钞票发行数字①。有司衙门觉得这也敏感那也敏感,这也不能说那也不能说,这也不公开那也要隐瞒,在历史上应该是司空见惯,但民众是否就会因此"不知之",却很难讲。钞票数的确可以不说,但它在物价上的反映、对人民生活水平的影响却很真实,绝不会因为官方的沉默不语、装傻充愣就销声匿迹。从前面罗列的数字可以看出,到日本投降前夕,后方批发物价整整上升了大约2 000倍。物价的飞涨极大改变了真实财富的分配状况,对于拿固定工资,或者说工资收入被严格限定的人群来说,损失尤其巨大。仅仅到1943年,重庆公职人员真实工资薪金收入就只剩下1937年的1/10,教师群体的真实工薪收入则大约为1937年的1/6②。

与美籍顾问杨格提出的"除(战争初起)前三年的部分时期外,(中国)自由市场汇率的上升滞后于物价的上涨"③的观点相似,金融界资深人士张嘉璈先生在对比各项指标后也认为,在抗战的多数时期,法币的对外价值都要高于对内价值,汇率上的贬值并不是通胀的主要诱因。他在分析反通胀措施及其效果时,主要总结了四点:(1)推行田赋征实确实减少了政府在粮食上的货币支出和军队的吃饭问题,但并不能解决通胀;(2)销售美元储蓄券回笼现金远远未达预期效果;(3)无法有效控制银行和钱庄的投机行为;(4)缺乏行政力量和高效的行政组织,后方价格管制和专卖等统

---

① 中国人民银行总行参事室编:《中华民国货币史资料(第二辑)》,上海人民出版社1991年版,第362—364页。
② 张嘉璈著,于杰译:《通胀螺旋》,中信出版集团2018年版,第72页。
③ 阿瑟·杨格著,李雯雯译,于杰校译:《抗战外援:1937—1945年的外国援助与中日货币战》,四川人民出版社2019年版,第464页。

制措施几乎没有收到效果①。1942年6月国民政府财政部在一份经济动态材料里明确承认,"自…执行食糖及烟类专卖后…在政府所增加之专卖利益甚少,而执行政策之少数人员以及一般奸商暗中操纵,以致影响物价上涨"②。以管窥豹,可见一斑。与前述第二点类似的是,国民政府在抗战后期还尝试过通过出售黄金来回笼法币的做法,但反被不法官僚等操弄成投机黄金美钞的浪潮,最后不仅没有起到预期效果,反而演化成金价、物价齐涨。1940年12月,中国后方主要城市零售物价指数为783,黄金售价为1 000,到1944年年底,两者则分别为75 891和34 500③。

另外与此相关且值得一说的则是中日之间的物资战。随着法币汇价跌落及太平洋战争爆发,日本已无法利用法币实现套汇,遂改变手法,从早先的重在"利用"转向重在"打击"。通过贬低法币价值,禁止法币使用,日伪将沦陷区法币驱逐回非沦陷区,一方面增加对物资的获取和控制,另一方面加剧敌后通胀和币值跌落。由此,双方的争夺重点从外汇转向物资,经济战线的对抗从货币金融转向更加广泛的领域。针对这种变化,国民政府方面先后发布包括《国民政府关于转发限制携带法币密令》在内的一系列文件,旨在限制法币内流,加强物资争夺,但政令迁延、内斗消耗、贪腐横行等现象不断,执行结果实在不容乐观。例如,1941年5月,蒋介石即要求将财政部原来负责的沦陷区物资抢购工作交由戴笠执行,然而孔、戴矛盾重重,直到蒋多次批示,所谓"货运管理局"才于

---

① 张嘉璈著,于杰译:《通胀螺旋》,中信出版集团2018年版,第60—63页。
② 财政部档案:《最近经济动态》。转引自中国人民银行总行参事室编:《中华民国货币史资料(第二辑)》,上海人民出版社1991年版,第381页。
③ 《中国各重要城市零售物价指数与黄金价格比较表》,《中央银行月报》新二卷上册。转引自中国人民银行总行参事室编:《中华民国货币史资料(第二辑)》,上海人民出版社1991年版,第385—386页。

1943年春天成立,随后又在部门预算等多方面受到财政部掣肘,逼得威风八面的特务头子戴笠仅上任两月,就不得不递上辞呈。"经济作战,对敌争取物资,虽有智者莫能为力,以生愚鲁,曷能有济？而反视敌人之对我经济作战,不仅有系统,有计划,而且动作灵敏,运用机动"①;再如,货运管理局开展业务后,在沦陷区抢购棉纱、布匹、汽油等,也不乏浮报中饱②,甚至有将桐油、柏油等军工原料送往沦陷区交换的行为,以致人言啧啧。如此效率,加以后方腐败,物资战效果几何,一般民众得益几何,不问可知。

从这些分析来看,国民政府在无力控制通胀和无力维持汇率上的本质原因是一致的,即缺乏足够的资源,也缺乏控制和调动资源的足够行政能力,此外还有自身难以根治(并不断加剧③)的贪腐问题。这使得很多作为,例如维持汇率价格来象征抗战决心,或者通过限定物品价格来表达对人民生活的关切,都最终会无可避免地沦为形式主义。

如果开展进一步的具体探讨,我们也能在根本影响因素和相互作用机制上找到更多关于这一点的诠释。比如,从时代的视角来看,汇率水平和维持汇率的难度,实际取决于中国在战场上的表现,战争形势越不利于中国,日伪的势力范围越大、行动越嚣张,则市场看空法币的投机情绪就越浓重,日伪冲击法币汇率及其外汇

---

① 谌旭彬:《戴笠与军统:鲜为人知的另一面》,《同舟共进》2015年第1期。
② 有关内容可参见谌旭彬:《戴笠与军统:鲜为人知的另一面》,《同舟共进》2015年第1期。此外,在抢购物资过程中与沦陷区势力成立的一些合作机构,譬如杜月笙等名下的通济公司,也被指大发国难财。参见包树芳:《杜月笙与上海银行家》,《华东师范大学学报(哲学社会科学版)》2010年第3期。
③ 货币的贬值,导致军队和公务人员收入缩水,不仅打击士气,也使得贪污更加严重,损害风纪和效率,降低民众斗志。财政顾问杨格曾这样评价,"虽说通胀在任何国家都会滋生腐败,但在战争期间的中国,腐败的势头已经超出可以归咎于通胀和失序而被视为情有可原的程度"。可参见阿瑟•杨格著,李雯雯译,于杰校译:《抗战外援:1937—1945年的外国援助与中日货币战》,四川人民出版社2019年版,第452页。

基础的能力也越强,而同期中国政府的财政困难和民众抛弃货币转向商品物资的动机自然也更大。从货币对内对外价值相互制约的视角看,在严峻的军事形势下,要坚持抗战必然增发货币,甚至要达到财政性发行的程度,而要维持汇率则需要控制货币的增加,两者本就是一对矛盾体。例如,在战争初期,就有人提出过发行一种可以购物、支付,但不能购买外汇的货币券[①],因在执行自由买卖外汇的政策背景下遭到抵制,并未通过。但即使是在当时仍要努力维持法币战前汇率的空气下,孔祥熙也最终仍然决定采取发行无准备法币的措施[②]。这表明法币汇价及有关政策虽然可以发挥抑制货币发行的作用,但也仅仅是局限在一定程度上的。随着外汇储备消耗、汇价下跌、法币发行量迅速上升,通过维护法币对外价值来制约其对内价值贬损的作用,也就逐渐消失了。

由是观之,两者本为同一系统,国民政府打不赢军事战,就不可能打赢货币战;打不赢货币战的一翼,也就不可能保全货币战的另一翼。其在货币领域的溃退(包括外汇战和物资战的失败),几乎是不可避免的。

五

法币从诞生伊始,就建立在外援的基础上。它的地位与处境,

[①] 最迟至1937年11月,有关发行货币券或无准备法币的讨论已经相当热烈。佐证材料包括:财政部档案:《财政部次长徐堪致孔令侃电——报告增加货币发行讨论情况》;财政部档案:《孔令侃致财政部长孔祥熙电——报告席德懋建议发行无准备法币》。转引自中国人民银行总行参事室编:《中华民国货币史资料(第二辑)》,上海人民出版社1991年版,第284—285页。

[②] 王丽:《杨格与国民政府战时财政》,东方出版中心2017年版,第31页。

实际上便是近代积弱中国的一个金融缩影。发行它的政府一度在广袤的土地上建立起了自己的统治秩序,却又缺乏严密的资源整合和组织控制能力。它有推动中国走向现代化的雄心,但在遇到挑战时又习惯性地求人而不求己。这种矛盾自然也深刻影响着法币的命运。它被寄予厚望:法币与英美货币之间的联系被认为是一种国际联盟关系的纽带;法币换取外汇的多少被认为是一种精神和构建利益共同体的象征;维护法币汇率的姿态和辛苦,被认为是一种外交上的政治正确。以上种种组成了国民政府制定战时外汇政策的重要思想指引,也给法币带来了沉重的负担。

金融在战争中扮演着重要的角色,用好金融手段,当然是打赢战争乃至在一切博弈中占据上风的有效助力。但金融不是独立存在的,它影响甚广,却不能主宰一切。出发点良好的政策能不能到达理想的彼岸,完全看配套手段齐备与否。重视金融,不是单方面神话金融、膜拜金融,就像重视法币的作用,不能舍本求末一样。国民政府以法币汇率为核心的金融政策取向,不可谓没有主动的目标,也不可谓没有积极的意义,但目标是否能够达成,是否最终能实现两害相权取其轻,最终还是取决于自身到底能掌握多少筹码、到底能拿出多少本钱、到底能在多大程度上影响市场的预期。构建扎实的基本面,增强资源的控制力,才能让金融巩固,而在没有足够底牌的情况下,仍颠倒因果,将汇率的勉力支撑视作救世主,将金融作为万能工具,则殊不可取。回望这一段历史,可以清晰地看到,法币汇率在前期的相对坚挺并不能阻遏日本侵略者的狼子野心,与其说是在汇率上的巨大投入改变了战事格局,倒不如讲是国际地缘形势的变化多次减轻了维持汇率的巨大压力,而这一逻辑,即使到物资战应对混乱、通胀最终难以抑制的时期,也依旧是成立的。如果不是莫测的国际局势,如果没有来自外部的支持援助,国民政府的金融经济政策最后会走向何方,实在难以想象。

毕竟,面子总是要里子来撑的。没有里子,却仍然想保住面子,大抵只是一种美好的幻想。

「土人」有土法

内·生·的·挣·扎

一

经受全面抗战爆发考验的,当然不仅仅只有法币。

随着国民政府军队在正面战场的败退,不甘心做亡国奴的中国人开始在敌后掀起了轰轰烈烈的抵抗运动。对这段历史有所了解的人,都知道领导敌后抗战的主导力量是中国共产党。"小米加步枪"的典故脍炙人口,五个字简短而形象。有饭吃,有武器用,当然是打败敌人不可或缺的因素,而要有饭吃,有物资保障,也就离不开钱了。中共如何在敌后生存,如何在生存中发展,又如何在整个过程中管理运筹好包括货币在内的一切,就成了一个很有意思的话题。

不过在最早的岁月里,中共是不自行发行货币的。道理很简单,为了实现全民族共同抗日,中共在"七七事变"后发表了共赴国难宣言,宣布取消红军、苏维埃等名义,将自己历经长征的部队编入国民政府军队的战斗序列。发行钞票是政治统治权的重要组成和象征,与之相适应,原先发行的苏维埃政府钞票也势必将被取消。1937年9月,蒋介石发表承认中共合法地位的声明,第二次国共合作正式开始。既然军队都在名义上归了蒋委员长麾下,原中华苏维埃中央政府西北办事处也改叫了陕甘宁边区政府,那领用法币做军饷、付开支[①],也就完全顺理成章了。依此类推,位于

[①] 据统计,1937年7月至1940年10月,国民政府共向八路军方面拨发军饷合计法币1 640.5万元。

敌后的中共地盘,或大或小,或远或近,自然也都应奉法币为金融正朔。

但这种金融体系依旧法币化的时光并没有能持续多久。最早的起因,在于抗战之前、法币改革实施之后就存在的一个毛病——"大小券"问题。通俗来说,"大小券"指的是法币发行中大面额钞票与小面额钞票的流通比例不合理,小面额的纸币和辅币不足,无法充分满足社会经济生活特别是日常小额交易的需要。按理说,作为同一种货币,不同面额之间兑换,只是个简单的四则运算问题。放在今天,如果有人拿一张 100 元的纸币兑换零钱,最后发现少了一二十元,那要么是他脑筋不好、记性不佳,要么就是被人耍被人骗了。总而言之,绝对不是一件理所应当的事情。但"大小券"之所以能成为一个问题,是因为在当时的实际情况中,偏偏就出现了小票因稀缺而相对升值的奇特现象。在国家没有陷入战争的时候,辅币和小票不足,当然可以由行政力量组织发钞银行进行调剂,能不能彻底解决很难说,但情况不会失控,也不会在局部地区持续下去,肯定是毫无疑问的。但在战争状况下,一切都改变了。交通的困难,进一步加剧了原本不同地区之间货币流通、经济发展的差异性和割裂性,大小券问题也就更加尖锐、普遍地反映出来,以至于跟小票和辅币比起来,面额稍大的钞票不仅毫无压人一头的张扬气势,还很不受待见、不受欢迎。有资料刻画称,全面抗战爆发后,"若以五元或十元法币兑换一元者,至少须打九折,如以一元之法币兑换一角或一角之辅币,至少须再打九五折"[①]。前线的部队和政府人员遂深受其苦。他们领到了以法币支付的军饷和工资,却总是得为如何花出去、如何买得到用于填肚子及其他必要

---

① 1937 年 8 月 21 日《申报》。转引自郭本意:《全面抗战时期山东地区国共铸币权之争》,《抗日战争研究》2018 年第 4 期。

用途的一切物品而发愁，以至于一时间几乎各个战区、地方都不断向上级有关部门诉苦，要求能多发辅币。在山西前线正面日军攻势的卫立煌部，曾在1938年电呈委员长，请求"将八九两月份经费提前发给，并恳多发一元券角票俾便使用…地瘠民贫，即有现金购办给养亦属困难"[①]；而鄂东的第五战区部队也于同年报告称"鄂东各县单元角票异常缺乏，各部队官兵所携十元、五元法币几无法使用"[②]。直到1940年，安徽省有关人员还向财政部长孔祥熙报告，"本省各县近来辅币之缺乏，已成极严重问题"，不仅那些小本经营的生意人，"因无法找零，业务无形停滞"，"各部队官兵、各机关员役出勤在途，因所持皆十元、五元之大票，发生窘迫者，时有所闻"，就连赈济款的发放也因无法兑换零钞，受到了很大影响，"大小票价有高低之暗盘，法币大票跌至八九折不等"[③]。部队本已打得艰苦，地方基层政权本已维持困难，却还要在钞票上伤脑筋，面临有钱花不掉、有物买不了的窘境[④]，不知道委员长得知后作何感想。但有一点可以确认，国民政府尽管意识到了问题的存在，也采取了措施，但效果仍然非常有限。根据记载，大票兑换小票折价的现象，一直到1944年才逐渐消失。当年6月3日，财政部在一份

[①] 中国台北"国史馆"藏蒋中正"总统"文物档案：002-080200-00499-075。转引自郭本意：《全面抗战时期山东地区国共铸币权之争》，《抗日战争研究》2018年第4期。

[②] 湖北省档案馆藏湖北省银行档案：LS90/2/274/008。转引自郭本意：《全面抗战时期山东地区国共铸币权之争》，《抗日战争研究》2018年第4期。

[③] 财政部档案：《安徽地方银行监理员致财政部长孔祥熙密电——安徽各县发行辅币兑换券情况》。转引自中国人民银行总行参事室编：《中华民国货币史资料（第二辑）》，上海人民出版社1991年版，第315—317页。

[④] 小券不足，不仅影响军队和政权的供给，也影响法币的流通。有资料显示，"敌区流通之钞券，以伪联银券最多"，而其流通甚畅的一个重要原因，便是"辅币较多"。可参见财政部档案：《特种经济调查处电——报告山东地方钞券紊乱情况》，转引自中国人民银行总行参事室编：《中华民国货币史资料（第二辑）》，上海人民出版社1991年版，第314—315页。

报告中宣称,"现在市面小券之供应已渐趋平衡,各地大小券差价风潮亦告消灭"①。由此可见,大小券问题实际上贯穿了全面抗战的几乎整个过程。

造成这一问题迁延难解的原因是多种多样的。譬如说,因为交通困难,部分地区投放辅币实如杯水车薪。以前述安徽省的情形为例,地方银行虽然经过批准发行了五角以下面额的小票,但"印刷既属迟滞,运输又感困难",好不容易运了一些,"不旋踵即流散俱尽"②。又譬如,国民政府虽然强制改变了钞票发行的大小搭配比例,要求小券需占多数,并优先满足军队需要,但实际执行当中却仍旧继承了国民政府发军饷看人下菜碟的"好"作风,根本没有一视同仁。有关系、靠山硬的部队,比如李宗仁所部,小券拿得就多一些,其他地方杂牌部队,小券就领得少一些。

在这样的背景下,中共军队的处境如何便可想而知了。他们去西安所领到的法币,绝大多数是 5 元、10 元券,小票差不多只有一成③,而中共所在的根据地,比如陕甘宁边区,原本就是极为穷困之地,大额钞票使用和消费只会比各路国军更难④。

与此同时,随着战争形势的变化,中共军队规模日益扩大,经费缺乏和财政紧张的压力也随之而来。任弼时曾经向中央汇报,截至 1937 年年底,华北八路军主力部队扩充兵力超过 92 000 人,枪

---

① 《财政部第十次部务会议报告——取消军费大小券三七成搭发标准》。转引自中国人民银行总行参事室编:《中华民国货币史资料(第二辑)》,上海人民出版社 1991 年版,第 357 页。

② 财政部档案:《安徽地方银行监理员致财政部长孔祥熙密电——安徽各县发行辅币兑换券情况》。转引自中国人民银行总行参事室编:《中华民国货币史资料(第二辑)》,上海人民出版社 1991 年版,第 315—317 页。

③ 李实:《陕甘宁革命根据地货币史》,中国金融出版社 2003 年版,第 54 页。

④ 由于辅币奇缺,陕甘宁边区当时出现了以邮票找零的情况,但以邮票找零,老百姓又不愿接受。

支则增加两万余,但基本费用的缺口就达到一半,许多新兵手中无枪①。而到1938年的3月,身为全军主帅的朱德将军,也无奈地发现自己深深陷入"巧妇难为无米之炊"的状况,难以自拔。在指挥军事行动的同时,他不得不将大量的精力和时间放在苦思冥想财经僵局的解法上。与中央和各部之间的来往电文,很明白地显示出了他当时竭力腾挪的艰难与挣扎②。这种情形对一支军队来说肯定相当不妙。但蒋介石本人是不愿意看到中共坐大的。中共多扩充的部队,纵令蒋无法解散和消灭,他领导的政府也不会因此多花一文冤枉钱③。如何寻求一场"及时雨",已成为中共的迫切需要。

不论是辅币的严重短缺,还是庞大开支带来的压力,客观上都使得中共需要获得一定的发钞权也就是铸币权。办法总比困难多。尽管受制于国共双方的协议精神,1938年6月,中共还是以延安光华商店的名义,开始发行面值两分、五分、一角、两角和五角的光华代价券,作为法币的辅币投入使用。而到了当年的秋天,毛泽东更在中共中央六届六中全会上作出了各根据地建立自己的银行,以独立自主地满足自身财政需要的明确指示。各根据地开始根据自身具体情况落实指示精神,一批具有特色的地方银行和货币陆续诞生。需要指出的是,在这一时期,尽管自发货币已经出现,但总体来说,仍是以法币作为标价符号的,法币没有被根据地

---

① 章学新主编:《任弼时年谱(1904—1950)》,中央文献出版社2004年版,第368页。
② 当时电文来往的有关情况,可参见吴殿尧主编:《朱德年谱(1886—1976)》中册,中央文献出版社2004年版,第771—772页。
③ 1938年1月,朱德、彭德怀、林彪、贺龙、刘伯承赴洛阳参加第一、第二战区将领会议。在此期间,朱德与蒋介石有过会面,但蒋对增加八路军军费及武器装备的要求未予理会。

限制兑换和排除流通,根据地货币也普遍采取将自身价值与法币绑定的做法。

不过即使这样,也已经足够让部分人如芒刺在背了。根据地的新发货币在复杂的军事政治环境中诞生伊始,就面对着来自重庆官老爷们的咄咄相逼。

二

延安发行光华代价券,引起了国民党方面的高度警惕。财政部长孔祥熙先生的函电很快到了。他指责代价券的发行是妨害币政的,应当予以严厉的取缔。这一很是鲜明且站位也不低的表态,得到了高层的认可。1938年8月,军事委员会便给他下了一道命令,"对边区政府等所发之辅券纸币,均应速加整顿取缔"[①]。驻在西北的程潜将军的函电不久也到了,相比孔部长气急败坏的责备,他的口气要婉转一些,主要是问询发行的原因。虽然没有仔细下去调研,但有让人报素材和写文章的心思,总比无所事事还是强不少的。1939年3月15日,收集了足够素材的程潜给蒋介石打了报告。他一方面指出发行代价券的行为是严重的,建议不再承认陕甘宁边区政府的合法性;另一方面,他也承认,发行代价券的背景是"陕北各地缺乏辅币影响人民生活与商业繁荣"。基于以上考虑,他提出,发行法币的四大银行最好能在陕北设个办事处,投放大量法币辅币以收兑流通中的光华券,对已经印刷还未发行、发行而已收回的光华券则予以销毁。鉴于此事造成的损失以及各方面

---

① 中国台北中国国民党党史馆藏特种档案:特4/90.6。转引自郭本意:《全面抗战时期山东地区国共铸币权之争》,《抗日战争研究》2018年第4期。

的"不良"影响,发行的法币要从八路军的军饷当中相应扣除①。

程潜的建议相当值得玩味。他是军人,是堂堂的天水行营主任,当然明白军队手里拿的是枪,而不是烧火棍。既然要扣减八路军的军饷,便意味着八路军仍然存在,而如此一来,又怎么可能会出现不承认陕甘宁边区政府合法性的情景呢?四行发行辅币的说法倒是有一些经济上的合理性,假设工作人员真到陕北摆开了摊子,中共也肯定没有充分的理由来拒绝。但现实当中,四行恰恰是无法做到这一点的。毕竟,全面抗战爆发之前,法币流通全国就受到过地方军事政治力量的抵制,更遑论抗战兵荒马乱之时了。在1939年3月国民政府第二次地方金融工作会议上通过的《维护币制信用问题案》中,也正式明确了放松地方银行发行货币的限制,"在战区省或地方银行,发行壹圆券或辅币券,全部仅限用于敌人控制区域及作战区域,不得在后方发行;各省银行或地方银行钞券,以在本省流通为限",至于其目的用意,则是"防止法币为敌伪吸收…活跃战区金融,抵制敌伪钞券,发放战区军饷,收购战区物资"②。很显然,该原则的确立是在法币无法在前方顺利、充分流通的前提下,对开展货币斗争、打击日伪金融实力的一种补救,而这一补救反过来正凸显了法币和四大发行银行的无能为力。因此,摆摊设点这样的方案建议能否实施,恐怕程潜本人都会打很多个问号。

不过可以肯定的是,以孔祥熙、程潜等人的文字为开端,国民党重庆政府及接受其领导的地方势力中的笔杆子,在接下来一定被货币、经济之类的词搞得甚为痛苦。前面说过,中共六届六中全

---

① 中国台北"国史馆"藏蒋中正"总统"文物档案:002-090300-00015-521。转引自郭本意:《全面抗战时期山东地区国共铸币权之争》,《抗日战争研究》2018年第4期。
② 王红曼:《中国近代货币金融史论》,上海人民出版社2011年版,第210页。

会之后，各根据地开银行、发货币到 1939 年已渐有星火燎原之势，而这个时间节点，又正好赶上了对中共极具戒心的国民党召开五届五中全会和确立"溶共、防共、限共、反共"方针。双方矛盾丛生、摩擦频发，金融领域也无法置身事外。由此，国民党方面自然涌现出了许多个"程潜"，围绕着钞票问题大做文章。前线下级要具文上告、收文部门要准确流转、高级领导要阅读批示、办理单位要草拟方案，"牵一发而动全身"，自然少不了饱读诗书的秀才们绞尽脑汁。文电的频繁往来，预示着国共双方在发钞权上的博弈渐入高潮。各处结果如何，难以面面俱到。下面就以华北地区的晋察冀和山东作为例子略作叙述。

先说晋察冀地区。晋察冀根据地大致占有今天山西、河北和内蒙古等各一部，是抗战开始后中共在敌后领导建立的第一块根据地。由于地处敌占区心脏部位，晋察冀根据地在整个抗战中具有重要的战略意义，而华北地方势力强大、日本渗透较早等历史原因，又使得该地区货币流通态势极为复杂。抗战前及抗战早期，除了法币，流通于此的还有河北省钞、晋钞以及其他各色土钞，百姓受此鱼肉，苦不堪言。1938 年 3 月 20 日，因应抗战带来的巨大财政压力和货币混乱带来的严重问题，晋察冀边区银行正式成立。在发钞初期，边币也面临着不被信任的风险，但随着抗日根据地的巩固，情形在几个月内就发生了改变。这从时任中共晋察冀分局书记的彭真在 1838 年 7 月发布的一份指示中可见端倪。这份名为《实施货币统制巩固边区金融的指示》的文件强调了边区境内只准流通边币、民众有保存法币的自由、法币需与边币等价兑换等原则，同时还有一句"（除法币外的其他土钞省钞）应一律按市价与边钞兑换"[①]。

[①] 《彭真传》编写组编：《彭真年谱（1902—1948）》，中央文献出版社 2012 年版，第 89—90 页。

以行政命令形式规定法币边币比价却又同时允许其他钞票与边币兑换价随行就市的做法，显示此时边币虽在吸引力上尚不能完全与法币比肩，但相对其他五花八门的货币，已经建立起了相当的优势和自信。

晋察冀边币的发行和渐入佳境，对缓解根据地财政问题起到了积极作用。根据统计，在1938年，晋察冀边币发行量有超过96%属于政府用款①。但这厢根据地政府压力稍缓，那厢便有人坐不住了。1939年4月15日和4月30日，朱德和彭德怀就先后接到来自国民政府军事委员会的两封电文，内容都涉及制止边币发行并限期收兑。中共方面的应对显得成竹在胸，前述第二次地方金融工作会议的省银行决议精神，正是回击的绝好依据。朱德遂于5月2日回电，指出"目前金融流通主要是靠地方流通券之发行，以法币作准备金，因为地方性质敌人便无法收买与抵制，法币信用方能提高，敌币伪币无法支配"②。

这一将对日伪斗争形势和国民政府自己声言的金融工作思路结合起来之回应，当然不能让重庆方面满意。从本心来说，重庆是一定想除晋察冀边币而后快的，但他们却选择了一条看上去十分有前途其实却完全没意义的道路，即富有自我满足特色、类似于"地图开疆"的"纸面解决"。国民政府军事委员会、行政院以及财政部的官员们很快发现，在朱德的回电到达后，他们就围绕着晋察冀边币问题开启了堪称马拉松般漫长的草案拟订、意见征求、会商办理、文电流转程序，而随着时间轴的延伸，参与讨论的单位和人员名单还在不断变长。地方省一级政府、掌握一定兵权在手的前

---

① 姜宏业主编：《中国地方银行史》，湖南出版社1991年版，第764页。
② 中国台北中国国民党党史馆藏特种档案：特4/90.1。转引自张燚明：《抗战期间国民政府对中共晋察冀边币的应对与处理》，《抗日战争研究》2014年第2期。

线将领肯定是无法在一边旁观的。发行法币的四大银行作为专业部门,肯定也有参与的必要,甚至连 1939 年 3 月才成立,以一贯反蒋的李济深为副主任委员、中共代表周恩来为委员、国民党左派人物邵力子任秘书长的花瓶组织——战地党政委员会也加了进来。日常生活表明,任何一件事情,让众人都参与讨论,当然会收获不少意见,但执行上未必有用;相反,有了推诿和分工的对象,反而可能会让情况变得更糟。派系林立互不买账互相拆台,本就是国民政府和国民党内部难以根除的顽瘴痼疾,在这场货币论战中的表现则更可谓淋漓尽致。日子一天天过去,提案请示报告写出了不少,亲赴实地调查研究好像也搞了许多,慷慨激昂的论调不乏,却愣是拿不出一个真正可资执行的方案。极其不满的蒋介石在 1939 年 12 月曾致电行政院痛批,"此事系属华北整个党政问题,正在审筹对策,徒以文电制止恐难生效"①,但纵令摆出委员长的权威,他对推进此事取得实质性进展也显得无能为力。就这样,在延宕拖沓中,国共摩擦不断加剧,晋察冀边币地位则进一步巩固,遏制打压的难度越来越大,被国民党方面视为最有可行性的由四行发行辅币券的计划措施,也随着 1940 年 7 月 27 日四联总处的一份"关于在晋冀察方面择地设行一节,因各该地目前情形特殊,一时暂难办理"②的复电而最终灰飞烟灭。

再看山东特别是中共发行货币较早的胶东地区。山东地区最为典型的中共发钞机构当属烟台的北海银行,所发货币则为北海币。与晋察冀更为靠近中共在敌后领导的首脑部不同,胶东地区

---

① 中国台北中国国民党党史馆藏特种档案:特 4/89.1。转引自张燚明:《抗战期间国民政府对中共晋察冀边币的应对与处理》,《抗日战争研究》2014 年第 2 期。
② 中国台北中国国民党党史馆藏特种档案:特 4/89.21。转引自张燚明:《抗战期间国民政府对中共晋察冀边币的应对与处理》,《抗日战争研究》2014 年第 2 期。

毗邻大海,独立斗争的特点更加鲜明,其银行的成立也更有一番故事,属于必然性与偶然性交织的产物。言及必然性,在于山东的货币状况。与华北许多地方类似,抗战开始后,山东的货币秩序也非常混乱。韩复榘弃鲁、中央银行将法币和现银南运,导致山东的金融体系迅速陷入无政府状态:日伪发行的货币、军票横行肆虐于大城市和铁路沿线,国民党驻山东部队则纷纷在各自防区内发行流通券,强制人民使用,前后竟不下50种之多①,连许多地主、商号也有样学样,滥发纸币、浑水摸鱼。言及偶然性,则是在银行的建立过程中,民族资本家发挥了重要作用,其筹备甚至远早于中央指示的下达。1938年3月,胶东党委在烟台地区发动武装起义,占领了掖县、黄县和蓬莱,并意外获得了1 000余两的黄金。而此时,青岛中鲁银行经理张玉田在回掖县老家途中遭到国民党第五战区部队抢劫,便向共产党的部队寻求避难。掖县县委书记郑耀南赠予张玉田钱粮,助其渡过生活难关,令后者大为感动,极表愿为家乡父老和抗战效力之心。在此期间,不忘本行的张玉田向中共提出了筹建银行之议,地方领导从善如流,很快推进落实,经过一番商议遂成定案。1938年12月1日,北海银行正式开业并发行货币,以张玉田为经理并牵头组建管理班子。大会并宣告,北海币与法币等价流通、随时兑换,禁止在三县范围内使用日伪货币,违者处罚没收。特别有趣的是,北海银行是以股份有限公司形式集资组建的②,并设有董事会。而据亲历者回忆,这样的一个决

---

① 王士花:《北海银行与山东抗日根据地的货币政策》,《史学月刊》2012年第1期。
② 银行筹建议定资本金25万元,其中八路军山东纵队五支队出资7.5万元,掖县、黄县、蓬莱各由经济委员会形式派购出资6.5万元、5.5万元、5.5万元。但实际成立时,实际股金为掖县募资5.5万余元、黄县募资4.5万余元,蓬莱因遭敌人进攻未能募资,五支队因经费紧张未出资。具体情况可以参见中国人民银行金融研究所、中国人民银行山东省分行金融研究所编:《中国革命根据地北海银行史料(第一册)》,山东人民出版社1986年版,第29—31页。

策,"党委没有专门开会讨论"①。八路军在战火纷飞的黄海之滨,不经意间就走到了金融发展的时代前列。

北海币的出现当然也摆脱不开国民党的视线和反对。由于根据地面积较小,国民政府方面对北海币的攻势要比对晋察冀边币凌厉得多。加之与日伪交战不断,根据地军事压力巨大,北海币的生存环境复杂恶劣。银行开业不久,伪军便大举进攻蓬掖黄三县,北海银行只得转移到山区,人员离散、业务停顿,同时迫于时任山东省主席、山东保安司令、国民党山东党部主任委员沈鸿烈的压力,一度被"取消"②,连原经理张玉田都带着黄金、账册和印钞票版,投奔国民党去当莱阳县长了。直到 1939 年 5 月,在中共中央关于在山东对国民党退让过多的严厉批评和的指示下,胶东党委才开始着手重建北海银行,并在历经艰苦后于 8 月复业。嗣后,国民党在《限制异党活动办法》的框架下,先后组织陈瑞、尹任先、章乃器等经济学家对共产党发行货币进行论证和提出处理意见,在山东方面则由沈鸿烈具体出面负责推行重建山东民生银行、发行地方流通券、严防法币外流等措施。沈是一个"有能耐"的官僚,除了经济手段以外,他还积极操弄舆论,"大帽子"和"大棒子"一起飞舞,比如宣布北海币是伪钞、散发反共文件,甚至还宣称"谁使用北海银行钞票谁就是汉奸"③。

很容易发现,相比晋察冀,国民党在山东的力量要强大一些,所采取措施的实质性更强,杀伤力也更大。面对沈鸿烈的攻势,中

---

① 中国人民银行金融研究所、中国人民银行山东省分行金融研究所编:《中国革命根据地北海银行史料(第一册)》,山东人民出版社 1986 年版,第 20 页。
② 王士花:《北海银行与山东抗日根据地的货币政策》,《史学月刊》2012 年第 1 期。
③ 原文出自《大众报》1939 年 6 月 15 日。转引自郭本意:《全面抗战时期山东地区国共铸币权之争》,《抗日战争研究》2018 年第 4 期。

共山东分局先后通过完善北海银行总分行结构、集中发行工作、扩大辅币发行规模、注重保护法币等不同方式予以反制。一旦双方短兵相接，中共在基层的政权和组织优势就开始显露出来。例如，中共通过发放低息贷款的形式，积极推动货币进入生产领域，促进了农村纺织业、榨油业的发展，夯实了根据地的财经基础，既救济了难民，又争取到了小商人的积极支持。又如，中共充分发挥基层宣传善写标语的长处，扩大宣传北海币打击敌伪、使用北海币就是经济抗战等等。由于在统一战线下注重政策的灵活运用，坚持保护法币而非敌对法币，以及根据地政权相对巩固，沈鸿烈彻底消灭、驱逐北海币的设想终未实现。

从以上例子可以清晰地看出，在战争条件下，有军队方有政权，有政权方有财权和金融权。国共货币金融之争源于军权、政权之争，决定其结果之锁钥，也必在军权、政权力量之消长。对在正面战场一溃千里的国民政府来说，要"以我为主"地消灭边币，只能是无源之水、无本之木，近乎痴心妄想，但共产党金融乃至各方面力量的扩大又令他们更加焦躁不安。而对中共一方来讲，明知国民党反共之意盎然、双方微妙合作关系必不能久，又要在统一战线下努力维持法币，也是具有相当难度的挑战。很明显，这种短时期的僵局只是一个脆弱的平衡，它注定是要被打破的。

事实上，它很快就被打破了。

三

1941年是个重要的年份，年头年尾两件事情的发生，让国民党、共产党及日伪三方之间的货币关系发生了根本性的变化。当年1月6日,奉令北移的皖南新四军军部直属部队等9000余人在泾县茂林地区遭到国民党7个师军队的袭击,军长叶挺被俘,副军长项英、参谋长周子昆、政治部主任袁国平及全军大部死难。蒋介石旋即诬蔑新四军"叛变",宣布取消其番号。"皖南事变"的爆发令国共关系进一步恶化,公文一向写得不错的国民政府,便顺势将自己文件中本已很不怀好意的"某党"一律改为"奸党"。共产党当然也有动作。事既至此,一直被各种文电压着的货币问题,也就到了不能不有所动作的时候。不久,陕甘宁边区方面便正式宣布发行货币,除辅币外,更发行1元、5元、10元本位币,同时停止法币在公私交易中的流通①。以上做法很快在各地不同程度铺开,包括山东在内的根据地亦参照延安做法,开始发行元以上本位币。当然,在这一时期,保护法币的字眼仍可在中共方面的文件中找到,许多根据地也没有完全禁止法币的流通②,但毫无疑问,这是共产党的货币第一次开始与法币进行切割。

12月初太平洋战争爆发后,日伪利用法币套取外汇已成历史,对法币的态度由利用转向打击,并试图将大量法币排向后方与抗日根据地,在吸取物资的同时输出通胀。这使得法币不仅在政治上不再是共产党和根据地的盟友,在经济意义上也成了严重的威胁。例如,著名经济学家薛暮桥回忆,仅仅在1942年,就有面额达数亿元的法币流入了山东抗日根据地,同时有相应数量物资流出,而法币的贬值,则让实际持有者蒙受巨大的损失③。妥善处理

---

① 1941年1月30日,陕甘宁边区政府发布《关于停止法币行使的布告》,宣布自即日起停止法币在边区境内流通;1941年2月18日,正式宣布发行陕甘宁边区银行币。

② 譬如山东根据地便没有停止流通。此外,在历史上看,也有地区早先便停止了法币流通。例如,1940年2月,晋察冀边区即停止法币在市面流通。

③ 薛暮桥:《山东抗日根据地的对敌货币斗争》,《财贸经济》1980年第1期。

与法币的关系,维护自身货币体系的相对独立性,保障根据地金融稳定和财政可持续,成为更加突出的问题。

从货币角度来说,是否妥善解决了以上问题,标志在于根据地货币与法币、日伪货币的比值是否坚挺,以及根据地物价是否能保持相对稳定。货币坚挺,则人民乐于接受,若货币孱弱,即使三令五申,亦终将被人民抛弃。各根据地尽管具体情况不同,但在适用的经济规律上并没有差异,共产党人必须找到自身发行货币的锚定。

1942年2月5日,中共中央颁布了《中共中央财政经济部有关法币贬值各根据地应采取的对策的指示》,指出在币值上要与法币断绝联系,在经济上要实行反封锁、发展生产;在政治上要宣传法币跌价的必然性,并在各主要地区压低其价格,以边币换吸法币,保障和扩大边币流通范围。在这一指示精神的指导下,各根据地先后开始正式走上排斥法币的道路。同时,在实践过程中,还逐步确立起巩固边币信用的办法——发展生产和掌握粮食物资。必须承认,这一过程并不是一帆风顺的,在一开始甚至遇到了相当的困难。山东根据地就是个相当具有代表性的例子。相较于陕甘宁等地,山东根据地是较迟在行政命令上禁止法币流通的。其一开始的做法是人为压低法币比价。例如,1942年1月,规定北海币为本位币,对法币实行7折、8折、9折使用,但实际效果十分有限,除了胶东半岛外,大部分地区反而出现了法币黑市价值高于北海币、物价上涨难以抑制的现象[①]。这一情况直到1943年初,著名经济学家薛暮桥等来到山东根据地并被留下协助解决财经问题后,才开始出现改观。从总体上看,薛暮桥提出和执行的是经济手段

---

① 王士花:《北海银行与山东抗日根据地的货币政策》,《史学月刊》2012年第1期。

和行政手段并重、以经济手段支持行政手段的方案：一是正式停用法币。北海银行总行所在的滨海专署发出布告，决定自1943年7月21日起停用法币。中共山东分局也专门发出关于停用法币的指示，提出具体办法。二是鼓励法币流出换取物资。除民间外，北海银行也将原本用于发行保证金的法币送往敌占区换回物资。三是建立以农产品为基础的货币发行回笼机制和以物资贸易为基础的市场化货币定价机制。具体来说，就是将货币发行份额的一半交由工商局，在上市季节以收购农产品为渠道进行投放。而到春荒时，则投放农产品回笼货币，从而将货币发行和生产连为一体，以保持物价相对稳定。同时，根据地还鼓励将剩余的食盐和花生油卖出到敌占区，变卖成法币和伪币后再购买包括军用物资在内的商品，以动态调节边币与伪币、法币的比值①。上述措施带来了令人吃惊的成绩。从币值来看，1943年7月以前，法币和北海币基本等值，到冬天即下跌为6元法币兑1元北海币；1943年夏秋季节，日伪发行的联银券每元兑北海币约8元，到1944年夏即降为等值，到1945年1月更跌至1元仅合北海币1角5分。从物价来看，以北海币表示的物价指数，若以1944年1月为100，则1944年6月、1945年1月分别为109、98，保持了极强的稳定性②。从流通区域看，伪币和法币在根据地完全绝迹，而游击区乃至敌占区的人民也开始乐于接受北海币③。

据薛暮桥本人讲，在抗战胜利后，曾有一位美国记者到山东解放区采访他，说北海币既无金银储备，也无英镑、美元支持，更无法

---

① 薛暮桥：《山东抗日根据地的对敌货币斗争》，《财贸经济》1980年第1期。
② 申春生：《山东抗日根据地保持币值和物价稳定的措施》，《山东社会科学》1995年第3期。
③ 同①。

定含金量,到底是采取了什么本位,才保持币值和物价稳定的呢?薛回答这位记者说,北海币实行的是"物资本位"[①]。

四

尽管各根据地的情况不太相同,具体的做法也有差异,但最终将货币和生产、物资、贸易进行联系,建立起类似薛暮桥所称的"物资本位",则是很一致的。

这种看起来土里土气的做法最后竟然取得了成功,大概会让在后方为货币天量发行、物价奔腾不止而苦恼的国民政府官员大跌眼镜。是八路军运气好吗?是八路军宣传的思想让人民放弃了"经济人"假设吗?如果不是的话,那这些既没有去海外留过学,也没有拿过经济学博士学位、硕士学位的人,又是如何做到这一切的呢?

只能说,他们真的是太土了、太穷了,穷到只能和基层民众混在一起,穷到没有外援可以依靠,只能靠自己奋斗。而在这一磨砺当中,他们开始真正意识到了货币、经济这些高端词汇所依赖的基础,总结出了属于自己的一套朴素的政治金融学。

来看看几段八路军的经验文字吧。

1942年5月,曾就读北京大学、当时任职于晋察冀边区行政委员会的宋劭文总结道,"有抗日政权才有我们的阵地,有阵地才有边币的阵地"。"金融稳定由物价稳定表现出来(物价稳定则货币的储藏数量会增多起来),各种物价,在农村决定于粮价,因此掌

[①] 薛暮桥:《山东抗日根据地的对敌货币斗争》,《财贸经济》1980年第1期。

握粮食(当前重要的是军货)保证军食民生,是稳定金融的基本环节","有阵地,有物资,有市场打击伪钞才有效,因此打击伪钞不只是一个简单的宣传工作,我们必须有打击伪钞的组织工作"[1]。

同样是1942年,冀中区行署在其一份文件中批判了国民政府法币政策。作为一面镜子,也可以映照出中共当时对货币和经济的理解:"任何国家在战争时期,货币必然跌价(美元最近也大跌)但法币跌价超出一定范围:(1)没有正确的财政政策,没运用量入为出、量出为入相配合的正确政策,专靠通货膨胀增加人民负担,无限的增发来供给浪费的开支。没有认真地开源,没有认真的节流。(2)没有正确的经济政策,没有认真扶植发展工业建设,力求自力更生⋯专依靠外援解决问题,没有认真克服投机⋯没有认真的管理外汇。(3)没有施行正确政策的机构⋯没有发动起民众来"[2]。

在残酷的战争环境下,这样的认识可谓一针见血。而这样的理论总结竟能相当普遍地存在于中共的地方政权组织当中,不禁令人啧啧称奇。

五

如果重新回到国、共、日伪的三方格局中,其实不难发现,中共最初所处的博弈位置其实是最不利的,他们的物质条件也是最差

---

[1] 晋察冀边区财政经济史编写组、河北省档案馆、山西省档案馆编:《抗日战争时期晋察冀边区财政经济史资料选编(第四编)》,南开大学出版社1984年版,第707—709页。

[2] 同[1],第717页。

的。比起国民政府,他们印制不了精美的纸币,也没有高大上的美元、英镑做货币的支持,但在抗日战争的硝烟中,他们的货币最终没有被消灭、没有被抛弃,甚至从某些方面看,其表现比在日本人面前节节败退的法币要有亮点得多。

因为他们能理解到组织力量、行政力量、军事力量在巩固战时金融当中的基础作用,他们对这些要素的掌握要强于任何对手;因为他们在实践中看到了经济基本面决定金融和货币活动,而单独强调金融变量并无实质意义,就像薛暮桥所说,"我们用这些生活必需品来作货币的发行准备,比饥不能食、寒不能衣的金银优越得多。根据地人民是欢迎我们这种货币制度的,他们不要黄金,更不要美元和英镑"①。

粮食和物资本位的货币观,就这样在八路军身上打下了无法磨灭的烙印。尽管他们的理解来自战争时期,而且不可避免地会带有区域和时代的局限性,但他们终究意识到了货币和金融活动不是孤立的现象,而是社会、制度、环境的内生产物。最关键的是,他们不仅看到了,还有能力做到。

当然,无论在什么时候,货币和金融活动都不会是孤立的存在。

---

① 薛暮桥:《山东抗日根据地的对敌货币斗争》,《财贸经济》1980年第1期。

算盘作响 民心散沙

内·生·的·挣·扎

一

　　1945年8月15日,昭和天皇告其所谓"忠良臣民"的"玉音"公开播放,日本正式宣布无条件投降。闻听此音,有人呆若木鸡,有人热泪盈眶。浴血八年,终获胜利,中国人民无不欢欣鼓舞。医家云:病来如山倒、病去如抽丝。从持续已久的战争状态中走出来回到和平时代,对一个国家来说,也如身染沉疴逐步复原一般,必然需要一个过程。各项措施也只有小心统筹,方可调治得当。居于重庆一隅的国民政府,前一年刚刚在日军强弩之末的"打通大陆交通线"攻势面前一溃千里,丧师六十万、失民六千万,丢弃国土超过二十万平方公里,与世界其他反法西斯战场形成鲜明对比,其后方甚至被记载"已毫无生气可言"[1]。怎么样把失去的一切接收回来、恢复起来,看起来并不是一件能允许国民政府的政要们心情放松、仔细筹谋的事情。

　　如果接收只是无条件、单方面的白拿,恐怕并不需要怎么费神。问题在于,作为政府,恢复行使主权,不仅意味着可以得到更多资源,也意味着需要承担更多的责任。权利和义务总是对等的,大后方的人民是人民,沦陷区的人民也是人民,而且是盼王师如大旱之望云霓的人民。如何让他们满意并真心认同,是接收一方首先要解决的问题,而建立这种认同,其实就是要构建政府与人民之

---

[1]　张嘉璈著,于杰译:《通胀螺旋》,中信出版集团2018年版,第76页。

间合理的权责与利益分配关系。

这种权责和利益的分配关系涉及方方面面，其中也包括货币。日寇蹂躏神州多年，烽火兵燹之余，也培植起了林林总总的各种发行银行以及相应的伪币。例如，在当时的东北、蒙古、华北和东南、台湾等地，就先后成立了伪满洲中央银行、伪蒙疆银行、伪中国联合准备银行和伪中央储备银行、台湾银行。在战争时期，日伪货币曾充当过重要的物资掠夺之手，当战争宣告结束，这些伪币自然也应该像它们诞生时所依凭的傀儡一样，被扫进历史的垃圾堆。但从社会现实来讲，除去背后的政治象征，流通的敌伪钞票到底与扔在路边臭气熏天的垃圾还是很不一样的。它们发行的时候，原本就多是收兑了沦陷区人民手中的法币，它们投入使用的时候，也毕竟多少履行过价值尺度、贮藏手段、流通手段等职能。币虽为伪币，民却绝非伪民。日伪发行的货币也凝结着沦陷区人民的财富与血汗，允许继续使用固然毫无道理，不给对价强制没收也是蛮不讲理的。要实现旧去新来，必须设计一整套机制。

对这套机制的设计，国民政府并不是毫无动作。早在 1943 年，国民政府便曾要求下属的各部门单位草拟关于战后复员的计划。所谓"复员"，便是武装力量和政治、经济、文化等各部门从战时状态转入平时状态之意。那么货币要怎么从战时转向平时呢？有关这点的描述可以从四联总处搞出的一份《战后金融复员计划》里找到，其主要思想是法币仍将作为战后的唯一流通货币，而敌伪发行货币则要限时退出流通。看得出来，这只是一个虽然非常必要且正确，但也十分原则和笼统的规定。这样的文件与其说是一份缜密的计划，不如说只是一个粗线条的纲要。至于制订如何配合以及稳妥保障这一目标实现的细则，有关部门显然觉得还为时尚早。

1944年7月,国防最高委员会第141次常务会议正式通过了在各部门提交素材基础上汇总的复员计划稿。其中关于货币和金融的部分指出,"复员期间收复区、光复区所需钞券,应由中央银行充分准备及时运达,以应需要;散在收复区之敌伪钞票及公债、社债等,应立即停止其流通,限期收集,分期清理,其超过担保品价值部分,应作为战后对敌要求赔偿之一部"[①]。比起1年前的计划,这些规定相对具体了些,但在关键的执行部署上,仍然是空白一片。

　　抗战最终胜利消息的传来,使得复员计划的进一步细化再也不能有片刻的耽误和拖沓了。1945年8月12日,已经可以确定日本帝国要完蛋的重庆方面,召开了国民党中常会和国防最高委员会的联席会议,对接下来将要推进的事情进行协调分工,规定由军事委员会负责受降和处置伪军,中央秘书处负责对伪组织的处理,行政院则负责伪钞和复员计划。党归党,政归政,军归军,民归民,划分倒也得当、清楚,如能照此执行,肯定是简洁明了无疑。但接收和复员到底只是恢复秩序的一部分,而并不是和平时代要被确立的秩序本身,要把各个条线分块搞得清清爽爽、泾渭分明,实际上是既不可行,也不可能。相比于联席会议上议定的内容,此时的实际情况则是,重庆国民政府既没有可用于执行的统一的预案计划,也没有相应的配套措施,更缺乏足够的经过严格训练的接收干部与工作人员。接收其实也是一场战争,但比血火沙场来说,少的是腥气,多的是技术含量。以极不充分的准备去具体应对,能否在各条战线上都取得胜利,是值得怀疑的一件事。不过时间急迫,即将到来的庞大复员过程,也只能是在各行其是的氛围中展开了。

---

　　① 秦孝仪主编:《中华民国重要史料初编:对日抗战时期》第七编《战后中国》第四册,中国国民党中央委员会党史委员会1981年版,第361页。转引自郑会欣:《关于战后伪中储券兑换决策的制定经过》,《文史哲》2012年第1期。

作为金融领域的高官和政策制订的重要负责人之一，在早期就参与中央银行筹备、当时仍任中央银行副总裁的陈行，于8月13日给蒋介石上了一道呈文，称"金融复员自应与军事、政治力量同时推进"，并认真指出"处理敌伪钞券及法币复员工作，允宜审慎周详，以免影响善良人民之生活，而陷收复区域于不安"①。无论是出于良心还是专业，陈行的以上表述都可圈可点。如果真能照此实现，可谓是功莫大焉。

不过于人们很快就发现，军事、政治等各种力量的同时推进，虽然可能会带来效率的提升，但绝不是一定能保证事情走向预期的方向。而善良人民生活受影响、收复区陷于不安的糟糕情景，恰恰就在军事、政治力量的同时推进下成真了。

二

概括起来说，金融复员的核心，也是牵涉最广的部分，就是敌伪货币是否收兑、何时收兑以及如何收兑的问题。考虑到敌伪钞票必定会被停止流通，这三个问题显然又以确定比价最为重要，也最具有不确定性。日伪发行钞票多种，其中影响最大、辐射地区经济最为发达的当属"中储券"，那么中储券与法币之间的比值几何呢？

根据国民政府情报人员留下的记录，在1945年3月至5月间，尽管存在上下波动，但法币和中储券比价的中枢水平基本保持在1∶3左右。例如，3月初至4月下旬，上海地区市面上每100

---

① 中国台北"国史馆"藏国民政府档案：001-084100-0005。转引自郑会欣：《关于战后伪中储券兑换决策的制定经过》，《文史哲》2012年第1期。

元法币与中储券的比价一度由300余元升高到六七百元,但随后又跌回300元左右;同期在徐州,这一比价则在180—250元之间浮动;5月中旬,江西九江地区的这一比价也在300元上下。① 可见,在这一期间,中储券与法币比价尚称稳定,数字上也并不离谱。

不过,随着时间的推移和形势的变化,这一比价很快发生了大幅变化。货币代表的是政府的信用,中储券能兑换多少法币,自然暗含了市场参与者对汪伪政府及其主子前途的预期。反法西斯战争进展越顺利,日伪崩溃的可能性越大,则其发行的货币自然便越不值钱,这肯定是毫无疑问的。比如说,在5月中旬,东南大部地方比价仍相对稳定时,邻近香港、受盟军反攻消息影响较大的广州地区,法币对中储券比价就已突破了1∶10②。必须指出,对市场主体来说,尽管这一变化的方向是确定的,其幅度本身却还会受到预期管理等因素的多重影响。假如国民政府此时能就敌伪货币的处置释放出更多的信息,当然可以给人民更明确的指引,也能让市场上的货币比价找到更合理的"锚"。但战争虽然眼见着就要结束,国民政府对敌伪货币的态度和具体措施,却始终犹抱琵琶半遮面。日本投降的消息,宣告沦陷区人民和伪政府之间的博弈模型终止运行,但刻画人民和国民政府之间关系的模型,却还缺乏许多的参数。这必然大大扰乱百姓的预期,引发带有不安情绪的猜测。逃离风险资产,将烫手山芋脱手,成为在有限信息集合基础上必然的理性选择。于是,敌伪政权的倒台叠加风险溢价的上

---

① 林美莉:《抗战时期的货币战争》,"国立"台湾师范大学历史研究所1996年版,第274页。转引自郑会欣:《关于战后伪中储券兑换决策的制定经过》,《文史哲》2012年第1期。

② 同①。

升，使原沦陷区出现了大量抛售中储券的浪潮，带动其与法币的比价如雪崩一般下跌。到9月上旬，南京法币对中储券的比价已达到约1∶134，至中旬更升至1元兑200余元。比起几个月之前，可谓是天差地别了。

除了市场主体预期的影响，来自内地的接收队伍的举动，也在客观上给中储券带来了贬值的压力。最早到达东南沦陷区的军队和官员们，虽然随身携带了少量法币，但并不敷使用，其购置各样所需的交易媒介仍以中储券为主。尽管汪伪的中央储备银行已经要走到历史的终点，此时却仍被要求维持市面，并发钞以备各方需要。在这一时期，接收的国民政府军政人员发现，他们要钱是如此的容易，竟到了"接收大员只凭一纸便条，中储即照数付款"[①]的地步，而与之相对应的，则是中储券发行量的快速增加。根据陈行的报告，1945年8月10日至9月12日，在仅仅30天左右的时间里，中储券的发行量就达到了2.17万亿元，而根据战后详细的统计结果，中储券的全部发行量也不过只有4.62万亿元。这些增发的货币，除了一小部分是汪伪机构发放的所谓遣散费，绝大多数都被国民党用于收编汪伪军队和机关回迁了[②]。短期之内，大量货币流向社会，对中储券购买力的影响，是不言而喻的。

但应该说明的是，尽管存在市场预期不稳和短期超发的因素，中储券价值的最大威胁，始终还是来源于国民政府部门对其官方兑换率不明朗的态度。尽管9月6日行政院就已经颁布《收复区财政金融复员紧急措施纲要》，但根据现有的资料可以发现，至少

---

① 朱子家：《汪政权的开场与收场（第一册）》，春秋杂志社（中国香港）1959年版，第118—119页。转引自郑会欣：《关于战后伪中储券兑换决策的制定经过》，《文史哲》2012年第1期。

② 戴建兵：《浅论抗日战争胜利后国民政府对战时货币的整理》，《中国经济史研究》1995年第3期。

到9月中旬,国民政府内部关于如何处置敌伪货币,仍然存在不少争议。在手持笔杆子的政府部门和手握枪杆子的军事部门之间,其关于敌伪货币的做法,诸如是否准予流通、流通可到何时,总无一致可言。特别是行政部门没有明确规定法币与中储券的兑换比例,而陆军总司令部则在9月11日发布的公告中,非正式地将1∶200的比率确定了下来。这些情况都进一步加剧了市面的不安与混乱。蒋介石在9月16日的日记里这样写道,"此时币制、金融、物价、金价、伪币之复杂动荡之险象,实与接收降敌、接收东北与处置俄国对新疆之方针,其危状相等"[①]。作为战胜国中央政权的最高领导人,竟用"危状"一词来描述当时有关金融、物价、伪币的事宜,应该说是很不寻常的,可见蒋此时紧张和担忧心态之严重。

直到10天之后,真正具体的《收复区敌伪钞票及金融机关处理办法》和《伪中央储备银行钞票收换办法》才姗姗来迟,与大众见面。如政府文告法令大多要在抬头写一段话以示其必要性、可行性一般,颁布以上两项办法的财政部称其目的是为了让"伪中储券流通区域之人民生活及市场交易得趋安定,而币制亦得以整理肃清"[②]。不过仔细思量两项办法中的内容,却不免让人觉得其与财政部在8月的一份签呈中提出的"对于敌伪钞票之处理,似亦应顾及人民生活之困难,以符政府爱护之本意"[③]相违背。因为最新的办法规定,中储券与法币的兑换率为200∶1,收换期为1945年11

[①] 《蒋介石日记》,1945年9月16日,存美国斯坦福大学胡佛研究所。转引自郑会欣:《关于战后伪中储券兑换决策的制定经过》,《文史哲》2012年第1期。

[②] 原文出自《中央日报》(重庆)1945年9月27日。转引自郑会欣:《关于战后伪中储券兑换决策的制定经过》,《文史哲》2012年第1期。

[③] 中国台北"国史馆"藏国民政府档案:001-084100-0005。转引自郑会欣:《关于战后伪中储券兑换决策的制定经过》,《文史哲》2012年第1期。

月 1 日至 1946 年 3 月 31 日,逾期不换者一律作废。这一兑换比例原封不动地继承了军方此前的做法,虽然看上去和此时市场上形成的价格接近,却与中储券背后的基本面因素完全脱节。从发行准备看,中储券虽是伪政权的货币,却不能说是没有丝毫责任感而滥发的废纸。相反,中储券不仅拥有发行准备,而且看上去还相当充足。据担任过中央储备银行总裁的周佛海,也就是那位早年曾经加入又脱离共产党、后来又转向国民党、再追随汪精卫投日的汉奸交代说,支撑中储券发行的资产至少包括金条 502 310 两、美金 550 万元、日圆 923 万元、白银 764 万两、银元 33 万元、伪政府公债 2 280 亿元、日本公债 20 亿元。此外,还有一些股票和不动产[1]。从物价水平看,以上比例的不合理性就更明显了。1945 年 8 月,重庆批发物价指数(以法币计算)为 179 500,而同期上海批发物价指数(以中储券计算)则为 8 640 000,两者比值为 48∶1,而如果考虑整个后方的批发物价水平,则比值将进一步缩小到 35∶1[2]。

表 13.1　重庆与上海批发物价指数对比(1944.1—1945.8)

时间	重庆	上海	时间	重庆	上海
1944.1	21 824	21 438	1 944.11	50 680	152 279
1944.2	26 605	27 589	1 944.12	54 860	250 970
1944.3	36 219	34 178	1 945.1	65 860	312 771
1944.4	10 350	32 898	1 945.2	91 471	423 650
1944.5	48 300	38 267	1 945.3	118 900	580 938

---

[1] 原文参见《首都高等法院检察官讯问笔录(1946 年 9 月 24 日)》,收入南京市档案馆编:《审讯汪伪汉奸笔录(上册)》,江苏古籍出版社 1992 年版,第 124—125 页。转引自郑会欣:《关于战后伪中储兑换决策的制定经过》,《文史哲》2012 年第 1 期。

[2] 对华北联银券的兑换比例确定,也存在与中储券相似的这一问题。通过物价比较,合理比例应为 1 元联银券兑 2 元法币,但实际颁布的比例则是 5 元联银券兑换 1 元法币,两者相差 10 倍。

续 表

时间	重庆	上海	时间	重庆	上海
1944.6	54 470	57 574	1945.4	129 610	643 414
1944.7	49 721	63 428	1945.5	148 000	803 580
1944.8	46 421	61 807	1945.6	155 300	3 830 056
1944.9	47 180	74 218	1945.7	164 500	4 188 660
1944.10	47 225	114 150	1945.8	179 500	8 640 000

资料来源：数据原始出自《重庆廿二种基要商品趸售物价指数(1937—1945年)加权几何平均数》(《中央银行月报》新二卷上册)、《上海廿三种基要商品趸售物价指数(1937—1945年)加权几何平均数》(《中央银行月报》新二卷上册)。转引自中国人民银行总行参事室编：《中华民国货币史资料(第二辑)》，上海人民出版社1991年版，第387—388页。其中，重庆物价指数按法币计算，上海物价指数依据中储券计算，均以1937年1—6月为基数100。

很明显，如果从资产定价的角度来说，200∶1的比值是个充满情绪与投机因素的价格，是一把扭曲的尺子。以错误的尺子衡量物体，是十分危险的。然而，就是这个因国民政府不及时作为、不得当作为形成的结果，最后却偏偏被堂而皇之地确认了下来。该办法一经颁行，便在事实上正式宣告了原沦陷区伪币持有者的财富将被大大剥夺。

如此法令为何最终通过，可能原因多样，但有两点恐怕是无法否认的。其一是国民政府人员的心理认识偏差和过分自信。他们认为，中国战胜日本是公义的体现，而伪政权留下的一切都是非正义的糟粕。中储券既然是敌伪发行的货币，就没有理由享受更高的定价，即周佛海所言的"(他们认为)储备券乃敌伪所用之伪币，故应压低其价"[①]。其二则是屁股决定脑袋的利益问题。从后方

---

① 公安部档案馆编：《周佛海狱中日记》，中国文史出版社1991年版，第92页。转引自郑会欣：《关于战后伪中储券兑换决策的制定经过》，《文史哲》2012年第1期。

手握本已不怎么值钱的法币来到沦陷区的人们,因为不合理的比价,已经在短期内享受到了迅速变富的快感,以至于时人描述说,"陪都来沪接收人员,均有腰缠十万贯,骑鹤上扬州之感"①。通过币价实现的利益分配惠及了每一个从西南一隅来到江浙沪的法币持有者,并不以道德水准高低而有分别。一贯反贪反腐、倒孔倒宋的国民党中央执行委员、国民参政员黄宇人晚年回忆,他带着在大后方根本算不上什么的50万法币来到沦陷区,以此兑换到了1亿元伪币,除购置了一幢四合院之外,还购买了不少家具以及家人的衣物②。这种因币价悬殊而产生的既得利益,一经获取再要纠正何其难也。同盟会元老、在抗战胜利后已是第三次出任南京市长的马俊超在向蒋介石的一次报告中也提到,"伪币价格约合法币二百元,若按法币价值计算,物价尚觉低廉"③,可以说他十分客观与平淡地描述了这种经济上获益的情形。作为读书人的他,应该对白居易那句"半匹红绡一丈绫,系向牛头充炭直"不会陌生,曾经长期参与劳工工作的他,估计也未必会因占了沦陷区老百姓便宜而心中狂喜。但他在汇报时,的确是把这个作为秩序安定的好消息的。

满意的人不止前往沦陷区接收的大员们。蒋介石此时也认为,"沦陷区华中伪币与后方金价问题亦已如期解决,民生经济当可渐稳,物价则已大落矣"④。看来,他是真的把前不久还悬在半

---

① 颜公平:《抗战胜利后国民党对沦陷区的"劫收"风潮》,《文史月刊》2007年第3期。
② 黄宇人:《我的小故事(下册)》,1982年自印本,第8页。转引自郑会欣:《关于战后伪中储券兑换决策的制定经过》,《文史哲》2012年第1期。
③ 秦孝仪主编:《中华民国重要史料初编:对日抗战时期》第七编《战后中国》第四册,中国国民党中央委员会党史委员会1981年版,第24页。转引自郑会欣:《关于战后伪中储券兑换决策的制定经过》,《文史哲》2012年第1期。
④ 《蒋介石日记》,1945年9月"上月反省录",存美国斯坦福大学胡佛研究所。转引自郑会欣:《关于战后伪中储券兑换决策的制定经过》,《文史哲》2012年第1期。

空中的心放下了。

只是，货币带来的幻觉并不能持久，利益被行政力量通过金融手段强行再分配的后果，很快就将显现出来。

三

比购买力平价高出4倍的货币兑换率，点燃了物价飞涨的导火索。低价限期收兑，令原沦陷区的人民加速抛弃伪币，竞换法币和竞购物资。根据张嘉璈的回忆，在抗战胜利后，也就是1945年8月份的最后一周，全中国的物价曾突然下跌，许多囤积已久的物资涌入市场，甚至是半价销售。重庆的批发物价指数从8月的179 500下降到了9月的122 600，而上海按法币计算的批发物价指数也从8月的43 200下跌到9月的34 508。但这种现象只维持了很短一个时期，特别是在上海，从10月份开始，物价便快速反弹、扶摇直上，到12月已上涨到88 544，比8月份翻了一倍还不止[1]。江南精华之区的物价高涨，令国民政府高层感到忐忑，许多官员也开始纷纷报告这一现象出现的原因。身为一方主官的上海市长钱大钧在给宋子文的电报中，将主要原因归为物资的冻结与不足，但也不得不承认"市民因伪币之必废，不愿收藏，竞购货物""到埠盟军所持该国钞币价值较高，视本市物价较低，亦争相购买"[2]；而行政院副院长、本为粹然学者的翁文灏说话就没有那么遮遮掩掩了，他将矛头直接指向了财政部颁布的办法，"沪市物价

---

[1] 张嘉璈著，于杰译：《通胀螺旋》，中信出版集团2018年版，第78页。
[2] 宋子文档案：51-4，存美国斯坦福大学胡佛研究所。转引自郑会欣：《关于战后伪中储券兑换决策的制定经过》，《文史哲》2012年第1期。

近时骤涨,原因固不一端,但依文灏观察,兑换伪币之方法,似有主要影响"[1]。他同时还强调,由于收换有限额,收换地点又太少,使得很多人连一比两百的兑换率都享受不了。蒋介石收到的一份呈文也与此桴鼓相应。一位南京市民向他反映,由于按正常法定途径兑换太难,有人甘愿在此基础上再打七折或者八折,以求尽快将中储券脱手[2]。币价的跌落与物价的上涨是一个硬币的两面。他们描述的这种情形,无疑会让物价有更大的膨胀动力。

经济上的被剥夺感,很快演变成了政治上的失望和思想上的不满。原沦陷区的广大人民还没有从胜利的喜悦中回过神来,就被无边的失落感与惶恐感吞没了。真正的巨室大户早已将纸币变成了产业和物资。在货币收换中受害最深的,无疑是那些无所依靠的一般民众。他们纵令对兑换比、兑换期等规定深感困惑与不满,也因害怕被扣上汉奸的帽子而不敢去质询,但即便如此,倾家荡产之痛与心中愤恨却是无论如何也压抑不下去的。除了货币兑换以外,来自国民政府的官员军人们在接收中的其他胡作非为,又进一步在他们本已不堪的形象上再作了一次糟糕的涂抹。关于接收当中的种种丑闻难以一一列举,但从原沦陷区人民形容接收人员的"五子登科"[即房子、条子(金条)、票子(现钞)、车子和女子样样皆要,样样皆齐]短语,以及编出的"想中央,盼中央,中央来了更遭殃"歌谣中便可知情形之严重。切身体会痛苦的人民如此,国民党的高官们——至少在若干年之后——也认识到了这次经济利益再分配带来的恶果,李宗仁在他的回忆录中写道,"一纸命令下,收复区许多人民顿成赤贫了,而携来大批法币的接收人员则立成暴

---

[1] 宋子文档案:53-4,存美国斯坦福大学胡佛研究所。转引自郑会欣:《关于战后伪中储券兑换决策的制定经过》,《文史哲》2012年第1期。
[2] 郑会欣:《关于战后伪中储券兑换决策的制定经过》,《文史哲》2012年第1期。

富。政府在收复地区的失尽人心,莫此为甚"[1],陈诚则说,"接收接得一塌糊涂,其甚焉者,接收变成了'劫收',只弄得天怒人怨,为中外所不齿"[2]。

就这样,以政治腐败为基础衍生出来的金融决策,最终带来了经济上的极大危机,而经济上的危机又反过来加剧了政治危机。人民对国民政府的渴望、希望,在货币收换的算盘珠子拨动中,渐渐而成失望、怨望甚至仇恨。国民政府从抗战胜利者的巅峰开始坍塌的第一块多米诺骨牌,被货币推倒了。

四

既然整理收兑伪币的政策出了这么大的纰漏,那么这个极不合理的兑换率到底是谁拍脑袋确定的呢?

是不是此时仕途达到顶峰、正担任着行政院院长的宋子文呢?看起来可能性很低。他虽然是经济金融领域的专家,在这一块也很有发言权、决策权,但抗战胜利前后,他的主要工作精力都集中在和美苏协调外交事务上,一俟中苏友好同盟条约签订,便飞往华盛顿争取美援,继而又飞往英法,直到1945年9月22日才回到重庆。也就是说,在有关整理收兑伪币研究讨论决策的绝大部分时间里,他都不在国内,且身上所担之事,均干系确立战后格局、完成国际间利益分配,只可谓更重而非更轻,很难想象他会是主导兑换比例、兑换时限和兑换限额这样具体事务的人员。

---

[1] 李宗仁:《李宗仁回忆录(下册)》,广西人民出版社1980年版,第852页。
[2] 陈诚:《陈诚回忆录——抗日战争》,东方出版社2009年版,第142页。

那么是不是时任财政部长俞鸿钧呢？这种看法有一定道理，毕竟制订和公布兑换办法的是财政部，但坐在办公室草拟办法只能说明没有异议，并不必然代表自己就是这一主张决策依据的提出者。

要找出更多的细节，只有在历史材料中获取更多的线索。

深藏在历史中的答案令人吃惊，这个提出比例的人正是身居京沪区（含上海、南京两市及江苏、浙江、安徽三省）财政金融特派员高位，在8月份还口口声声在货币整理中千万要顾及人民生活、社会秩序的陈行。据载，财政部在公布中储券兑换办法时曾指出，"自日本投降后，本部为办理收复区财政金融复员工作，制定紧急措施方案，遴派各区财政金融特派员驰往各地，遵照方案，积极办理"①，而在颁布《收复区敌伪钞票及金融机关处理办法》时也规定，关于暂准流通的小额伪钞的面额、流通期限以及兑换率等，"由各区财政金融特派员拟定，报请财政部核定公告"②。以上两者相互印证，相当于指出其决策的依据来自分派各地的专员，而南京、上海之地所派者便系陈行。以中国陆军总司令部参议身份参加受降工作，并在南京、上海等地目睹接收工作开展的国民政府军事委员会侍从室少将秘书邵毓麟也回忆称，他对市面上较高的兑换率感到不安，并于9月25日向财政部长俞鸿钧报告建议修改兑换比例为100∶1，却得到了对方关于比例已由陈行等人建议、并经行政院核定无法再做更改的答复③。

---

① 原文出自《中央日报》（重庆）1945年9月27日。转引自郑会欣：《关于战后伪中储券兑换决策的制定经过》，《文史哲》2012年第1期。
② 中国台北"国史馆"藏国民政府档案：001-084100-0005。转引自郑会欣：《关于战后伪中储券兑换决策的制定经过》，《文史哲》2012年第1期。
③ 邵毓麟：《胜利前后》，传记文学出版社（中国台北）1967年版，第3页。转引自郑会欣：《关于战后伪中储券兑换决策的制定经过》，《文史哲》2012年第1期。

而与此相比更令人吃惊的,则是已经身败名裂、注定要被钉在历史耻辱柱上的周佛海,反倒始终关注着兑换率问题,并在自己发给重庆方面的电文和狱中日记里留下了无数公道话。1945年8月15日,他就在给特务头子戴笠的电报里为承认中储券价值和维持短期流通呼号,称"所发纸币流通均在数省人民之手,而为人民之财产,如一旦动摇,则受损失者为人民""如能暂予承认,则人民对主座当颂德不忘,此为收拾沦陷区人心之最好方法"①;当年9月4日,他在听闻有人主张停止中储券流通的言论后,又急急忙忙地向戴笠进言,认为这些认识"实属不明事理,望慎重考虑",并建议"法币与中储券之折合比率须早日决定"②;1947年5月6日,他在日记中激烈抨击国民政府的政策,写道:"行政当局不加详细考虑,为近视之利益观念所蔽,为幼稚之主张所惑,不顾及人民之利益,不了解政府之要事为收拾人心,对于金融之措置铸成大错,致使人民财产大受损失,助长物价高涨,而为丧失人心之一有力分子也。储备券与法币定为200∶1之比例,暂准流通后,即以此比例收兑储备券,此于经济及人心均有莫大损失。"③

有人可能会说,周佛海讲这些,在早期无非是为了显得自己作为所谓的"曲线救国"的"地下工作者",与真正的叛国汉奸是不一样的,通过积极建言献策可以让国民政府意识到自己很有被继续利用的价值。在晚期则无非是他知道自己已是完全被抛弃的局外人,站着说话不腰疼,故作慷慨激昂,多放些马后炮谈点别人的责

---

① 《周佛海致戴笠电(1945年8月15日)》,收入南京市档案馆编:《审讯汪伪汉奸笔录(上册)》,江苏古籍出版社1992年版,第181页。转引自郑会欣:《关于战后伪中储券兑换决策的制定经过》,《文史哲》2012年第1期。
② 同①。
③ 公安部档案馆编:《周佛海狱中日记》,中国文史出版社1991年版,第90—91页。转引自郑会欣:《关于战后伪中储券兑换决策的制定经过》,《文史哲》2012年第1期。

任,来反衬自己在过去若干年里的所作所为并不是罪不可恕,以借此开脱;也有人可能会说,在经济领域,理论上应该怎样、政策制定应该怎样和政策实际执行空间怎样,三者原本就是差距很大,让深陷官场的陈行,不和光同尘而去据理力争,让行政院衮衮诸公,拿着法案草稿与身处收复区一线的既得利益者往来博弈,未免太残酷也太不可行了些;更有人可能会说,假如让周、陈两人掉个个,也不见得他们就能比历史上实际发生的情形做得更好。

这些话都是有道理的,但也都无法改变一个客观事实:国民政府在抗战胜利后掌握着中国资源分配的绝对优势权力,拥有着前所未有的威望。这个政府此时完全可以把事情做得更大气,把自己的形象塑造得更光辉,但偏偏既无事先充分准备,又无事后调整补救,在过度自信、贪污腐败和姑息纵容中,生生地把无数信赖、期盼自己的人民推到了自己的对立面上去。它所取得的所谓抗战胜利,由此即将成为浮光掠影。

在这个荒唐的故事里,金融开了一个大大的历史玩笑。

五

现代社会治理,头绪万端,而终不离交易分配之宗。金融活动是契约的集合,是交易的高级形态。它对利益的分配作用和效率,亦宛如雪亮刀锋,操之不慎,则遗祸无穷。从宏观的角度来说,以货币为中心的金融领域的运行机制,内嵌于整个社会经济政治活动,彼此交织、相伴共生。决策者如何设计这一机制,既要以其信用为依托,同时也必然会对其信用产生反作用。

国民政府对日伪货币的处理,是其战后接收的重要侧面,也可以视作一个重要的缩影。它与接收当中的各种不堪,是具有相同根源的一体化产物。这一事件,从顶层设计看,体现着看似正确却空洞的认知。尽管保护人民利益的口号也高唱入云,但方案的制订却与之背道而驰,甚至视民众为草芥;从操作过程看,充斥着执行主体的不明、实施步骤的紊乱和预期管理的缺失。尽管早就明了金融复员的重要性,却在推进上从无整体考虑;从事后结果看,则反映着政治上的朽烂与无能。尽管问题不断暴露情势急转直下,却始终没有采取任何实质性的干预和纠正措施。

  一个尚且沐浴在胜利荣光中的政府,在金融上不仁如此,不智亦如此。它的官员和军人,陶醉于金钱、美女、醇酒当中,快速拨动着精致的算盘,践踏着大众的信赖与尊崇,不仅错过了重整货币和经济的最佳窗口,也在通货膨胀复起和民心散失的同时,悄然开启了自己走向毁灭的倒计时。

宋子文的最后一搏

内·生·的·挣·扎

一

抗战胜利和敌伪货币整理后刮起的涨风令国民政府高层忧心忡忡，而更麻烦的是，这股风完全没有要停歇下来的意思。随着时间的指针滑入1946年，还都南京也被提上日程紧锣密鼓地推进起来，但经济金融领域却似乎完全不给这些恢复生气与社会秩序的行动面子，不肯展露出哪怕是一点点的欣欣向荣之象。物价、金价和黑市的汇价一天天在涨，人民的不安、迷茫和怨怒也一天天在增加。仅仅1946年2月，上海的批发物价指数就环比上升了33.3%，法币兑美元的汇率贬值了28.2%，金价则暴涨了64.99%[1]。看来，要维护金融市场价格的锚定，进而保障民生、稳定民心，指望抗战胜利之类好消息的"冲喜"起作用是不可能了，当局必须拿出新的实际对策来。

摩拳擦掌的是宋子文。他正担任着行政院的最高首脑，虽然研究出台敌伪货币整理收兑办法时不在国内，但无论是出于职务还是专业，在解决眼前的财政金融问题上都仍然是义不容辞。对于物价飞涨，宋子文有自己的理解和看法。他认为，这一切都是抗日战争导致财政收支失衡、货币超发、生产破坏和物资缺乏引起的，要想根除，最关键的便是输入物资、恢复交通、改进生产和运输能力，从而促进供给与需求之间的平衡，也便于引导市面上的游资

---

[1] 中国科学院上海经济研究所、上海社会科学院经济研究所编：《上海解放前后物价资料汇编(1921—1957年)》，上海人民出版社1959年版，第48、116、119页。

进入正常的商业轨道。在这一强调生产和输入的思路下,有一个问题自然绕不过去,那便是外汇的供应和汇率的确定。在太平洋战争爆发、上海外汇市场关闭后,法币和美元的官定汇率长期保持在 20∶1 的高价上,这与黑市比起来当然极为划算,但实际上有价无市,只是个僵硬的摆设。这种战争时期的金融管制遗存和复员时代发展工商业与生产的要求显然格格不入,宋子文也就很自然地提出,需要在一个有实际意义的价格上恢复具有弹性的官方供汇,即调整汇率官价、允许汇率波动、开放外汇市场。

直到今天,完全开放外汇市场,都被认为是一件风险相当大的事情,也是经常会引起各方议论的话题。金融管理当局需要同时考虑如果控制不了本币的发行量怎么办,如果市场上投机气氛炽烈导致价格剧烈波动怎么办等一系列问题,以免在逃离一管就死的尴尬同时,陷入一放就乱的险境。作为对上述问题的回答,宋子文提出了同时开放黄金售卖的配套措施,即以中央银行库存黄金作为调节市场货币流通量、回收超发法币的手段。如此,则一方面可以为激活国际贸易、恢复生产提供外汇资源;另一方面又能够平抑物价、稳定通货,可谓"内外并举、两难自解"。对于这套决策,他本人显得胸有成竹、踌躇满志。毕竟在战后,通过接收物资出售、接收敌伪金融资产[①]以及外援、前期积累[②]等多种途径,中央银行已经拥有了有史以来的最高库存。到 1945 年年底,其储备的美元

---

① 有资料显示,当时仅中央银行及其他机关接收敌伪产业中的金银首饰项即达 27 333 049 000 元,可参见秦孝仪主编:《中华民国重要史料初编:对日抗战时期》第七编《战后中国》第四册,中国国民党中央委员会党史委员会 1981 年版,第 466 页。转引自宋佩玉、张向东:《宋子文与战后"开放外汇市场"政策》,《史学月刊》2009 年第 7 期。

② 有关这些途径的具体描述,可参见段艳:《1939—1949 年国民政府的黄金政策论述》,《江西社会科学》2011 年第 3 期。

价值已高达8.58亿,其中黄金接近570万盎司[①]。有人评价,当时,"通货虽有膨胀,而央行准备不谓不丰。使能善为运用,战后财政未始无办法,法币何尝不能回笼"[②]。这些真金白银,是宋子文得以推行以市场化、自由化为基调的改革政策的后盾和底气。

紧迫的局势、合理的想法、充盈的家底,共同加速了政策的出台。1946年2月25日,国防最高委员会通过了宋子文关于开放外汇市场的提案,其核心内容包括:废止原有官定汇率;将进口商品分为可以自由进口的工业及民生必需品,经申请许可后可以输入的烟草、汽油、汽车、纺织品等,以及不许进口的奢侈品三类;中央银行指定若干银行买卖外汇,以供进口前述一二类物品之用,同时根据市场变化情况供给或回收外汇以平抑汇价的过分波动;政府指拨美金5亿元为法币准备金,并令央行以一部分外汇为平准基金[③]。同年3月4日,外汇市场正式开放,新的官方汇价被调整至1美元兑法币2020元。与此同时,中央银行还配套制订了《黄金买卖细则》,规定通过执行由各金号银楼向央行申购黄金的"明配"和由央行委托指定金号抛售黄金的"暗售"相结合的办法来控制黄金市场买卖,并于3月8日起正式开始实施[④]。

[①] 秦孝仪主编:《中华民国重要史料初编:对日抗战时期》第七编《战后中国》第一册,中国国民党中央委员会党史委员会1981年版,第339页。转引自汪朝光:《简论1947年的黄金风潮》,《中国经济史研究》1999年第4期。

[②] 监察院档案:《监察院监察委员何汉文等四人对宋子文误国失职提出弹劾案》。转引自中国人民银行总行参事室编:《中华民国货币史资料(第二辑)》,上海人民出版社1991年版,第740—743页。

[③] 《国防最高委员会通过开放外汇市场的提案》,《银行周报》第30卷第11—14期。转引自中国人民银行总行参事室编:《中华民国货币史资料(第二辑)》,上海人民出版社1991年版,第775—776页。

[④] 《中央银行开始在沪抛售黄金》,《金融周报》1946年3月13日。转引自中国人民银行总行参事室编:《中华民国货币史资料(第二辑)》,上海人民出版社1991年版,第738页。

外汇与黄金市场的双管齐下，在最初的阶段取得了看上去还不错的效果。1946年三四月间，上海黄金市价总体维持在155万元法币/条（市平10两）左右的水平[①]；市场上法币兑美元汇率也相对平稳，4月初甚至一度跌到1 890∶1[②]；物价涨势明显趋缓，粳米、猪肉、鸡蛋、棉花、棉纱、煤炭、汽油、生铁、纸张、香烟、肥皂、牙膏等不同种类商品价格多数出现下跌[③]，批发物价指数则在4月出现了5.3%的环比跌幅[④]。与此同时，外汇与黄金储备的损耗也都在相对可控的较小范围内。以1946年4月为例，央行在黄金方面共卖出3 674条、买进3 000条，在美元方面卖出1 850万、买进1 013万[⑤]。

看起来，物价与金融是可以稳定下来了，很多人都这样想着。

只是多数人的预期往往不准。在可喜的表面平静之下，改革措施中汇率的不合理、贪腐的难以禁绝以及国内政治形势变化等各方面因素，正在共同酝酿着一场更大的风暴。

二

好时光并没能延续很久，到了春天过去、夏季到来的岁月，情况就出现了变化。首先被观察到的是外汇和黄金买卖的失衡。1946年5月，中央银行卖出黄金12 830条，而买入则仅有1 500

[①] 中国科学院上海经济研究所、上海社会科学院经济研究所编：《上海解放前后物价资料汇编（1921年—1957年）》，上海人民出版社1959年版，第119页。
[②] 同①，第116页。
[③] 同①，第296—313页。
[④] 同①，第48页。
[⑤] 汪朝光：《简论1947年的黄金风潮》，《中国经济史研究》1999年第4期。

条,即净卖出 11 330 条,而到六七月份,买入黄金数分别萎缩到 384 条、59 条,与同期卖出的 19 982 条、12 780 条相比几乎可以忽略不计;美元的买卖量变化趋势也与黄金相似,6 月份净卖出量接近 2 500 万[①]。尽管此时央行拥有的黄金外汇储备还比较充足,但市场上金价和汇价仍然出现了明显的上涨(当然,和后期相比,此时的上涨还是相对温和的),到 1946 年 7 月,上海市场美元兑法币攀升至 1∶2 550,金价则升至 193.86 万元/条。从买卖相对均衡到净抛出,再到净抛出情况下市场价格仍连续上升,意味着官方储备面临着很大的潜在流失压力。

这一压力的首先来源于经济因素,即最初确定的汇率。1∶2 020 的价格虽然比起 1∶20 来是大大贬值了,但从购买力的角度看,仍然显得高估。按 1946 年 2 月公布的法币汇率,较抗战开始前贬值约 585 倍,而同期上海物价指数为战前的 1 759 倍,以此简单计算,则汇率高估差不多 2 倍,即使考虑到后方的物价水平较上海要低一些,这一汇率的高估程度至少也不会低于 1 倍。汇率的不合理定价自然会带来套利的需求,进口商将从中获得好处,而出口商则会感到沮丧,反映到中央银行这边,便是较大的售汇压力。事实上,1946 年 6 月份,对外贸易的逆差已经超过 1 000 亿元,而到 8 月份,央行净卖出美元的数量增加到了 3 262 万[②],较 6 月又增加了 1/4。

压力的第二个源头,则是政治因素,即国内形势的变化。1946 年初,国共双方召开政治协商会议,一致同意在和平建国纲领下实现民主宪政,2 月 25 日,双方还签署了整军方案。在这样的暖风吹拂下,国内政治空气缓和下来。中共方面对前景也一度十分乐

[①] 汪朝光:《简论 1947 年的黄金风潮》,《中国经济史研究》1999 年第 4 期。
[②] 同①。

观,中央甚至还向党内说明"中国革命的主要斗争形势,目前已由武装斗争转变到非武装的群众与议会的斗争""我党即将参加政府…我们的军队即将整编为正式国军及地方保安队、自卫队等。在整编后的军队中,政治委员、党的支部、党务委员会等即将取消,党将停止对军队的直接领导"①。即便到了三四月份,由于国民党方面对和平协议的激烈反应,双方在政协宪草和东北接收等问题上产生严重摩擦,军事冲突也仍然还在局部范畴。但到年中的时候,全面内战已经不可避免地爆发,战斗遍及关内和关外。因为初期在四平、长春等地的胜利,蒋介石和陈诚等人均感觉良好。蒋甚至断言,"我们有空军,有海军,而且有重武器和特种兵""如果能配合得法,运用灵活…就一定能速战速决"②。这种思想认识上的乐观和自信,刺激了国民党高层大打特打的意愿。由此带来的形势转折,不仅让刚从抗战中解脱出来的人民重新陷入痛苦,也让国民党政府的战争机器再无关上休息的可能。至于各方在年初还热议的所谓整军缩编,就更是无从谈起了。由此,沉重的财政负担再度压到国民党政府的身上。一个相对保守的估计显示,1946 年 1—5 月,国民党军队每月军饷在 1 500 亿元,6 月上升到 2 600 亿元,而自 7 月开始增至约 5 000 亿元,加上弹药等项目的消耗,全年军费约为 4.8 万亿元③,张嘉璈则表示,1946 年政府预算列支的军事费,仅仅用了 5 个月便被花得一文不剩④。与以军费为主体的巨大财政支出相比,国民党政府的岁入则少得可怜。根据其自己公布

---

① 《中央关于目前形势与任务的指示》,1946 年 2 月 1 日。转引自杨奎松:《国民党的"联共"与"反共"》,广西师范大学出版社 2016 年版,第 690 页。

② 秦孝仪主编:《总统蒋公思想言论总集(卷二十一)》,中国国民党中央委员会党史委员会 1984 年版,第 321—331 页。转引自杨奎松:《国民党的"联共"与"反共"》,广西师范大学出版社 2016 年版,第 750 页。

③ 杨荫溥:《民国财政史》,中国财政经济出版社 1985 年版,第 173—174 页。

④ 张嘉璈著,于杰译:《通胀螺旋》,中信出版集团 2018 年版,第 176 页。

的数字,当年度岁入仅1.28万亿元,即使按张嘉璈提供的材料,岁入也不过2.15万亿元①。巨大的赤字最终只能靠转化为货币发行,通过通货膨胀来吸收,势必会导致汇价金价腾贵和购金购汇浪潮的同时涌现。

经济决策上的失误和政治环境的恶化已经是非常糟糕的组合了,而偏偏国民党政府在行政管理上的坏毛病也还要来凑个热闹。黄金的抛售是以国家的储备资源换取经济稳定的具体实现,其操作过程理应透明,而经办之人则应有承担公共责任的觉悟。但在实践当中,由于此事有巨大的获益机会②,以上两点其实无一满足。先说说经办的机构。在黄金出售开始运作前,共有65家行号提出了申请,而最终获准代理经办的却是资金实力并不突出的同丰余、泰康润、大丰恒三家金号和方九霞昌记、杨庆和发记等两家银楼③。究其原因,则在于同丰余的经理詹莲生和央行总裁贝祖诒、央行业务局副局长杨安仁的渊源颇深,同时又与以杜月笙为后台的徐补荪关系密切。这种在官场和道上都有人的优势不仅让詹自己获得了业务资格,甚至连除同丰余之外的四家,也都是由他介绍而来。选定机构的过程如此,那运行过程本身自然也是漏洞百出:一是流程的不规范。央行所指定的5家行号配售的黄金,都

---

① 杨荫溥:《民国财政史》,中国财政经济出版社1985年版,第172页。
② 央行库存多为400两的金块,而市面出售为10两的金条,在改铸过程中,央行按每10两3分的标准付给机构所谓"火耗"。在这样的条件下,即使不考虑在交易过程中有人操纵价格、暗改成色,仅仅看央行付给金号银楼的火耗,也是一笔巨大的收入。
③ 关于几家金号银楼的资本情况,赴沪调查的几位监察委员在调查报告中称"此五家中同丰余尚未领有上海市财政局之营业执照,五家之资本,据其登记,计同丰余为一千五百万元、太康润为二百四十万元、太丰恒为一千万元、方九霞昌记为九百一十万元、杨庆和发记为九百六十万元。而申请未获指定之金号银楼其登记资本有不少更为巨大者"。具体参见孙永鑫、戴秀荣:《监察委员何汉文等调查1946年上海黄金风潮案史料》,《民国档案》2000年第3期。

要经过詹莲生一人的盖章才能领取。于是,詹莲生不仅是介绍业务的纽带,在黄金出售的过程更成为上传下达、左右情势的关键人物。有数据显示,在整个黄金抛售过程中,同丰余的份额达到了55%以上[①]。二是流程的不透明。虽然早先的《黄金买卖细则》严格说明了买卖规则,但在实施当中很快演变成了诸如数量、价格等交易要素均由对讲电话沟通确定的暗箱操作。在这种信息不充分的做法下,留存合同、契约、交易记录都很困难,当然十分利于当事人牟利和"保密",但同时也极易刺激社会公众的敏感性和恐惧心理,为投机活动大行其道留出了足够的空间。于是,大量游资麇集上海[②],为包括黄金在内的金融与商品市场埋下了不安定的种子。

来自经济、战争、行政等方面的束缚,让自由化的金融政策开始渐渐变得不自由了。以市场化手段平抑金融资产和物价波动、保持储备资产数量稳定、满足战争条件下的财政需求,组成了横亘在宋子文及其团队面前的"不可能三角"问题。不可能三角倒不是三角都不可能,如果能很好地解放一端,继续把戏唱下去也是有可能的。那么牺牲哪一角呢?要熄灭战火、控制开支、让财政回归正常是不现实的,事实上贝祖贻在 1946 年上半年就曾向俞鸿钧建议将每月赤字缩减一半,以减轻通货膨胀的不良影响,但直接被后者以无法拒绝军事支出为由怼回;要放弃储备资产也是不现实的,毕竟如果不计后果把弹药用尽,那么也就意味着整个政策的失败;放弃金融市场开放政策如何呢?当局对此又不甘心,毕竟从理论上

---

① 孙永鑫、戴秀荣:《监察委员何汉文等调查 1946 年上海黄金风潮案史料》,《民国档案》2000 年第 3 期。

② 据估计,战后当时上海一地的游资达 8 000 亿元,按当时官方汇率折合 4 亿美元。具体可参见许涤新、吴承明主编:《中国资本主义发展史(第三卷)》,人民出版社 1993 年版,第 672 页。

说,抛出硬通货回笼货币并没有错,而央行也还没有山穷水尽。最终,在暑热未消的8月,金融系统最终决定先从自己最有发言权也是最可能做到的资产价格开刀。1946年8月19日,中央银行宣布将法币兑美元官方汇率贬值至3350∶1,远期则每隔1月再加100元,试图以此配合前两日出台的取消出口税措施,来使"汇率进一步接近自然水准",改变"若干进口货并与国货竞销,致国内工厂难以维持,同时出口方面,亦因汇率过低,不能在海外推销"的局面,以"解救工商业之困难,维持生存,鼓励出口"[①]。

三

尽管官方再次下调了法币汇率,但与物价变化的实际情况相比,这种修正是有限的,仍然大大高估了法币币值。具体来说,这一汇率为抗战爆发前的971倍,但此时上海物价指数已达到战前的4285倍。因此,新的官方汇率比起2月的水平,其对法币的高估程度实际更大,当然不会让进出口失衡的情况发生根本的变化。1946年9月及10月,月贸易逆差高达1800亿元。除此以外,受到汇率调整所流露出的外汇储备面临压力等信息的刺激,市场上美元和黄金的价格继续走高。1946年10月,市场上美元兑法币比价突破1∶4000关口,金价突破220万元/条[②]。面对此种情形,宋子文束手无策,备感压力和沮丧。10月3日,他在会晤美国

[①] 财政部档案:《财政部钱币司致该部秘书处函——说明一再提高美汇汇率理由》。转引自中国人民银行总行参事室编:《中华民国货币史资料(第二辑)》,上海人民出版社1991年版,第781—782页。

[②] 中国科学院上海经济研究所、上海社会科学院经济研究所编:《上海解放前后物价资料汇编(1921年—1957年)》,上海人民出版社1959年版,第116,119页。

财政部代表艾德勒时谈到,自己几个月来时时为涉及经济全局的问题困扰,几乎度日如年。如果外汇储备继续承压,政府将只能对进口货物实施严格的配额制管理①。

宋子文的哀叹并没有带来上天的垂怜。就在10月4日,上海市钱兑商业同业公会便发出通告,宣布暂停美钞买卖3日,同日市政府与中央银行也决定,美钞买卖价格偏离央行定价的水平不得超过5%,否则便要究办。以上迹象都表明,市场上的汇率已经到了失控的边缘。而这一金融市场的不妙征象,又恰似国内局势翻涌的缩影。时交入秋,萧然肃杀之象渐显,内战正进一步猛烈扩大,和平已如镜花水月,反过来又使笼罩在金融市场自由化改革政策上的阴霾更加浓重难散。1946年11月17日,也就是蒋介石单方面召开"国民大会"后的两天,实在顶不住的行政部门颁布了《修正进出口贸易暂行办法》,规定除了不需要外汇、价值不超过50美元及不作商品出卖的货物,其余进口货品均需申请领用输入许可证,并凭证向指定外汇银行结汇。至此,年初推行的外汇市场开放政策已在实质上宣告失败。

尽管管制措施的推出减轻了中央银行及指定银行售出外汇的压力,但这仅仅只是表面上的。官方供应外汇的紧缩,使得黑市更加活跃和猖獗起来,金价、美元汇价涨势愈发凶猛。价格波动的扩大加剧了投机气氛,各种不同来路、甚至"背着枪"的资金都"脱实向虚",跑步进场、推波助澜。其中,既包括1946年底政府推出的宣称以"简便手续,放宽尺度,严格稽核为主旨"的生产贷款,也包括军政机关提取的公款,其中套路更是五花八门。譬如有"军事机

---

① 美国国务院编:《美国外交文件集(1946年)》第十卷,美国政府印刷局1972年版,第1012—1013页。转引自宋佩玉、张向东:《宋子文与战后"开放外汇市场"政策》,《史学月刊》2009年第7期。

关人员以种种威胁方法胁迫提款"的,有载有军饷现钞的轮船未及出港即卸下钞票参与黄金投机的,有各地军政长官嫌汇款太慢而包机运钞参与黄金投机的,还有中央银行向北运军饷的车辆开到半路调头南下的。更有甚者,还有部队为抢夺运钞工具大打出手①。投机的疯狂又令波动更加难以控制,1946年12月,金价达到317万元/每条,市面法币兑美元汇率更贬值至7 600:1②,几乎已是官方汇价的2倍之多。与此同时,在几个月前一度稍有稳定的物价也不甘寂寞地扶摇而上了。1946年9月至12月,上海物价批发指数上升了大约54%③。金价、汇价带动物价上涨的恐慌气氛开始席卷上海滩。这一期间及之后,中央银行大量抛售黄金的记录开始不断出现。譬如,1946年12月24、25日,抛出16 000条;1947年1月30日,抛出19 000条,但对脱缰的金价几乎毫无作用④。与此相伴的则是黄金库存的快速下降,为了调剂数量,央行不得不开始空运重庆的厂条赴沪救急⑤。

表14.1 中央银行抛售黄金数量情况(1946.3—1947.2,单位:条)

时　间	买　入	卖　出	净买卖
1946.3	—	4 090	−4 090
1946.4	3 000	3 674	−674
1946.5	1 500	12 830	−11 330
1946.6	384	19 982	−19 598

---

① 全国政协文史资料研究委员会编:《法币、金圆券与黄金风潮》,文史资料出版社1985年版,第138—139页。
② 中国科学院上海经济研究所、上海社会科学院经济研究所编:《上海解放前后物价资料汇编(1921年—1957年)》,上海人民出版社1959年版,第116、119页。
③ 同②,第48页。
④ 汪朝光:《简论1947年的黄金风潮》,《中国经济史研究》1999年第4期。
⑤ 同①,第137页。

续　表

时　间	买　入	卖　出	净买卖
1946.7	59	12 780	−12 721
1946.8	4 000	42 239	−38 239
1946.9	3 200	23 976	−20 776
1946.10	2 223	20 411	−18 188
1946.11	1 696	55 498	−53 802
1946.12	2 056	78 306	−76 250
1947.1	300	68 454	−68 154
1947.2	135	10 986	−10 851

资料来源：崔玉琴：《战后国民政府黄金政策及实践研究》，华中师范大学 2013 年硕士学位论文，第 31 页。也可参见全国政协文史资料研究委员会编：《法币、金圆券与黄金风潮》，文史资料出版社 1985 年版，第 143 页。

危机的降临令宋子文对局势表现出前所未有的悲观。1947 年 2 月初，他会晤了美国驻华大使司徒雷登，表示中国经济可能随时失控。2 月 5 日，政府发布对进出口活动的新措施，对除米、麦、棉、机器、肥料等少数种类外的进口货品加征 50% 税收，同时对出口商品给予 100% 的补贴。在市场预期十分紊乱、普遍认为政府储备将会告罄的情况下，这一措施没有起到任何效果，反而引发了更加汹涌的抢购。无力应付的央行只得于 2 月 8 日停止暗售，但这又进一步刺激了金价、汇价、物价的暴涨[①]，情绪、价格、交易者行为之间互相强化的反馈和螺旋已完全无法打破，历史上所称的"黄金风潮"爆发。据资料记载，2 月 1 日至 11 日期间，黄金由 407

---

① 当时政府出售黄金的主要地点在上海，其余地方多为有价无市。在预期金价大涨的环境下，各主要城市黄金价格明显高于上海，又刺激各地资金流入上海购金套利。

万元/条涨至 960 万元/条,美元兑法币则从 1∶7 700 涨到 1∶19 000①。而据延安的《解放日报》报道,对进口货加税的消息导致南京、上海等地日用品涨价 50%—100%②。至于其刺激出口的意图,则因美国的坚决反对,最后也沦为泡影③。

无路可走的宋子文只能再回过来向蒋介石提出减少预算、节约开支的建议,这固然是正理,但无疑是"与虎谋皮",对要在内战中大显神通的蒋来说绝不可能是正办。不仅如此,蒋还否决了宋退而求其次提出的改变汇率、继续抛售黄金的建议。在他看来,自己打内战的英明决定是毋庸置疑的,而宋的政策把事情搞得一塌糊涂,才是绝对不能再持续下去的,必须改弦更张。

金融决策的大权回到了蒋的手里。1947 年 2 月 16 日,在他的主持下,召开了国防最高委员会会议。第二天,《经济紧急措施方案》颁布,以 180 度大转弯的严厉管控,强制市场刹车。仅仅生效 10 天的出口补助办法被匆匆取消,进口实施配额,法币兑美元官价调整为 12 000∶1,外汇全面管制,黄金外币交易流通被宣布禁止。这一方案的出笼,标志着宋子文主导的实施还不到 1 年的自由化的金融市场开放政策最终被完全否决。

不过宋子文并没有能因此轻松下来。自由化政策实施以来,物价、汇价、金价都没有得到控制,而政府的外汇和黄金则消耗了约 5 亿美元,相当于 1946 年 2 月底水平的 60%。这口巨大的黑锅

---

① 宋佩玉、张向东:《宋子文与战后"开放外汇市场"政策》,《史学月刊》2009 年第 7 期。

② 《进出口贸易新措施有利于豪门》,《解放日报》1947 年 2 月 11 日。转引自中国人民银行总行参事室编:《中华民国货币史资料(第二辑)》,上海人民出版社 1991 年版,第 783 页。

③ 美联社 1947 年 2 月 9 日的一则消息称,美方已通知国民党政府方面,所有进入美国市场的中国货物,均需征收相当于国民党政府补助金的附加税。

当然得有人来背,而宋子文宋院长,则正被人当作是一个相当不错的选择。

表 14.2 金融市场开放政策实施前后中央银行外汇黄金储备对比(折合美元)

	1946年2月底	1947年2月底	期间减少额	降幅
美元	546 543 364	199 072 689	347 470 675	63.58%
英镑	44 652 795	31 093 208	13 559 587	30.37%
黄金	198 920 962	83 001 139	115 919 823	58.27%
白银	43 470 000	33 810 000	9 660 000	22.22%
合计	833 587 121	346 977 036	486 610 085	58.38%

资料来源:张嘉璈著,于杰译:《通胀螺旋》,中信出版集团2018年版,第355页。

四

1946年2月13日,也就是黄金风潮已经爆发但严格管制措施还没出台的空档里,国民党政府内部针对宋子文的第一枪正式打响了。当天,监察院院长、国民党元老于右任主持召开院会,决定派出监察委员何汉文、谷凤翔、张庆桢、万灿赴上海彻查"金价变动真相有无措施失当及其他情弊"[①]。次日是西方的瓦伦丁节,但立法院的各位显然也没打算给宋子文一个好好过节的机会,他们在会议上猛烈攻击宋子文,要求其辞职以谢国人。社会上有名望的人们也纷纷加入了炮轰宋子文的行列。著名学者傅斯年连续发

---

① 孙永鑫、戴秀荣:《监察委员何汉文等调查1946年上海黄金风潮案史料》,《民国档案》2000年第3期。

表题目极为直白的《这个样子的宋子文非走开不可》和《宋子文的失败》两文,对宋的金融政策提出尖锐批评。文章一出,令国民党内反对宋子文的各派系如获至宝,倒宋浪潮更加排山倒海般汹涌而来。蒋介石于盛怒之下,也顺势再踹了这个一贯持有自由经济思想、对自己的军事行动总有微词的人一脚。毕竟如果能以专业解决钱的问题,那留着他也无妨,而现在宋不仅不能解决问题,还把钱给"解决"了,再留着就真不合适了。在巨大压力下,宋子文被迫辞去行政院院长一职。3月1日,国防最高委员会批准了他的辞职请求,行政院长由蒋介石暂时兼任。同时,属于宋财金班子的贝祖贻也被免职,中央银行总裁由张嘉璈接任。在这一天,宋子文坚持到立法院做了报告,在最后,他不无凄然地表白道,"本人自从担任行政院的职务以来,一切尽心力而为之,政策方面,可能有错误的地方,而在良心方面,离开行政院的时候,觉得绝对对得起国家民族"[①]。

显然,宋对自己被迫辞职、蒋在关键时刻没有给予支持很是不满,也满是伤感。但对更多的人来说,宋的辞职不是终点,更不是他们想要的结局。这其中,有义愤填膺的文人书生,也有老谋深算的政坛巨擘。在他们的催化下,针对宋子文的情绪继续发酵。先是前往调查的四位监察委员提出了对宋的弹劾案,内称"抗战八年,全民族流血流汗,方取得复兴之机运,一年以来,几尽为行政院长宋子文之失策、失职所贻误",因此,宋"不仅为政府之罪人,实民族之罪人",必须"移付惩戒,以正纲纪"[②]。他们在3月2日的报告

[①] 万仁元、方庆秋主编:《中华民国史史料长编(第70册)》,南京大学出版社1993年版,第53页。转引自汪朝光:《简论1947年的黄金风潮》,《中国经济史研究》1999年第4期。

[②] 监察院档案:《监察院监察委员何汉文等四人对宋子文误国失职提出弹劾案》。转引自中国人民银行总行参事室编:《中华民国货币史资料(第二辑)》,上海人民出版社1991年版,第740—743页。

里详细开列调查证据,历数宋及其班子的种种不是,怒斥"宋氏之财政经济措施无一系为民生利,无一不为与民争利"[①];再是同月召开的国民党六届三中全会,陈立夫、陈果夫派系借机运作、鼓动参会中央委员提出《惩治金钞风潮负责大员及彻查官办商行账目没收贪官污吏之财产以肃官方而平民愤案》,明确表示宋业已遭到弹劾,决不能以辞职了事,必须"催促政府,依法提付惩戒,一面转咨中央监察委员会,从速查明议处,以肃党纪而彰国法"[②],联名动议者百人,竟占全部与会者的40%。一时间,宋子文树立起了无可撼动的公敌地位,国民党内似乎产生了历史罕见的团结一致,可谓奇观。

虽然说称宋子文沦丧复兴机运,的确是言过其实。毕竟这个责任真要追究,在国民党内怎么也轮不到他先背。不过监察院人士以激昂意气提请弹劾的确并不意外,但中央全会上的事情就比较微妙了。事态发展到这一地步,已完全可以政潮论之,蒋介石也觉得,再不制止这一攻击,将会对己不利。他虽对宋子文不满,但也明白,要真的放任下去,这把烧到宋子文头上的火迟早也会点着自己。在这样的思想下,冷静下来的他开始着手干预。在他的授意下,监察院最终作出了宋之所涉仅为政策运用问题,并无犯罪情事的结论[③],保其过关;中央全会方面,尽管未能阻止提案交国民党中常会依法律程序迅速切实办理,但蒋也作了"(宋)在行政院长

---

① 孙永鑫、戴秀荣:《监察委员何汉文等调查1946年上海黄金风潮案史料》,《民国档案》2000年第3期。
② 汪朝光:《危机中的因应——中国国民党六届三中全会研究》,《历史研究》2008年第3期。
③ 监察院档案:《监察院监察委员李世军等三人关于审查何汉文等弹劾宋子文误国失职一案的意见》。转引自中国人民银行总行参事室编:《中华民国货币史资料(第二辑)》,上海人民出版社1991年版,第743页。

任内,并不贪污,如谓余见贪污而不知,则由余负责"的辩护①。如此狠话之下,宋已基本确定可以从漩涡中脱身了②。

对大人物的处理不了了之,那么牵涉黄金风潮的中小人物命运也不会糟糕到哪里去。几个月之后,有关处分和刑罚纷纷明确。前中央银行总裁贝祖贻,受申诫处分;中央银行前业务局局长林凤苞,无罪;副局长杨安仁,处有期徒刑 7 年、褫夺公权 10 年;襄理兼出纳主任王松涛,受免职并停止任用 1 年处分;同丰余金号经理詹莲生处有期徒刑四年、褫夺公权 5 年③。

一场闹得沸沸扬扬的风潮及黄金舞弊案,最终以仅有一名政府官员获罪的结果了结。政治力量不仅干预了金融政策的环境和操作,也干预了对金融政策执行的评估与判决。1947 年 9 月,宋子文在国民党六届四中全会上被再度选为国民党中执会常委,10 月 1 日,他正式走上了新的工作岗位——广东省政府委员兼主席。这个新的上班地点,离他的籍贯地——海南文昌很近,离他在金融领域最后一搏失败的南京、上海则很远。

他可能还没完全意识到,这将会是自己在中国大陆的最后一份工作。

---

① 万仁元、方庆秋主编:《中华民国史史料长编(第 70 册)》,南京大学出版社 1993 年版,第 63—64 页。转引自汪朝光:《危机中的因应——中国国民党六届三中全会研究》,《历史研究》2008 年第 3 期。

② 在 1947 年 7 月,国民党的喉舌《中央日报》又曝出了宋子文孔祥熙家族有公司在外汇和黄金市场开放期间巨额套汇牟利一事,后又刊登勘误启示,称原报道数字不确。关于报道数字是否真实,更改是否仅系因政治压力,尚有争议。关于该事件,可参见李莉、经盛鸿:《1947 年〈中央日报〉揭露宋、孔豪门套汇走私事件始末》,《民国春秋》2001 年第 3 期。

③ 《黄金贪污舞弊案就此了结,贝祖贻、王松涛仅分别受到申诫与免职处分》,《申报》1947 年 6 月 5 日;《金潮案宣判杨安仁徒刑七年,詹莲生徒刑四年,林凤苞无罪》,《中央日报》1947 年 7 月 13 日。转引自中国人民银行总行参事室编:《中华民国货币史资料(第二辑)》,上海人民出版社 1991 年版,第 745—747 页。

五

　　经济理论上应该如何、经济政策制定为何、政策执行最终若何，永远存在着难以弥合的差距。如果宋子文只是个教授，那么在研究中奉纯市场化、自由化的金融理论为圭臬，当然情有可原。但在现实中，他毕竟是个需要和人打交道、又处处会受人掣肘的官员。他心心念念的自由经济理念却要服务于一个过度自信、崇尚强权的政府，本就存在着不可调和的矛盾。制定自由开放的金融政策，何其易也，而清理改造不适于自由化、市场化的制度土壤，又何其难也。宋子文身居高位，不知其难亦无力为其难，却犹行其易而盼其易成，其结局以悲剧终，实属必然。

　　从过程上看，黄金风潮的最终爆发，当然跟牟取私利的"内鬼"之流作祟、政府无力监管资金流向等因素有关，但根本上的源头还是在于超发而无法遏制的通货、扩大而无从收拾的内战。政府拥有的资源储备固然可如巨大冰山，但要使其不化，最有效的办法还是让市场主流"感觉很冷"。国民党政府的政治举动和日益崩坏的政治信用，令其拥有再多的黄金外汇，也没法抵挡住在一致性负面市场预期裹挟下游资的猖獗投机。从这个角度上说，无论是弹劾宋子文，还是惩办贝祖贻杨安仁詹莲生之流，都于事无补。对于这一点，当时也并不是没人看出来。著名金融家陈光甫曾说，除非政府改变对中共的政策，否则经济注定无法长期维持，黄金政策的失败不在于中央银行的错误，而是错误的政治政策的结果；贝祖贻在离职后也表示，开放外汇市场和买卖黄金政策一度取得效果，原因大部应归功政协会议之成功，而由于国内情势大变，这一政策也就失去了继续存在的活力源泉。

可惜这样的意见并不会被最高当局所接纳。毕竟,我们很难想象,一个反动腐败的政府,会把金融治理得井井有条;更难想象,金融秩序的混乱与灾难式的风潮,就能把一个反动腐败的政府惊醒。事实上,国民党政府在其以市场手段解决经济问题的尝试失败后,财金政策操作正变得更加杂乱无章,并把自己更快地推向了深渊。

宋子文的最后一搏,只是他所效忠的这个政府的最后一搏的序章。

金归金　券归券

内·生·的·挣·扎

一

宋子文金融开放政策失败,政坛讨伐之声喧嚣。人、事总是不可分的,事是由人办砸的,那一个很自然的想法就是只要换了人,"烂摊子"就可以收拾干净,甚至还能收获"香饽饽"。在这样的氛围下,新班子很快确定了。在短暂兼任后,蒋介石将行政院院长一职交给了张群。财政金融最重要的两个位子——财政部长和中央银行总裁,则分别选定由俞鸿钧、张嘉璈担任。

新财金班子的头等大事,仍然是解决旧问题。在位期间,张群内阁试图以抛售敌伪产业和发行短期美元公债券的方法回笼法币,但由于在内战条件下法币已陷入财政性发行的泥潭不可自拔,以上政策收效甚微。举例来说,关于后者,银行家出身的张嘉璈曾出力颇多,他固然有利用美方外援整顿币制的用意,但最为关心的仍然是能否减少中央银行的政府垫款。"若中央银行长此为财政部附庸,予取予求,无论用金用银,均无办法,不久币制仍将崩溃。"[①]很明显,这一条件等同于阻止国民党政府打内战,根本没有实现的可能。于是,财政失衡依然,法币超发依然,物价飞涨也依然:政府收支赤字巨大,1946年、1947年和1948年上半年,国民党政府的实际支出分别为法币7.20万亿元、40.91万亿元和340万亿元;而税项收入、敌伪财产出售及公有营业盈余合计仅分别为

[①] 姚崧龄编著:《张公权先生年谱初稿(下册)》,传记文学出版社(中国台北)1982年版,第840页。

1.98万亿元、12.55万亿元和71.58万亿元[①]。法币发行膨胀越来越快,1946年底为1945年底的3.61倍,1947年底为1946年底的8.91倍,而1948年前8个月不到,法币发行额就比上一年年底增加了1 900%[②];物价涨幅扩大惊人,1948年4月,上海批发物价指数达到51 070 000,与1947年6月和12月水平比,分别上涨12.74倍和2.70倍。若与1946年的整体水平比,则上涨幅度达到97.23倍[③]。同时,黑市上黄金、美元价格也一飞冲天,到1948年6月,上海黄金均价升至每条11.19亿元,美元兑法币达到1∶2 290 000[④],与之相比,宋子文黯然下台时的价格只能算是"小巫见大巫"了。到了当年夏天,由于法币贬值太快,"物价瞬息数变",行政院对下半年预算案的讨论"竟至无法进行"[⑤]。

法币对内对外价值的加速崩塌极大地引发了人们对纸币的不信任感。抗战时期就存在于部分学者和专业人员群体中的币制改革思想,开始更加不安分地涌动、蔓延开来,且基本都以实行金本位、建立发行准备为核心。例如,1946年,财政委员黄元彬在《解决当前货币财政问题之意见》中建议提前实行金本位制,新货币可依照法定含金量无限制地兑换金币、金条或外汇;朱士正在《中国有限兑现之金本位纸币》中主张实施有限兑换;1947年,财政研究委员会研究员康伦先拟订的《整理币制方案》则主张采行管理金本位制,对内不兑予金币或金块,只售给外汇,准予自由兑换银辅币;

[①] 杨荫溥:《民国财政史》,中国财政经济出版社1985年版,第189、194页。
[②] 同①,第208页。
[③] 中国科学院上海经济研究所、上海社会科学院经济研究所编:《上海解放前后物价资料汇编(1921年—1957年)》,上海人民出版社1959年版,第48页。
[④] 同③,第116、119页。
[⑤] 全国政协文史资料研究委员会编:《法币、金圆券与黄金风潮》,文史资料出版社1985年版,第102页。

1948年，财政部职员刘锡龄的《试拟币制改革方案》也建议采用管理金本位制，以代表金本位币的纸币进行流通，价值与美元联系[1]。不难看出，以上方案虽然具体内容五花八门，但反映的思想是一致的，即以金银外汇准备重新建立民众对纸币的信心。

蒋介石本人也是币制改革的拥趸，或者至少说，他对以大刀阔斧搞出新框架取代旧事物的做法很赞同，并相信这样的行为方式可以有效地解决眼前的难题。抗战胜利伊始的1945年9月，蒋就写手令要求财政部长俞鸿钧研究币制改革方案，即便俞鸿钧指出改革必须具备物价稳定、财政良好和国际收支基本平衡的条件，他仍于10月份在俞提交的纲要文件上批示可行，其迫切心态可见一斑。然而，蒋的一厢情愿遭到了宋子文的强烈反对，币制改革在宋任行政院长期间毫无进展。张群内阁上台后，蒋又点燃了从速改革币制的希望，但"热脸"却再次贴到了张嘉璈的"冷屁股"上。可见，但凡专业出身的经济人士，内心都明白蒋的所谓改革，只具其形，难符其实。财政如不收敛、战事若无转机，则无论怎么改，也只是治标不治本聊胜于无而已。

然而，就如历史上有些统治者从不过问方案的可行性，只一味将办不成的责任归咎于旁人下属一般，蒋亦坚信币制改革必须进行，且必然有效。一切的错都在那些所谓专家的固执己见和不愿配合上。现在好了，那些不支持自己搞币制改革的人并没有把金融经济管好，正说明了他们的短视和浅见，也恰好能反过来衬托自己的先见之明。权力并不必然等同于专业权威，也并不必然能说服专业权威，但权力却必然可以塑造出令自己满意和认可的专业权威来。1948年5月，在国民党政府召开第一次"国大"后，蒋正

---

[1] 张秀莉：《金圆券改革决策内幕考》，《中国社会经济史研究》2016年第2期。

式就任"总统",随即完成内阁改组。这所谓"行宪"后的第一届内阁,其组成充满了书卷气笔墨香,满眼的海归博士硕士。阁揆,也就是行政院院长,由翁文灏——一位信奉科学救国的地质学家担任,而蒋心心念念的币制改革则将由他青眼有加的新任财政部长王云五来主持推动。

王云五,原名之瑞,后改字云五,号岫庐,是中国近代社会贤达,著名的出版家与教育家,1921年任商务印书馆编译所长,1930年任商务印书馆总经理。其任职期间,不仅主持编译出版过多部大辞典,发明了著名的四角号码检字法,专业成就斐然,在民族大义上也毫无亏欠。"一二·八"事变后,一度毁于战火的商务印书馆复业时,门前高悬的便是他拟定的"为国难而牺牲,为文化而奋斗"标语,激励同人,鼓舞民心。这样的背景,这样的经历,按理说应与旧中国的政党政治牵涉不深,如果能保持下去,必然是他作为"学问界恩人"的幸事。但云五先生偏偏不走寻常路,抗战爆发后,即以社会贤达身份进入政界,从国民参政会参政员这样的花瓶岗位干起,兢兢业业地发表反共言论,在"皖南事变"后中共参政员拒绝出席参政会时,更公开跳出来指责中共先开"恶例",被人称为"国民党之前哨",形容他"比国民党还国民党"。如此表现,不论是不是真的出于本心,无疑都很能给人留下深刻的印象。蒋显然也注意到了王云五,不仅注意到他的言行,更应该是发现了他那无法被才华掩盖住的远大抱负和自信,这给王云五带来了巨大的政治红利。他迅速完成了从学者向政客的转变,并一举迈入了财经界决策层的大门。此时以他为财长,蒋肯定是满意的。首先,王云五是个不甘寂寞的书生,渴望行动、渴望成就,有很强的事业心,也很明白说什么做什么能给自己带来干事业的机会,跟各方关系都处得不错,连美国大使司徒雷登都不吝赞美;其次,王云五没干过专门的金融工作。这有两点好处：一方面，虽然会被人质疑没有经验，但管不管得好，却也无人能事先摆出确凿证据。另一方面，他不专业，与金融业界也不存在密切关系，不会像宋子文张嘉璈那样难摆平，而与这两位或明确反对或扭扭捏捏不同，此时他恰恰明确表态支持币制改革，支持"戡乱救国"；最后，王云五对跨界并不忌讳。由学而仕，他敢于做，而且乐在其中。那么由潜心文教出版而转战财政金融，他思想上应该也不会有太大障碍①。

果然，王云五没有辜负蒋介石的期望。不仅顺从，而且紧跟。蒋在1948年六七月间多次召集他与翁文灏、俞鸿钧讨论币制改革，他也心领神会，将全部精力投入方案设计。凭着"不懂不要紧、只要肯装懂、最后一定懂"的觉悟，王云五很快就进入了新的领导角色，并且做得有声有色。"无日不是念兹在兹"的他将财政部的有关人员召集起来，将各色各样的研究资料汇集起来，意见一一听取，文本一一阅看，并在此基础上挥毫泼墨。归纳总结，对这位出版大家来说本就不是难事，心有动力，更让他的工作高效逼人。很快，他就在博采众长的基础上形成了金圆券改革方案初稿，并呈蒋御览。在晚年对人谈起时，王云五还强调方案是"本人独创，并无人授意"②。

此时是1948年的7月上旬，长江中下游已经开始进入一年中最酷热难耐的时节。自命要"为党国补天"的王云五内心也很热，热到几乎沸腾。

---

① 事实上，据有关人员回忆，王云五在出任财政部长时的确说过，"此来为做事，不为做官。如政策不行，随时可以隐退"。显然，他对政策失败的后果还是缺乏足够深刻认识的。具体可以参见全国政协文史资料研究委员会编：《法币、金圆券与黄金风潮》，文史资料出版社1985年版，第102页。

② 阮毅诚：《与王云五先生谈金圆券》，《传记文学（中国台北）》1985年第2期。转引自张皓：《王云五与国民党政府金圆券币制改革》，《史学月刊》2008年第3期。

二

　　王云五提交的财政部方案,主要内容包括:实行金本位制度,以3亿美元为准备金,发行中华金圆,总发行额10亿(含本位币9亿,辅币1亿);3个月内收兑全部法币、东北流通券与台币,金圆兑法币价格定为1∶120万;限期将金银外币收归国有;实施价格管制和财政节流。据其介绍,这一方案的指导思想乃是"欲使币值稳定,莫如使无准备、无限制与不公开的发行,变为有准备、有限制及公开的发行"①。

　　与此同时,摆上蒋介石案头的还有由中央银行总裁俞鸿钧牵头的四人小组②于上海起草的央行版方案。该方案认为,在内战继续的情况下,不宜对币制大动刀斧,否则有更快垮台、反受其咎之虞。因此,该方案不建议废除法币制度,只提出另外发行不在市面流通的金圆,用于买卖外汇和缴税,以减少法币膨胀、币值不稳对财政收支的影响。

　　两个方案比较,央行版本步子小,财政部版本步子大。从内容看,央行的版本相对务实,而财政部版本关于财政节流的提法也有可圈可点之处。由是观之,两者似乎各有其长,但实际上却不然。财政部方案中对发行数额、收兑价格、金银外币国有等的规定都是"实"的,而减少收支失衡的内容却是原则性的,也就是"虚"的,不

---

① 王寿南:《王云五先生年谱初稿(第2册)》,商务印书馆(中国台北)1987年版,第613页。转引自张皓:《王云五与国民党政府金圆券币制改革》,《史学月刊》2008年第3期。

② 小组人员包括时任中央银行稽核处处长李立侠,中央银行经济研究处副处长林崇墉、方善桂,中央银行顾问、南开大学经济系教授吴大业。参见全国政协文史资料研究委员会编:《法币、金圆券与黄金风潮》,文史资料出版社1985年版,第112页。

仅在执行上不会同步,在说法上也自相矛盾。因为法币危机的根源就在于财政的失衡,若真能纠正财政问题,自然不需要发行什么金本位币,若财政无力纠偏,发行限额之说能否成立,也就见仁见智了。

很显然,俞鸿钧的方案只是业界的"旧事重提",绝不会合蒋心意。实际上,蒋介石很快就将央行方案打回了。王云五"锐意革新"的办法则得到了蒋的激赏。不过他对这一方案也不算完全满意,指定了俞鸿钧、严家淦、刘攻芸、徐柏园一干人等继续研究完善。

事既至此,蒋的意思其实已很明白,俞鸿钧的参与研究实际上也已是聊胜于无。既然心领神会,倒也不需要再反复论证。1948年7月28日,修改好的金圆券方案就再一次提交了。与7月初的方案相比,这版方案中最大的变化是不再发行金圆本位币,而是发行名义上每圆含金量为0.222 17公分的价值符号——金圆券。这意味着人民在交出金银外币后,不会自动拥有兑现的权利,只会收获一种特别的纸券。同时,由于物价在这一时期又上涨了,金圆券兑法币的价格被调整为1∶200万。

对下属的深体"圣意",蒋介石十分欣喜。第二天,也就是7月29日,在一场于避暑胜地莫干山举行的会议上,该案获得了通过。蒋介石赞扬王云五的金圆券方案"设法挽救财政,收集金银、外币,管制物价,都是必要的措施"①。从蒋的口气来看,收集响当当的硬通货,很有气魄地把经济管制起来,的确是说到他心坎里去了。这种"想睡觉就有人送上软硬适度枕头"的感觉,大概比莫干山修

---

① 全国政协文史资料研究委员会编:《文史资料选辑(第八辑)》,中华书局1960年版,第100页。转引自张皓:《王云五与国民党政府金圆券币制改革》,《史学月刊》2008年第3期。

竹亭台清风朗月带来的享受还要舒适一些。

他本想8月1日就着手实施，但思考后觉得如能获得美国的支持和金钱援助更佳，遂稍作推迟。然而美国人对蒋总统的热情却并不感冒，司徒雷登强调，在此情况下不会提供专款。失望的蒋介石最终决定孤注一掷自己干。1948年8月19日下午3点，蒋介石亲自主持召开国民党中央政治会议，破例邀请不是国民党员的王云五到会作币制改革方案的说明，方案被要求略作修改；下午6点，行政院开会，经4小时讨论，通过了经过修正的新方案。蒋介石旋即以总统名义发布了《财政经济紧急处分令》，发布起即日生效。国民党中央机关报《中央日报》及其他大报也同步刊发。与此同时，政府还颁布了金圆券发行办法、金银外汇处理办法、存放国外外汇资产登记管理办法等四项文件，以配套实施。"一令四办法"宣告这个为内战和收支焦头烂额的政府，将要发行一种限额20亿的新货币。这种新货币的发行准备由40%的黄金白银外汇和60%的有价证券与国有资产组成，新货币将分别以1：300万、1：30万的价格收兑法币和东北流通券。力度空前的经济管制将会降临，主要城市要严厉打击生活用品囤积居奇，民营事业工资不得超过8月上半月之水平，物价一律按照8月19日的水平冻结。人民也需要与货币一样咸与维新，他们应该限期交出所持的金银外币，限期登记存放在国外的外汇资产，否则将受到法律的严厉制裁。

至此，在蒋介石的意志主导、王云五的具体主持下[①]，三易其稿的金圆券方案终于正式出炉了。蒋介石应该感到很欣慰，他点

---

① 曾有一种流传甚广的说法，称金圆券改革的主要人物是中共地下党员冀朝鼎，但现有的历史资料和研究文献并不能证实这一点。与此类似，称冀朝鼎对抗战后收兑日伪货币、宋子文黄金政策等具有重大影响的论点，也无法得到坚实的史料支持。

评道,"(币制改革)因子文、岳军(张群)、公权(张嘉璈)、鸿钧等皆畏缩不决,未敢执行,而今日终以事急事迫不得不由此一举,咏霓(翁文灏)与云五能毅然实施,亦可谓奋勇难得矣"①。王云五应该感到很骄傲,就像他自己说的,"唯一的诱惑使我勉允担任此席,就是对于改革币制之憧憬"②"能够达成此举,则纵然牺牲一己与变更决心,亦所不惜"③。而今,蒋介石的一贯想法和王云五的一贯憧憬真的变成现实了,但它真的会一贯下去,会成为这个摇摇欲坠政权的救命稻草吗?

三

金圆券币制改革方案的出台,并没有赢得一致的拥护。道理很简单,既说十足准备,含金若干,又不允许人民自持金银外汇,还要限期收兑,与当年法币改革后还以无限制兑换外汇维护币值的措施对照是如此鲜明,无疑是个骗局。正如英国《统计学人》周刊十分透彻地说道,"虽说新币有百分之百的准备,但中国当局是绝不会把这些财源真正用来保卫通货的"④。国民党的高级官员以及当时的体制内群体人员对此非议纷纷,全然没有展现出大局观

---

① 《蒋介石日记》,1948年8月19日,存美国斯坦福大学胡佛研究所。转引自张秀莉:《金圆券改革决策内幕考》,《中国社会经济史研究》2016年第2期。
② 王云五:《岫庐八十自述》,商务印书馆(中国台北)1985年版,第495页。转引自张皓:《王云五与国民党政府金圆券币制改革》,《史学月刊》2008年第3期。
③ 王寿南:《王云五先生年谱初稿(第2册)》,商务印书馆(中国台北)1987年版,第614页。转引自张皓:《王云五与国民党政府金圆券币制改革》,《史学月刊》2008年第3期。
④ 《英国垄断资本报刊对"币制改革"的看法》,《经济导报》第90期(1948年9月28日)。转引自中国人民银行总行参事室编:《中华民国货币史资料(第二辑)》,上海人民出版社1991年版,第591—594页。

念、大局意识。张嘉璈等专业人士对此一直极力反对,自不待言。连上海市市长吴国桢在得知方案后,都痛骂王云五是个"乌龟王八蛋"①。俞鸿钧在8月24日对中央银行员工发的一封电文也很能说明问题。在这份"仰各一体遵照为要"的通知中,俞总裁告诫诸位同仁,要"一德一心,通力合作""对外发表言论,应尽量维护国策,如有不稳之言论在外发表,定予解除现有职务"②。

央行总裁这样发电、发这样的电,似乎显得不是很有风度,不过该有的站位毕竟还是有了。可惜,像他这样的人还是不够多。群臣吏民当中,总的来看,还是充斥着各种各样的低觉悟表现。对此,蒋介石颇为不满,但其既然有行政力量在手,又一贯迷信强力,自然觉得有信心让大家"在执行中慢慢理解"。8月20日,蒋介石举办茶会,召集京沪金融界、工商界头面人物座谈,所言无非希望大家忠诚拥护金圆券改革,乖乖交出硬通货来。但做生意的人毕竟精明,一开始反应甚是冷淡,甚至希望稍微凑点外汇敷衍了事。蒋遂在9月6日南京中央党部扩大总理纪念周致辞中,愤愤地说:"(商业银行等)所保留之黄金、白银及外汇,仍未遵照政府的规定移存于中央银行……可知上海银行界领袖对国家、对政府和人民之祸福利害,仍如过去二三十年前只爱金钱,不爱国家,只知自私,不知民生的脑筋毫没改变。"随后抄起了国家暴力的大棒挥舞,声明"如其再虚与委蛇,观望延宕或捏造假账,不据实陈报存放,那政府只有依法处理,不得不采行进一步的措施,予以严厉的制裁"③。

---

① 郭谦益:《1948年王云五发行金圆券始末》,《江苏钱币》2016年第3期。
② 中央银行档案:《中央银行总裁俞鸿钧致央行职工代电——对外发表金圆券不稳言论,将予解职处分》。转引自中国人民银行总行参事室编:《中华民国货币史资料(第二辑)》,上海人民出版社1991年版,第580页。
③ 本处蒋的话语,转引自吴景平:《金圆券政策的再研究——以登记移存外汇资产和收兑金银外币为中心的考察》,《民国档案》2004年第1期。

老子的表态如此坚决,儿子的表现也很出挑。行政院成立了经济管制委员会,分区执行有关政令,并在重要都市派驻督导员。其中,张厉生为天津区经济管制督导员,王抚洲协助督导;宋子文为广州区经济管制督导员,霍宝树协助督导,而最重要的上海地区则由"太子"蒋经国亲自督导①。经国甫到沪上,手握强力,打击投机、登记查封囤积物资,一时声势颇大,风雨满城,逮捕入狱者达数十人之众,矛头直指以杜月笙等为代表的上海地方势力,令诸多金融家、实业家大为紧张和恐慌。譬如,他对曾经提议大家凑出1 000万美元上缴应付的上海银行公会主席、时任浙江第一商业银行董事长的李馥荪声色俱厉,争吵之声达于户外;对金城银行董事长周作民也毫不客气,当面要求交出外汇,吓得周避居虹桥疗养院。著名资本家刘鸿生,在蒋经国一次威胁大家"不要敬酒不吃吃罚酒"的会议后,曾召集所属企业负责人进行商谈,其间有"今天蒋太子满脸杀气,向工商界著名人物大发雷霆。他是什么都干得出来的,不敷衍不行啊,要防他下毒手"之语,可见其内心惊惧之深②。

大人物们尚且如此,一般人民当然更加别无选择,何况政府已经放出风来,有最新仪器能够检测出民宅墙内或者地下是否私藏金银,一旦查获,定要严惩不贷。因此,不论在初期是否真对金圆券抱有乐观预期,他们都只能相信所谓的"高科技",主动吃上政府递过来的这杯"敬酒"。在法律和行政力量的高压下,金银外汇收兑在一开始取得了令人惊讶的成功,甚至有民众挤在中央银行门

---

① 上海区名义上的督导员为俞鸿钧,蒋经国则只是协助。但实际上俞鸿钧并不过问,更不会做主工作事宜。
② 全国政协文史资料研究委员会编:《法币、金圆券与黄金风潮》,文史资料出版社1985年版,第79—81页。

口抢着兑换,以至于一时秩序混乱难以维持。这个情景是如此的生动、鲜活和感人,令蒋介石一度产生了"民心犹在"的错觉,在自己的笔下惊呼"始料不及"①。据统计,从《财政经济紧急处分令》颁布至当年9月底,中央银行总计收入外汇折合美金约1.9亿元,其中收兑金银外币即有约1.33亿美元;至1948年10月底,各商业行庄向中央银行移存外汇现款和外币证券也达到美金约3 720万元②。前面提到的被吓得魂飞魄散的刘鸿生,旗下主要企业就交出黄金8 000两、美金230万元,还有银元数千块③。

但是,这种貌似"踊跃"的兑换,并没有让金圆券的命运一片光明,即使是在改革的最初期,混乱就已经在国民党管治的各地出现。早先的问题来自兑换法币的比价。1:300万的比例主要是参考南京上海的金价、汇价等确定的,却忽视了全国不同地区此时存在的显著价差。结果,收兑官价虽然与南京、上海的市场价相近,却与广州、天津、重庆、汉口等地差距很远,特别是广州,官方收兑价几乎比市场上金银美元的价格高出1倍④。这种情形的存在,相当于在不同地区高估或低估了金圆券的初始价值,官价越高,则以金圆券代表的物资(硬通货)涨价压力越大,很快引发了物价在各处的"看齐"效应。到1948年9月4日,金圆券初始价值被严重贬低的广州、重庆、汉口,其物价总体水平与8月19日相比分别上

---

① 《蒋介石日记》,1948年8月"本月反省录",存美国斯坦福大学胡佛研究所。转引自吴景平:《金圆券政策的再研究——以登记移存外汇资产和收兑金银外币为中心的考察》,《民国档案》2004年第1期。
② 吴景平:《金圆券政策的再研究——以登记移存外汇资产和收兑金银外币为中心的考察》,《民国档案》2004年第1期。
③ 全国政协文史资料研究委员会编:《法币、金圆券与黄金风潮》,文史资料出版社1985年版,第81页。
④ 四联总处档案:《改革币制前后各大都市金银外币黑市》。转引自中国人民银行总行参事室编:《中华民国货币史资料(第二辑)》,上海人民出版社1991年版,第588页。

涨了 83%、40% 和 21%,远高于初始价值与市价接近的上海(涨5%)、南京(涨 1.4%)①。

如果说初期的波动是局部性的,是由方案的技术细节问题导致的,那么随着时间的推移,市场的变化就开始反映金圆券改革本身的巨大缺陷了。1948 年 9 月下旬,国际货币基金及国际复兴建设银行理事会第三届年会于美国召开,王云五前往参会,其目的一为展示币制改革和稳定经济的努力,二为在此基础上继续争取美援。但事与愿违,王云五的旅程最后以自己碰了一鼻子灰并黯然回国而告终。洋人不给面子,那维护金圆券政策就只能靠自己。由于金圆券此时规定并不兑现,它的价值稳定与否,就依然取决于发行量和政府信用,而与人民交兑金银美元并无直接关系。如果政府在统制经济、掌握物资、管制物价、平衡财政收支上没有建树,那么金圆券也只能重蹈法币之覆辙,而在这几方面,国民党政府实际上恰恰是毫无进展,也绝不可能有进展的。

先说物资和物价的管控。政治铁腕、政府铁拳虽然能将表面的价格压抑下去,却绝不可能完全对抗和战胜经济规律。对物价实施管制,也就意味着价格的经济信号作用完全消失,反过来让经济活动陷入瘫痪。商人们隐匿货物、抗拒限价政策的现象普遍存在,店家要么闭门谢客,要么在警察逼迫下空着货架营业几小时②,老百姓以官价根本买不到东西,而黑市猖獗,价格闻风而起;厂商们因物价冻结,原料来源紧缺、生产难免亏损,也多有停工意图。中产阶层和一般平民在抢购中挣扎求生,日益困苦,入不敷

---

① 四联总处档案:《改革币制后各地金融物价变动情形》。转引自中国人民银行总行参事室编:《中华民国货币史资料(第二辑)》,上海人民出版社 1991 年版,第 583—587 页。

② 李金铮:《旧中国通货膨胀的恶例——金圆券发行内幕初探》,《中国社会经济史研究》1999 年第 1 期。

出,均多抱怨,对金圆券的质疑越来越重。即便撇开经济规律,政治铁腕的可持续在国民党腐败的习性下也很难保证。例如,身份尊贵的蒋经国,查着查着就碰上了身份同样不一般的孔令侃。他想查封后者创办的囤积汽车等进口货、拒交金银外汇的扬子公司,却遭遇来自父亲和宋美龄的强大干预压力而无疾而终,被讥评"只打苍蝇,不打老虎",光辉的形象与逼人的权威瞬间轰然倒塌。最后,在掀起一轮四五十天的风暴后,蒋经国辞职。他发表《告上海市民书》时沙哑、悲哀的声音,回荡在上海市区上空。这标志着国民党政府经济管制政策的失败,也象征着这个政府的信用再一次扫地。

再说平衡财政与控制发行。金圆券发行之初,政府信誓旦旦总额将在 20 亿之内。按确定的法币兑换价,相当于 6 000 万亿元,是当时法币总数的大约 10 倍。原以为足够支撑,但机械的数字计算却完全没有把国民党政府在军事上的失败考虑进去。金圆券这样洋气的闪光名字,也完全没有给使用它的军队带来一丝丝好运气。1948 年 9 月中旬,山东济南被中共军队攻克。随后,越来越多的土地、人口,随着越来越大规模战役的展开,越来越快地落到革命者的控制当中。这种局面让美国人给予更多援助的信心大挫,让国民党控制区的经济和税收更加困难,也让财政支出更难压缩。前线败仗连连,而需索无求;后方地盘日蹙,而生产紧缩。一切都只能乞灵于印钞票。王云五在 10 月 18 日也承认说,币改之后的 2 个月里,政府税收仅为 1 亿金圆,而支出则有 6 亿金圆之巨[1]。这样悬殊的收支差距让金圆券发行额迅速上升,到 11 月 9 日,其发行量已达 19 亿余,与上限只有咫尺之遥了。

---

[1] 张皓:《王云五与国民党政府金圆券币制改革》,《史学月刊》2008 年第 3 期。

面对经济、政治、军事的多方面挤压,国民党政府的金圆券政策很快陷入了巨大的危机。诚如监察院在提交行政院的经济纠正案中所评价的,"政府未能慎之于初,复未即时补救于后,执行期中,或不谙政策之本旨,或忽视实施之技术,遂致使攸关国计民生之大政策,竟产生如许之恶果"①。然而文本评价于现实补救毫无益处,看到问题离解决问题尚有万里之遥。经济金融形势急转直下,其发展之快令人咂舌。10月26日,限价政策开始被放弃;11月3日,翁文灏内阁下台;11月11日,金圆券最高发行限额、人民禁止持有外币的禁令被取消,金圆券在存入中央银行1年后可以折提黄金白银,对外汇率官价由1美元兑换4金圆变为1美元兑换20金圆,相当于人民交兑的硬通货又被大大地打了折。金圆券改革至此已宣告完全失败。

此时,距离8月19日,还不到3个月。严格意义上说,连换季都没完成。

四

随后,金圆券沉沦的速度越来越快。

最直观的体现是发行量。中央银行每次请求增发金圆券的数量,在1948年11月末为5亿,在12月上中旬为10亿,在12月下旬便上升到40亿,跨年之后,数字更巨。截至1948年12月29日,金圆券发行总额为75.85亿,已接近初始上限的4倍。而到次年2月

---

① 《监察院提出所谓"经济纠正案"》,《申报》1948年10月30日。转引自中国人民银行总行参事室编:《中华民国货币史资料(第二辑)》,上海人民出版社1991年版,第612—614页。

底,总额则达到了592.64亿;到1949年4月20日,也就是共产党解放军横渡长江天堑之际,这一数字已经上升至11 089.12亿①。

民众最深切的感受是物价。上海批发物价指数在1948年9—12月期间,月均上涨114.3%,其中11月份单月达到675%;1949年1—4月,则分别为288.9%、670.9%、329.8%、2 670.7%②。具体举个米价的例子来说吧。1948年12月,上海中等粳米批发均价为384.38金圆/石(合156斤),以1∶1500万③的比例换算,相当于8月(1日至19日)法币价格的约117倍,涨幅已经极其巨大,可这还远远不是高潮。1949年2月,前述米价升至8 560金圆/石,4月升至259.5万金圆/石,而到解放前的5月,则达到了11 877万金圆/石④。物价飞涨、几乎无时不变令人们都想把货币尽快脱手,引发不断蔓延的抢购风潮,而空空如也的货架又进一步刺激人们抛弃货币。扭曲的经济状况下,产生了不少堪称奇观的现象。比如,许多商店的店主、店员开始破天荒地说自家的商品质量不好,劝阻顾客切勿购买,而顾客们则见什么买什么,不论买着什么都比拿着钞票强。有苦力抢购自己也不知道干什么用的青霉素,上海市面上库存的自前清以来各种能穿的不能穿的老式鞋子也被一扫而光⑤。时任国民党政府财政部简任秘书、专卖事业管理司司长的朱偰回忆说,1948年10月

---

① 财政部档案、中央银行档案:《中央银行请求增发金圆券统计表》。转引自中国人民银行总行参事室编:《中华民国货币史资料(第二辑)》,上海人民出版社1991年版,第595页。

② 中国科学院上海经济研究所、上海社会科学院经济研究所编:《上海解放前后物价资料汇编(1921年—1957年)》,上海人民出版社1959年版,第48页。

③ 金圆券改革初始兑换价一比三百万,乘以11月初官方调整金圆与美元比价倍数5倍。

④ 同②,第121页。

⑤ 李金铮:《旧中国通货膨胀的恶例——金圆券发行内幕初探》,《中国社会经济史研究》1999年第1期。

29日下午,他到南京太平路一带街头散步,所见"商铺大多关门,橱窗存货全空,呈一片惨象"①。比如,为了避免贬值损失,机关等公职人员领到工资后,必须马上跑到市场上换成黄金、白银或者美元、港币,晚一分就吃亏一分。再比如,虽然大家见了钞票像见了瘟疫,唯恐避之不及,但由于物价上涨实在太快,甚至要按钟点计算,工资薪饷也调整太快,钞票的印刷居然赶不上发放的需要,许多地方出现了所谓"钞荒券荒"。1949年3月2日,中央银行兰州分行电称"库空如洗,连日盼券不到,度日如年";3月24日,四川省财政厅长电称钞荒严重,请速救济,或准自印②。此后,京沪警备总司令汤恩伯、行政院长何应钦、重庆市长杨森等人的类似电文更是堆满了央行总裁刘攻芸的案头。一面印钞如洪水,一面缺钞如大旱。与金圆券打交道的任何人,估计都不想继续这样痛苦地过日子了。

他们确实采取了行动。抗拒之风不仅存在于民众中,也开始在国民党政府内剧烈地刮了起来。一是关于收兑金银的处理。随着军事失利,国民党政府开始将收兑金银外汇南移,或运往台湾地区。而许多地方,则开始自己筹划自己的办法,作自己的打算。1948年11月,衡阳、汉口、兰州、长沙多地当局就阻止金银外运。而到了1949年,南方各地阻止外运的行动更加暴力化。其中典型者如广东,在1949年4月14日两架满载银元的C47飞机正待于白云机场起飞时,发生了被广州警备司令叶肇带领大批军警宪兵

---

① 全国政协文史资料研究委员会编:《法币、金圆券与黄金风潮》,文史资料出版社1985年版,第103页。
② 中央银行档案:《中央银行兰州分行呈总裁电——库空如洗,盼速飞运券》;《四川省财政厅长任师尚呈央行总裁刘攻芸文——川省钞荒严重,请速运钞救济,并请恢复重庆印刷厂印刷钞券》。转引自中国人民银行总行参事室编:《中华民国货币史资料(第二辑)》,上海人民出版社1991年版,第621页。

截留的事件。而下令的省主席薛岳则直言不讳,这是为了"保存广东元气,不再让中央来搜刮"①。二是关于钞票的接受问题。1949年4月下旬解放军渡过长江之后,国民党还残余的部分地盘,因为币值实在太低,除了一般商民,连许多公家单位,包括军方都掀起了拒用金圆券、请求改用银元的浪潮,令本已为维持不知何时到头的统治大伤脑筋的地方大员更加心力交瘁。例如,贵州省主席谷正伦5月5日致电刘攻芸反映交通部第十运输处将客货运价改收银元的情况,无可奈何地询问"如再由中央机关领导拒用金券,则本省数万公教人员生活无法维持,而金券信用亦将立刻崩溃。事关本省治安及大局安定,究应如何办理"②。西北行政长官张治中、甘肃省主席郭寄峤则于5月12日致电刘攻芸称"此次发出薪饷金券,各部队以市场拒收,均原封退还,无法运用",同时由于包机运输金圆券的运费几乎与所载钞票价值相同,请求改发银元③。其实,谷正伦、张治中之间,刘攻芸又何尝不想解决,然而又如何可能解决。毕竟类似事件此时已经遍及东到淞沪,南至桂林、南宁、柳州、贵阳,西及宝鸡、兰州、哈密、武威的广大地域。货币金融之溃,已是地方秩序土崩瓦解、万众人心四下离散之先声。当朝气数已尽,岂是刘攻芸一介书生能有力回天的。

这些行动的当事人们,当然意识到了自己是在见证和加速金

---

① 《广东省主席薛岳截留央行外运白银的经过》,《经济导报》第117期(1949年4月19日)。转引自中国人民银行总行参事室编:《中华民国货币史资料(第二辑)》,上海人民出版社1991年版,第638—639页。

② 财政部档案:《贵州省主席谷正伦致财政部长刘攻芸电——贵阳交通部第十运输处拒收金圆券》。转引自中国人民银行总行参事室编:《中华民国货币史资料(第二辑)》,上海人民出版社1991年版,第642页。

③ 财政部档案:《西北行政长官张治中、甘肃省主席郭寄峤致财政部长刘攻芸电——航运金圆券币值仅够抵付运费,请在西北一律改发银元》。转引自中国人民银行总行参事室编:《中华民国货币史资料(第二辑)》,上海人民出版社1991年版,第643—644页。

圆券的雪崩,但他们中可能并没有人在一开始就会想到,这一次"金归金、券归券"的改革,竟然会这样直接地导向了自家政权"王非王、侯非侯"的宿命。

金圆券的"金",和金瓯的"金",本是同一个字。金圆既然成券,金瓯还如何能够收拾?

五

金圆券的崩溃,是国民党政府在中国最大规模的一次"行钞"失败,也是法币崩溃的延续。与这个政府遭遇的其他一切金融失败相比,其相同者在于原因,诸如政治的反动和腐败、财政对金融的压迫、总祈求外援在关键时刻托底等;其所不同者,则在于金圆券崩坏之迅速,冲击之猛烈,以及其一开始就遭受到的讥讽之密集。1948 年 8 月下旬,币制改革和经济管制刚刚开始实施,西方媒体就已经悲观地判定了这些政策的结局。《金融时报》评论,"和平比任何东西都重要…其次,要有一个进步而有效率的政府,并且要有平衡财政收支的决心…以一种通货来换取另一种通货,是不会树立起信用来的";《经济学人》周刊则更加直截了当地说,"在这样混乱的政治与社会现状下,如果确实具有坚实的基础可望使它达到成功的话,这倒是相当动人的事。而混乱的政治与社会的现状,却是当前中国苦难的根源"[①]。

并不能简单地说,金圆券发行自一开始就纯然只是决策者主

[①] 《英国垄断资本报刊对"币制改革"的看法》,《经济导报》第 90 期(1948 年 9 月 28 日)。转引自中国人民银行总行参事室编:《中华民国货币史资料(第二辑)》,上海人民出版社 1991 年版,第 591—594 页。

观上自暴自弃、饮鸩止渴和杀鸡取卵的掠夺行为，但在客观上，金圆券的确不仅在经济上起到了极坏的作用，在政治上也引发了连锁反应。它的出世，既没有能顺"天时"，又将"人和"丧尽。一般升斗小民，被纸币的狂潮打翻在地，朝不保夕，哪怕是对共产主义从无了解，也自然会盼着日月换新天；就算是大城市上层这些原本在社会上意识形态最为反共，或者说至少最不亲共的人，也因家财横遭剥夺，被强权束缚于一堆废纸之上，而丧失了对国民党事业最后的支持与好感。国民党政府倚仗赤裸裸的政治强力，来维持最极端的金融统制，却最终被后者反噬，实在是政治和金融交互关系在中国近代历史上最惨烈的一场演绎。

1949年夏，著名历史学家陈寅恪先生，创作了一首名为《哀金圆》的长诗，历数金圆券改革之惨状败绩，反思金圆券改革之沉痛教训。内中有这样几句，"金圆数月便废罢，可恨可叹还可咍。党家专政二十载，大厦一旦梁栋摧。乱源虽多主因一，民怨所致非兵灾"。虽非金融人士专业之谈，却也可称是政治金融学的通达洞见了。

内·生·的·挣·扎

新的历史行程

一

　　1949年四五月之交,地处江苏镇江和常州之间,素有"江南文物之邦"美誉的古城丹阳,突然变得热闹起来。数千名共产党干部汇聚于此,正拿着《城市常识(暂行本)》《上海概况》等教材,参加一项专门的培训。此次培训,不教军事作战,只讲政策纪律,但其重要性却让摸爬滚打战场数十年的老革命们都丝毫不敢忽视。因为其成败,将与他们进入和接管远东最大城市——上海之后的命运,息息相关[①]。

　　身负国运、承载民心的共产党,在过去一年里,取得了巨大的胜利。国民党用美援装备武装起来的百万精锐,如同其政府发行的金圆券,在三大战役中灰飞烟灭。这些被国民党政府高层和上流社会精英视为"土包子""泥腿子"的人,凭着他们的果敢与顽强、坚韧和执着,终于踏上了空气里浮动着滋滋水气、土地中蕴含着温润灵性的长江之南。坐落着所谓总统府的南京,他们已经进去了;此时还悬挂着青天白日旗的上海,他们也很快就要昂首阔步地迈将进去。接管城市对他们而言并不是新鲜事,沈阳、北平、天津,处处都留下了许多可资借鉴的经验,但面对集聚着大量金融和工商业资本、地位举足轻重的摩登上海,革

[①] 关于这一集训的内容,可参见毛杨柳:《"丹阳集训"研究》,《前沿》2015年第5期,也可参见范征夫:《1949年丹阳集训几个问题的探讨》,《上海党史与党建》2010年第8期。

命者们多少还是显得有些紧张①。这里是中共第一次全国代表大会召开的光辉照耀之地,也是中共及其拥护者曾被血腥屠杀的悲惨痛绝之地;这里孕育着生气勃勃的近代工业,也充斥着畸形繁荣的纸醉金迷。苏州河远端还连接着不断退守却仍具韧性的农耕文明,黄浦江畔则已悄然开启了现代金融资本的浩大气象。这真是独一无二的陆离光影!它的标志性意义无从回避,让即将到这座城市工作的人们感到了沉甸甸的压力。已经被确定将担任新政权在上海第一任市长的陈毅同志说了,"我们要漂漂亮亮进上海"。这当然不只是一句对仪容仪表作要求的话,而是强调共产党解放军在政治上、思想上、纪律上、作风上都要给上海人民一个好的见面礼。接管固然是很繁杂琐碎的庞大工程,但与此相比,在大城市真正立稳脚跟、被大城市真正接受,更为不易。"马上得天下,却不可马上治天下"的道理,大家都是明白的,但如何理清楚千头万绪的工作,仍是知易行难,不得不令人小心翼翼。

在形容与概括这千头万绪工作的名词中,少不了"金融"二字。

共产党人并不是没有金融工作的经验。正如一位哲人曾经说过,一部红色金融史,宛如中国革命煌煌书卷的注脚。财政、税收,他们很熟悉;货币、银行,他们也不陌生。从井冈山到陕甘宁,从华北的抗日根据地到解放区,发行货币、稳定币值,都是必做的功课。1948年12月1日,在金圆券行将崩溃的同时,解放区的统一货币——人民币正式诞生,更标志着中共的金融工作进入了全新的时代。城市是商品经济高度发达的地方。从某种程度上说,那里的人们相信和使用谁发行的货币,比他们站在谁的旗帜下鞠躬行

---

① 有学术研究指出,对上海的接管与改造"是中国革命由农村进入城市的历史标识,也是国际社会关注中国共产党能否在城市站得住脚,并长远掌握政权的焦点所在"。参见庞松:《略论解放战争时期中共对上海的接管》,《近代史研究》1997年第2期。

礼、弯腰致敬更有意义。对于这一点,中共表现出了高度的认同,在解放华北的过程中,关于经济金融的稳定,就有过这样一句描述,"主要是靠政府的命令和票子及时地洒出去,接着才是贸易的恢复和物资的支持"①。基于以上认识,新政权在正式接管上海前,也将货币的问题视为重中之重,甚至因为预先准备的4亿元人民币没有及时调运到位而一度推迟了总攻上海计划的实施。如果把时间往回倒推22年,我们会惊讶地发现,共产党人和他们的老对手——蒋介石一样,在进入上海之前,都把钱的事情摆在了最突出的位置。

不过,相比于蒋,共产党人的金融行动要更具有战略性和前瞻性。毕竟,骑着高头大马的蒋介石,一开始主要关心如何才能搞来更多的军饷,在重塑铸币权、控制金融业方面,他的政府举动相对迟缓,而即将执掌全国政权的共产党人,则自始就将控制、巩固货币和金融阵地作为目标。他们相信,金融的意义绝不亚于政治和军事,而金融秩序的重塑则将是建立理想社会秩序的关键一环。

二

新生政权遇到的第一个金融难题,是物价与货币。

1949年5月27日,国民党上海守军宣布投降,上海正式解放。随后,上海市人民政府成立,接管工作全面展开。新秩序的阳光开始透过旧制度轰然倒塌时弥散的齑粉尘埃,投射到这座都市

---

① 华北解放区财政经济史资料选编组编:《华北解放区财政经济史资料选编(第二辑)》,中国财政经济出版社1996年版,第422页。

的每条街道、每幢建筑、每棵树木以及每一个人的脸庞上。进城的解放军官兵带来了许多新东西,其中除了革命领袖的画像、猎猎飞舞的红旗,还有一箱箱崭新的人民币纸币。5月28日,上海军事管制委员会公布了《关于使用人民币及限期禁用伪金圆券的规定》,宣布开始以1∶10万的价格收兑金圆券。

以人民币取代旧币的操作和在北方接管大城市时的做法是类似的,但凡事都随时空变化而转换,人民币也没有成为例外——虽然收兑过程中没有出现大的问题①,可之后却产生了人民币在事实上没有进入上海的窘境。应该说,对人民币进入上海的可能困难,中共在事先并非没有估计,在客观上也作了一些准备。此时受命主持全国财经工作的党内经济奇才陈云就曾分析道,由于已经大大贬值,并在事实上为人民所抛弃,软弱的金圆券绝不会成为人民币的对手。人民币面临的挑战将主要来自曾经被广泛使用、此时又恢复了生命力的银元。同时,南北情况也明显不同,可能加大人民币进入流通的难度:沈阳、平津解放时,人民币已经在周围的乡村牢牢扎根,容易通过货物贸易促进其在城市的流通,而长江以南的广大地区,共产党、解放军经营不深,"先占城市后占乡村,城乡均是银元市场"②。在这种情形下,信用货币流通已经濒于瓦解的乡村不仅难以帮助人民币在城市打开局面,反而可能造成阻碍。基于这点担心,华东财经委员会事先安排中国人民银行华东区行在徐州存贮了大批银元,以备上海解放后应付市面波动③。但即便如此,形势的严峻程度仍然超出了共产党人的预料。到1949年

---

① 自开始收兑起7天内,共收兑金圆券359 000亿元。参见金冲及、陈群主编:《陈云传》,中央文献出版社2015年版,第617页。
② 金冲及、陈群主编:《陈云传》,中央文献出版社2015年版,第620页。
③ 刘洪林:《从密码电报看上海解放初期的经济工作》,《上海党史与党建》2009年第10期。

6月4日,投入上海市场流通的人民币数量已经达到约20亿元,却几乎都"浮在市面上""只能购买小额货物,根本买不到整批货物",只能发挥辅助流通的作用,完全没有动摇银元"实际使用的本位币"的地位①。与此同时,银元投机之风日益炽盛,上海证券交易所每天有数千人聚集,街头巷尾更遍布银元贩子,也就是所谓"银牛"的身影。在数万之众②的人群聚散之间,银元价格在短期内大幅上涨。人民币兑换银元的价格到6月3日贬值为720∶1,6月4日达到了1100∶1③。从这个角度来说,此时上海出现的商品人民币价格上涨,并不是完全意义上的通货膨胀,而是市场将人民币(以及银元)作为特定金融资产加以投机的结果。

为应对人民币遭到排挤的局面,新政权在初期采取了以经济手段为主、辅以相对温和政治手段的措施,除了通过报纸、座谈会及群众会公布对银元的态度以进行思想动员,禁止市面银元流通以抑制投机需求外,还试图以抛售银元来改变其供给,从而打压银元价格、平息风潮,然而效果并不明显。6月5日,政府抛出10万银元,结果却像泥牛入海,连个声响都没有。尽管陈毅严厉警告投机者"赶快洗手不干,否则勿谓言之不预",但6月7日,上海市面上人民币兑换银元的比价仍升至1800∶1,到6月9日更是突破了2000∶1④。更糟糕的是,受上海这一标杆的引领,五省通衢的汉口也出现了拒用人民币的严重情况。如此下去,在长沙、广州解放以后,类似现象势必会愈演愈烈。这让共产党人对人民币是否

---

① 金冲及、陈群主编:《陈云传》,中央文献出版社2015年版,第617页。
② 根据薄一波在其回忆文章中提供的统计数字,1949年6月5日,上海的银元投机者有大约2万人,而到6月8日则达到了约8万人。具体内容可参见薄一波:《若干重大决策与事件的回顾》,中共党史出版社2008年版,第56页。
③ 同①,第617页。
④ 同①,第619页。

能在南方新解放区特别是大城市站稳脚跟感到更加忧心和焦躁。为了维护人民币地位,行政力量开始紧急介入。1949年6月8日,中共中央下发了关于打击银元使人民币占领阵地的指示,提出铁路交通、市政公用事业一律以人民币结算,税收一律征收人民币,通令私人银行检验资金,开放解放区之间汇兑等几项办法,以扩大人民币使用范围。6月10日,上海市军管会更直接出动部队,查封了上交所大楼,逮捕了数以百计的投机操纵者。

三

受此打击,银元价格迅速大跌,与人民币比价回落至1∶1 200,以人民币表示的米、面、油、西药以及其他日用品的价格也出现不同程度的下降,但这种效应只是暂时的。在长期恶性通胀的蹂躏下,对纸币的恐惧和不信任已经深深植根于上海乃至南方原国民党政府统治区人民的心中。国家机器的暴力干预并不能将这种来自现实记忆的感受完全清除。事实证明,人民并不会仅仅因为新货币以自己群体的称谓命名,就自动欢欣鼓舞地欢迎它接受它①。如果新生政权无法彻底实现恢复生产、保障物资流通和财政平衡,那纸币贬值、物价上涨,以及由此衍生出来的猖獗投机,其再度出现也只是个时间问题。除却家底比较厚实的资产阶级,每个普通市民也都可能因生计参与或裹挟其中,而与他们的政治倾向并不必然存在联系。实际上,仅仅大约两周之后,短暂稳定的

---

① 根据陈云的说法,至少到1949年8月,在广大江南农村及小城镇,人民币也仍未占领市场。这一期间,因物价波动剧烈,民间交换多以大米计价。参见金冲及、陈群主编:《陈云传》,中央文献出版社2015年版,第631页。

上海市场就由于自然灾害、国民党军队对港口的封锁等原因再度不安分起来。银元投机已被严厉管控,物价上涨的压力无法在贵金属上充分显示出来,却不妨碍其汪洋恣肆地表达到大米、纱布和煤炭等物品上,其中又以大米最为突出。根据记载,自1949年6月23日至7月18日,在不到1个月的时间里,上海的米价就从每石人民币11 700元涨到了65 000元,涨幅达到惊人的456%①。

可见,虽然有形的交易所大楼可以被武力打掉,但无形的经济活动规律却不会无条件地自动纳入新秩序的轨道。"共产党是军事一百分,政治八十分,财经打零分",这种疑虑乃至轻蔑和敌视的情绪,自解放伊始就存在于部分工商业者当中,此时也不可能完全消失。新政权意识到物价、货币、物资之间无法拆解的关系,更意识到是否能够真正制服通胀将是塑造自身形象,特别是让一般群众与市民阶层刮目相看的关键。如果在经济上真的得了零分,那么自己在军事上、政治上的高分也会失去存在的基础和意义,就像陈云在1950年全国财经会议开幕式上说的那样,"老百姓不仅在军事上、政治上看我们,他们还透过经济看我们,看物价能不能稳定,还饿死不饿死人"②。然而,此时大陆战事尚未结束,生机恢复尚待时日。同时,为了减少旧军队的抵抗,维护治安和人心稳定,在新解放区特别是城市还普遍实行了对国民党政权公务人员"包下来"的政策③。世代更替的"毁灭性创新",使军政开支浩繁巨

---

① 金冲及、陈群主编:《陈云传》,中央文献出版社2015年版,第622页。
② 同①,第645页。
③ 中共对旧政权人员的处置政策,经历过从"砸烂旧政权"到"包下来"的演变过程。这种演变,既是中共城市政策逐步走向成熟的一个重要侧面,也与局势变化、国际观瞻、传统文化心理等多方面因素有关。有关内容可参见曹佐燕:《"胜利负担":中共对旧政权公务人员处置政策的演变(1945—1952)》,《史林》2017年第2期,以及范小方、常清煜:《新中国建立前后对旧政权公务人员的安置——以上海、南京为例》,《当代中国史研究》2009年第6期,等等。

大。1949年,全国财政赤字占总支出之比为46.6%。分大区来看,除了解放较早、经济基础较好的东北以外,关内各区上述比例均在60%以上,以沪宁杭为核心的华东地区也高达63.02%[1]。沉重的财政包袱令中央财经决策层不得不在一定时期内继续通胀(大量发行货币)政策。譬如1949年7月底,人民币发行额2 800亿元,到10月底就达到11 000亿元[2],但现实的政治需要和自身抱有的社会理想,又迫使新生政权必须采取反通胀政策。这种逼仄的环境极大地考验着共产党人在"走钢丝"一般的操作中实现动态平衡的能力,在客观上则表现为许多不同类型手段的搭配使用,以及其效果达成的惊心动魄和艰难曲折。

1949年7月,为应对大米为代表的日用品涨价,政府主要采用了国营贸易单位抛售物资的"救市"措施。其中,政府大米的卖出量逐步增加,在市场总交易中的比重一度超过55%,对工人和机关团体则同时实行低于市场价格的配售[3]。在干预之后,物价涨势于当月下旬开始缓和。这一结果反映了政府对主要物资控制能力加强带来的好处,但物价上涨的总根子并不可能在短短1个月里被拔除,仍像不定时炸弹一样隐伏在经济的血管中,甚至可能因政府短期的局部打压而积蓄起更大的威力。陈云就分析说,"今后物价估计仍将继续上涨,且仍有发生剧烈跳跃的可能。原因是财政赤字仍然很大,且须收购大量物资,必须继续增发货币"[4]。从现实情况来看,新谷的收获与上市的确让粮油价格在夏秋之交

---

[1] 中国社会科学院、中央档案馆编:《中华人民共和国经济档案资料选编1949—1952(综合卷)》,中国城市经济社会出版社1990年版,第119—120页。

[2] 金冲及、陈群主编:《陈云传》,中央文献出版社2015年版,第647页。

[3] 中国科学院上海经济研究所、上海社会科学院经济研究所编:《上海解放前后物价资料汇编(1921年—1957年)》,上海人民出版社1959年版,第360页。

[4] 同[2],第644页。

保持了稳定,甚至还出现了一定程度的下降。1949年9月,上海籼米、粳米的均价比7月份分别跌落了27%和9.4%①。但好景并不长久,肆虐的涨风在10月中旬就卷土重来,而且波及范围更广、幅度更大。根据陈云在1949年11月13日的回顾,"自十月十五日以来,沪津先导,华中、西北跟进,全国币值大跌,物价猛涨。到今天止,以七月底为基期,物价平均指数:京津已涨达一点八倍,上海涨达一倍半,华中、西北亦与此相近"。更加严重的是,本轮涨风的持续时间也较之前明显更长,一直延续到1950年上半年。这股涨风的最初诱因,在于"上海棉花贵、棉纱销售快,华北灾区及棉产区粮贵等",并以华北地区粮食减产影响最大;演变过程也离不开投机力量的推波助澜。例如,11月7日一天,上海的国营公司在平抑价格过程中抛出大米911万斤,相当于日常买卖量的约10倍②,显然已不能用生活实需来解释;但物价大涨的根源,则仍在于"纸币发行的大量增加"。

相对于7月初,政府在应对本轮物价上涨时的手段更加多样化,呈现出"短长结合、循序渐进"的特点,作风上也更加务实灵活。从短期措施看,主要立足于调节市场商品供求关系。1949年11月中旬,陈云代中财委起草并很快下发关于稳定全国物价的十二条指示,主要包括:向主要大城市调运粮棉以增加物资准备、人民银行及地方财委推迟发放地方经费和部分货款但正常回收贷款以紧缩银根、国营贸易公司在特定时点(十一月底十二月初)集中抛售物资以增加市场短期供给③。比较耐人寻味的是指示中有关物

---

① 中国科学院上海经济研究所、上海社会科学院经济研究所编:《上海解放前后物价资料汇编(1921年—1957年)》,上海人民出版社1959年版,第360页。
② 同①,第362页。
③ 关于十二条的具体内容,可参见中共中央书记处研究室编:《陈云文稿选编(一九四九—一九五六年)》,人民出版社1982年版,第29—31页。

价稳定目标和打击投机力量的内容。关于前者,指示强调力争物价相对 7 月底涨 2 倍到 2.2 倍,与其间货币发行和物资控制情况的动态变化相匹配;关于后者,仅指出要根据银根松紧和投机烈度变化灵活买卖物资①,而没有将投机者当作物价上涨的元凶首恶②喊打喊杀。这种尊重货币流通规律和市场经济规律的态度,确保相关措施达到了陈云之前"于十二月初顶住此次涨风,求以后两个半月之平静"③的预期目标。

从长期考虑看,则着眼于努力平衡财政,削减货币的财政性发行。一是以债券信用维护货币信用。1949 年 12 月,经政务院提请,中央人民政府委员会通过,决定于 1950 年第一季度起发行人民胜利折实公债,其募集及还本付息均以实物④计算标准,以鼓励人民认购,弥补财政赤字;二是以税收流量取代货币增发流量。1949 年 11 月底至 12 月初,财政部召开第一次全国税务会议,就"多收税,少发票子"凝聚了共识,研究了统一全国税收问题,布置了 1950 年工商税收任务;三是以物流、资金流的统一保障中央财经命令的执行效力。以严格的组织纪律⑤和得力的组织工作,保

---

① 主要分两方面:一是在抢购风盛时,将冷货、呆货抛出;二是在银根紧缩、投机者卖出主要物资时,主动买进。

② 在该指示中,关于投机商的叙述是"应在此次行动中给以适当教训",具体做法则纯粹是经济性的。有学者认为,官方对投机者形象的描述随着时间推移发生了一定的变化。具体内容可参见曹树基、郑彬彬:《上海商人、人民币贬值与政府形象之塑造(1949—1950)》,《学术界》2012 年第 10 期。

③ 金冲及、陈群主编:《陈云传》,中央文献出版社 2015 年版,第 648 页。

④ 公债单位为分,每分以上海、天津、汉口、西安、广州、重庆大米(天津为小米)六斤、面粉一斤半、白细布四尺、煤炭十六斤的平均批发价总和计算,计算结果由中国人民银行每十日公布一次。

⑤ 陈云在强调各地要顾全大局保证粮食调运时,曾略带夸张而形象地说过,"谁阻止粮食外运,就砍谁的头"。参见金冲及、陈群主编:《陈云传》,中央文献出版社 2015 年版,第 677 页。

证从西南①等内地调运足够的农产品到上海等大城市和其他缺粮区,并明确公粮和主要税收牢牢掌握在中央手中,防止中央只出不进、央地权责不等②。此外,还尽力压缩财政支出。

不能准确理解财政与金融的关系,就意识不到财政对金融的压迫,才往往是金融不稳的真正根源。而以上诸策,皆切中要点,且行之有力、行之有效。随着公债的顺利发行③、税收款的增加和物资的得力调运,新生政权在面对市场波动时开始逐渐掌握主动权。1950年2月,尽管发生了国民党军队空袭上海等事件,但上海物价涨幅反远小于1月;1950年4月前后,全国财政收支开始趋向平衡,人民币发行增速开始减缓,人民币信用提高,市场主体心理预期向好。据薄一波的回忆,1950年4月1日至15日,上海银行存款余额增加20%,而折实存款减少36%,半年期存款亦开始出现④。

脱缰十多年的"烈马"终于逐渐被驯服了,人民币真正开始巩

---

① 当然,在肯定成绩的同时,也不可否认,调运粮食在保证全国财经大局的同时,给部分地方带来了短期的不稳定,给局部的人民增加了负担,甚至因征集粮食任务过重、地方催缴过急,引发大规模动荡,叛乱者抢粮暴动,攻击基层政府,杀害政府人员,其中以西南地区特别是贵州最为典型。1950年1月初尚且"土匪不多、秩序还好"的西南,到2月中旬已经"到处土匪蜂起"。其中贵州匪乱遍及全省,较大反叛武装即达十余万人。三四月间,中共在贵州的军政人员牺牲超过2 000人,公粮损失巨大。全省79个县,被叛乱武装占领者31个,新政权控制下的48个县大多数也只是占据了县城和少数乡镇,政令不能出城。具体可参见王海光:《贵州接管初期征收一九四九年公粮问题初探》,《中共党史研究》2009年第3期。
② 1950年2月13日至25日,第一次全国财政会议举行,主要讨论统一全国财经工作。3月3日,政务院通过了该次会议的主要成果——《关于统一国家财政经济工作的决定》。同日,中共中央向各级党下发《关于统一国家财政经济工作的通知》,要求各级党委用一切办法保证这一决定的实施。
③ 人民胜利折实公债原定发行两期。由于条款设计合理,宣传组织到位,第一期发行即超额完成,达到原定两期总和的70.4%。因国家财政金融情况好转,第二期最后未发行。
④ 薄一波:《若干重大决策与事件的回顾》,中共党史出版社2008年版,第63页。

固起来。对于立下大功的陈云,毛泽东丝毫不吝赞美,称之曰"能"。其实何止党内,连上海的工商业者都对其能运用市场手段抑制物价飙涨颇多肯定。后来被称为"红色资本家"的荣毅仁,当时曾坦率直言,"六月银元风潮,中共是用政治力量压下去的,此次则仅用经济力量就能稳住,是上海工商界所料不到的"[1]。

的确,共产党面临的宏观财经问题,包括财政失衡、超发货币和不甚稳定的外部环境,都和国民党在大陆执政晚期面临的情况没有显著的差别,但实事求是的认识态度和强大的组织、管理、协调能力,最终让其真正拿到了打开锁钥的钥匙,而其在解决问题过程当中包含着相当多的市场手段因素,尤其可资圈点。以一个能字来形容,是毫不夸张的。

四

共产党人在金融领域要解决的第二个问题,是如何让金融机构"回炉再造",纳入新的秩序体系。

相比货币地位的巩固,由于对象比较具体,且与"资本"之类的名词关系也更密切,对金融机构的处置过程,受到意识形态因素的影响要更深一些。

在新生政权没收原官僚资本政策的作用下,原国民党政府的官僚金融机构体制很快瓦解。经历接管和最原始的改造后[2],公

---

[1] 金冲及、陈群主编:《陈云传》,中央文献出版社2015年版,第655页。
[2] 关于上海地区接管金融机构的具体安排、进程等,可参见吴景平、张徐乐:《接管上海官僚资本金融机构述论》,《近代史研究》2003年第4期,以及陈穆:《接管官僚资本银行概述》,《上海金融研究》1984年第5期,等等。

营银行、公私合营银行和私有行庄三者并存的格局基本形成。就最具代表性的上海地区来说,1949年5月30日即告成立、兼具金融管理和业务经营职能的中国人民银行华东区行和中国人民银行上海分行是公营银行的主体[1];最早的公私合营银行则为新华信托储蓄商业银行、四明商业储蓄银行、中国通商银行、中国实业银行4家,它们在国民党统治时期即为官商合办,此时由官方加入公股并派遣董事参与管理;不属于新民主主义革命对象[2]的私营银行、钱庄、信托公司等,则组成了金融机构的第三阵营。它们资本实力大多不强,但数量众多,与工商企业特别是私企业务联系密切,在国民党统治中后期的混乱环境中,还深度介入各类投机活动,被人形容为"上等者变成了产业界的账房,中等者变成了投机家的帮凶,下等者本身就虚设了许多字号而投机囤积"[3]。

  可以看出,此时的清理还是初步的,主要表现为对前国民党政权在金融方面的清算。这有利于集中力量抓重点,也有利于控制打击面,保障金融服务体系在政权更迭过程中的运转,但这同时也导致了金融机构在领会和执行政策方面的巨大差异。公营银行和公私合营银行受新政权直接领导或管理,其政治正确性高当属必

---

  [1] 以"四行两局"为核心的原国民党政府官僚金融机构体系的许多组成部分,也并入了中国人民银行上海分行。例如,原中央银行成为人民银行上海分行的公库部、第二营业部和信托部;以中国农民银行、中央合作金库、邮政储金汇业局的一部分为基础成立了人民银行上海分行的合作储蓄部;与"四行两局"来往密切、具有地方属性的上海市银行,其业务也并入了人民银行上海分行。

  [2] 在解放大城市后开展的金融机构接管中,官股即国家资本和官僚个人股本及控股均被没收清理,一般私人股本则仍予以承认。1949年4月25日发布的《中国人民解放军布告》曾明确规定,"凡属国民党反动政府和大官僚分子所经营的工厂、商店、银行……均由人民政府接管。其中,如有民族工商农牧业家私人股份,经调查属实者,当承认其所有权"。

  [3] 盛慕杰:《论〈华东区管理私营银钱业暂行办法〉——私营银钱业的清算及其新生》,《经济周报》1949年第8期。转引自张徐乐:《1950年上海金融风潮述论》,《社会科学》2009年第4期。

然。而大批私有金融机构即便或多或少感受到了环境的巨大变化,仍不可避免地延续过去习惯的方式开展经营,资本不实、明暗账并存等问题亦普遍存在。它们带有投机冲动的业务习性也好,不甚严格的内控也好,私字当头的所有制也好,都注定其与新政权倡导的理想格格不入,并为自己将来的命运悄然埋下了伏笔。

1949年6月开始的围绕人民币地位和物价大涨而展开的市场波动,尽管根源在于财政的短期失衡和人民经历长期恶性通胀后对纸币的恐惧,但投机力量的表现也很突出。这不可避免地引发了革命者的担忧与关注,在特定的环境下,还很容易被视作一种目的并不单纯,甚至存在政治挑衅和攻击意味的"反动行为"。私营工商业者参与投机活动,其资金来源必与私营金融机构有千丝万缕的联系,而后者直接参与黑市贵金属交易活动,则更是难辞其咎。为稳定金融秩序、降低金融系统脆弱性,也为政治上的反击,对投机力量进行严厉处置,很自然地成为政策的一部分。增资现金向外拆借、套用业务资金、暗账未依限呈报或呈报不实、黑市买卖金银、收取暗息、账外巨额拆放、账册记载造假等行径,很快都受到惩处①。据统计,1949年6月到12月,因违法受处罚的上海私营行庄共有84家次,其中,警告26家,处罚金18家,责令撤换负责人2家,停止票据交换若干天22家,勒令停业16家②。受到管理加强等情况的影响,1949年下半年,上海私营金融机构共倒闭36家③。

应该说,对私营金融机构违法行为进行处罚是正当合理的,使

---

① 张徐乐:《上海私营金融业研究(1949—1952)》,复旦大学2003年博士学位论文,第32—33页。
② 同①,第36页。
③ 张徐乐:《1950年上海金融风潮述论》,《社会科学》2009年第4期。

部分严重不合规或实力严重不足的金融机构实现出清,也是相当必要的。不过,如果私营金融业受到的仅仅是技术性的监管压力,那么其结果在很大概率上是可控的,但在解放初期整个宏观环境不确定性较高的背景下,私营金融行业所受冲击的大小和持续程度,事实上也带有很强的不可预期性。它们面临的风险,不仅来自军事局势方面——例如国民党军队的袭扰和破坏,也与新政权的态度相关——屡屡曝出的经营违法甚至隐匿官僚资本[1]的行为,令共产党人很难对私营金融机构形成良好的印象,这很容易导致政府在管理态度上更趋强硬。私营金融业的更大考验很快就降临了。就在监管高峰之后不久的1950年2月,国民党军队大肆轰炸上海,杀伤人民甚众,毁坏建筑无数。这场突如其来、从天而降的灾祸,不仅对物价影响明显,也通过实体经济对私营金融业产生了严重传导。作为杨树浦发电厂等多处重要基础设施受损的结果,上海全市工厂停工率一度达到七成,即使在水电供应逐步恢复后,大部分工厂也在相当一段时间内开工严重不足。实体企业的生产中断乃至倒闭,击垮了工商企业和私营金融机构之间原本就并不坚实的信用关系链条。坏账的大量积聚[2],使私营金融机构经营压力陡然上升,此时又恰好赶上人民银行为降低工商企业负担开始对市场拆借利率实施上限管制,金融机构显然不堪重负。政府

---

[1] 上海敦裕钱庄总经理顾心逸、经理顾诚斋因为隐匿孔祥熙、孔令侃持有的官僚资本,于1950年1月13日被判处有期徒刑3年,并分别处罚金人民币6亿元、4亿元。这起案件,是上海解放后私营行庄公司中的第一例刑事案件,直接导致敦裕钱庄的清理结束,后者也由此成为当时200余家行庄中唯一因为涉及刑事案件而停业的主体。具体细节,可参见张徐乐:《上海解放后第一例金融业刑事案件述评》,《社会科学》2013年第12期。

[2] 根据上海市金融业同业公会代表项叔翔1950年8月在全国金融业联席会议上的发言,1950年3月底,上海私营行庄的工商业贷款共计1780亿元,其中投向工业的1000亿元有40%左右不能及时收回。

管理部门对陷入困境的私营金融业也并不持积极的救市态度。有一种观点认为,私营行庄过多过滥,恰是通货膨胀年代畸形繁荣的产物,已不符合时代的实际需要,在危机中自动淘汰是必然的。金融管理部门不应该逆潮流而动,只是"缓和这种集中性的倒闭,在不违背财经统一的原则下予以可能的照顾"便可①。于是,经济尚未复苏、监管措施趋严、救济机制缺失等多重因素叠加,迅速演化成规模不小的金融风潮。1950年2月至5月,上海私营银行、钱庄等共倒闭89家,约占风潮爆发前总数的56%②。其间,不仅工商业失业增加,资本家人心浮动、外逃不止,金融业也爆发了严重的劳资冲突,对社会秩序、大众心理都产生了不良影响。

上海解放后一年内连续发生的两波倒闭潮,令私营金融业元气大伤。私营行庄的市场份额快速下降,其存款占比在1950年1月尚约有40%,至五六月份则仅及20%③。巨大的信用恢复和生存压力开始促使其转变发展出路,由此激发了上海金融业一轮联合经营的浪潮。在1949年下半年组织联合放款处的基础上,1950年3月,作为上海当时唯一的金融业同业组织,上海金融业公会筹备会④提出了私营行庄联营的口号。至当年7月,上海私营金融业共形成了四个联营集团,绝大多数私营行庄皆参与其中,并在思想上形成了应该"进一步靠拢国家银行"的认识。与此同时,短期凌厉处置带来的负面冲击,也让政府部门开始意识到政策调整的需要。配合着调整工商业政策的大背景,一些过于激进的做

---

① 张徐乐:《1950年上海金融风潮述论》,《社会科学》2009年第4期。
② 同①。
③ 同①。
④ 上海解放之初,共有银行公会、钱业公会和信托业公会三家同业组织,后在政府指示下,于1949年12月改组合并为金融业同业公会筹备会,仍负行业内部协调与外部联络之责。

法得到了一定的修正,金融业私股地位和私营金融业的业务支持力度都得到提高。例如,1950年6月,新华银行召开解放后第一届股东临时会议,实行增资和董事会改选。新董事会成员中,公股董事由5人增至6人,私股董事则由4人增至7人;1950年8月,全国金融业联席会议召开,也确立了私营行庄可以代理部分人民银行业务、资金难以放出时可转存人民银行等办法。一时间,私营金融业得到了喘息,迎来了一个"小阳春"。

但作为时代变革的必然,调整、缓和的春风,最终仍然是在改造的基调下吹拂的,而改造的基调又不可能脱离社会、政治、经济的大气候。真正的社会变革不会仅仅局限在意识形态结构和政治体制上,它在日常生活、空间和话语体系等当中都必然要释放出自己的潜能和张力。业务联合、管理分散的四大联营集团格局,并没有在剧烈的制度变迁背景下维持很久。1951年下半年开始,新的冲击再度发生。引发冲击的因素首先是经济性的。随着时间的推移,越来越多的大银行开始申请公私合营,传统行庄的竞争能力进一步下降,使之在压力下或主动或被动地进一步走向集中,四大联营集团相继演变为上海市金融业第一、第二联营总管理处,并开始接纳公方代表的直接领导。而经济因素作用下的演进,很快又被运动的浪潮大大强化。1951年底到1952年初,出于对抗美援朝暴露出来的种种问题[1]和自身执政能力弱化的担心,政府在全国范围内开展"反贪污、反浪费、反官僚主义"的"三反"运动和"反行贿、反偷税漏税、反盗骗国家财产、反偷工减料、反盗窃国家经济情

---

[1] 不可否认,抗美援朝的军需供应当中暴露出了许多工商业者违法非法经营的恶劣行为,并对志愿军造成了严重伤害。例如,武汉福华药棉厂承制军用急救包,向政府领用了好棉花1万斤,但实际制作时却以废棉代替,甚至包括1000斤捡来的烂棉花。大批急救包未经消毒,内含化脓菌、破伤风菌等。这些典型案例社会影响极坏,也极大地引发了新政权的反感和警惕。

报"的"五反"运动,各级党政机关、社会各行各业均席卷其中,金融业自然不可能置身事外。严格标准的审视度量,加上被彻底动员起来的民意,使运动的气氛和温度快速上升。不可否认,"三反""五反"的意义是积极的,但在局部的环境下,也出现了违规违法行为被过度上纲上线、行政管理和研究探讨语言体系被充满战斗热情的宣言和檄文取代的现象。譬如,一篇刊载于《中国金融》1952年第3期的文章这样写道,"上海曾经是'冒险家的乐园',资本主义最黑暗最腐朽的罪恶渊薮,更是不法金融资本家及其代理人们群丑跳梁的魔窟⋯我们可以肯定在金融业中'行行是虎''行行有虎',必须全面搜出""许多窃据金融业包括公私合营银行领导地位的经理人员,本身就是资产阶级或资产阶级的代理人,他们忠诚地为自己阶级服务,严重的破坏人民经济事业、侵蚀国家资财。他们表面上装出拥护人民政府、拥护共同纲领的伪善面目,而暗中指挥着向国家人民进攻的战役"[1]。在铺天盖地的检举揭发和指责声讨面前,许多私营金融业人士突然发现自己陷入了前所未有的压力,他们难有精力一一辩白,更难做好业务。各类反省和坦白,就足以令他们濒于崩溃。根据统计,到运动结束时,上海原来的私营行庄,在各种场合"坦白"过的资方人士和高级管理人员有将近400人,而在其中,也确实不乏以自诬之词显示坦白和改造彻底之例[2]。

如此锻炼,宛若熔炉。私营金融业主和从业人员不是孙悟空,当然也更没有大闹炼丹房的本事。他们过去从事的行业和拥有的

---

[1] 佚名:《在"五反"运动中贯彻整顿与改造金融业的战斗任务》,《中国金融》1952年第3期。
[2] 张徐乐:《上海私营金融业与"三反""五反"运动》,《当代中国史研究》2005年第6期。

所谓社会地位,已在时代鼎革中逐渐被洗去了光鲜。许多旧时代的操作已不再是利薮,而变成了急需被抛弃的累赘与包袱。人、事、机构,都不再是旧时模样了。这反映在方方面面:一是业务状况更加日薄西山。1951年11月,上海私营金融业(含公私合营银行)的存款、放款合计数尚有195.42亿元、139.47亿元,到1952年4月已下降至91.07亿元、85.77亿元。运动过后,五个联合总管理处每月总计亏损更达100亿元以上[①],经营已难以为继。二是行业内部人际关系逐渐解构,从业人员思想动摇、退意丛生,特别是股东和高级管理人员,其威信和自信心已接近崩塌。金融业资方人士的言行开始变得小心翼翼,并极力拉近与职工的关系:在"五反"总结大会上,许多得以"过关"的资本家为职工对他们的宽宏大量而痛哭涕零;在五一节到来之际,有资方人士向工会写信祝贺节日并表示坚决服从工人阶级的领导。除却业主,一般员工也谨慎万端,甚至在酷暑时节,还发生了在点钞时汗下如雨却不敢伸手取手帕擦汗的个别事件,据说是怕被人看到会认为自己在往口袋里塞钞票[②]。三是金融同业组织瘫痪。上海金融业同业公会的工作在运动开始后就基本陷于停顿状态。1952年6月底全国工商业联合会筹备会发出整理各业同业公会的指示后,公会工作人员更是开始加紧学习其他领域专业知识,积极谋划改行。同业组织如是,行业情况自然可知。

"三反""五反"运动过后,从旧社会而来的上海私营金融业在历史上的大势已去,其改造和清理的进程也大大加速了。1952年7月,已被纳入联合管理系统的原上海私营行庄公司正式开展全

[①] 张徐乐:《上海私营金融业与"三反""五反"运动》,《当代中国史研究》2005年第6期。

[②] 同[①]。

面改造运动,11月,五个联管总处联合致函中国人民银行总行,表示愿意服从后者领导,12月1日,统一的公私合营银行联合总管理处正式成立。上海私营金融业作为一个行业,至此不复存在,而上海金融业同业公会,也在1953年2月13日结束、撤销。就这样,在私营工商业还将得以存续数年之际,私营金融业率先走向了消亡。

不论身处其中的个体如何思量自己的得失,一个旧的时代终究完全落幕,新的时代开始了。

五

在通行的历史学断代上,中国近代史是在1949年宣告终结的。但时代变迁中的每一个人、每一件事,虽然押着同样的韵脚,却不会完全都踩在一个节奏上。新中国成立初期面临的复杂纷繁且极具挑战性的经济金融问题,不论是关于货币,还是关于行业体系,实质上都是近代金融史的遗存和延续。因此,这些问题的解决过程,温和也好,过激也好,当然受到金融客观规律的作用,但也不会挣脱中国历史从近代向现代过渡的总框架。新生万物,皆有苦痛,留下有益经验的同时,又带来值得思量的教训,总是不可避免的。

市场的力量和政府的力量,经济的手段和政治的运动,都在这一时期的金融舞台上扮演着重要的角色。其互动是如此纷繁,甚至让我们难以一一清晰地区分开来。毕竟金融的好与坏、善与恶、积极与消极、重要和次要,这种深富伦理色彩的评判,总是受制于它所在的社会与时代;金融要面对和经历的复杂的一切,也必然受制于它所在的社会与时代。如何界定好不同手段应用的边界,既得金融兴旺百业之利,又除过于操切极端之弊,在历史条件不同的任何时期,都是难以避免、难以遽决和不可不审慎对之的命题。

历史的天空波澜壮阔,金融只是小小的星辰。

内·生·的·挣·扎

参考文献

一、资料汇编(译编)、年谱、传记、文集、回忆录等

华北解放区财政经济史资料选编组编:《华北解放区财政经济史资料选编(第二辑)》,中国财政经济出版社1996年版。

晋察冀边区财政经济史编写组、河北省档案馆、山西省档案馆编:《抗日战争时期晋察冀边区财政经济史资料选编(第四编)》,南开大学出版社1984年版。

《彭真传》编写组编:《彭真年谱(1902—1948)》,中央文献出版社2012年版。

全国政协文史资料研究委员会编:《法币、金圆券与黄金风潮》,文史资料出版社1985年版。

上海市档案馆编:《旧上海的证券交易所》,上海古籍出版社1992年版。

上海市政协文史资料委员会编:《旧上海的交易所》(《文史资料选辑(第76辑)》),1994年。

中共中央书记处研究室编:《陈云文稿选编(一九四九——一九五六年)》,人民出版社1982年版。

中国第一历史档案馆编:《清代军机处电报档汇编》第3册,中国人民大学出版社2005年版。

中国第二历史档案馆编:《中华民国史档案资料汇编(第三辑)》,江苏古籍出版社1991年版。

中国科学院上海经济研究所、上海社会科学院经济研究所编:《上海解放前后物价资料汇编(1921年—1957年)》,上海人民出版社1959年版。

中国银行行史编辑委员会编:《中国银行行史(1912—1949)》,中国金融出版社1995年版。

中国银行总行、中国第二历史档案馆编:《中国银行行史资料汇编上编(1912—1949)》,档案出版社1991年版。

中国人民银行金融研究所、中国人民银行山东省分行金融研究所编：《中国革命根据地北海银行史料(第一册)》,山东人民出版社1986年版。

中国人民银行山西省分行、山西财经学院《山西票号史料》编写组编：《山西票号史料》,山西人民出版社1990年版。

中国人民银行上海市分行编：《上海钱庄史料》,上海人民出版社1960年版。

中国人民银行上海市分行编：《金城银行史料》,上海人民出版社1983年版。

中国人民银行上海市分行金融研究所编：《上海商业储蓄银行史料》,上海人民出版社1990年版。

中国人民银行总行参事室编：《中华民国货币史资料(第一辑)》,上海人民出版社1986年版。

中国人民银行总行参事室编：《中华民国货币史资料(第二辑)》,上海人民出版社1991年版。

中国社会科学院、中央档案馆编：《中华人民共和国经济档案资料选编1949—1952(综合卷)》,中国城市经济社会出版社1990年版。

中国社会科学院近代史研究所中华民国史研究室、中山大学历史系孙中山研究室、广东省社会科学院历史研究室编：《孙中山全集(第二卷)》,中华书局2006年版。

薄一波：《若干重大决策与事件的回顾》,中共党史出版社2008年版。

陈诚：《陈诚回忆录——抗日战争》,东方出版社2009年版。

孔敏主编：《南开经济指数资料汇编》,中国社会科学出版社1988年版。

金冲及、陈群主编：《陈云传》,中央文献出版社2015年版。

李宗仁：《李宗仁回忆录(下册)》,广西人民出版社1980年版。

刘志强、赵凤莲编著：《徐润年谱长编》,北京师范大学出版社2011年版。

千家驹编：《旧中国公债史资料(一八九四——一九四九年)》,中华书局1984年版。

吴殿尧主编：《朱德年谱(1886—1976)》中册,中央文献出版社2004

年版。

徐雪筠等:《上海近代社会经济发展概况(1882—1931)——〈海关十年报告译编〉》,上海社会科学院出版社 1985 年版。

姚崧龄编著:《张公权先生年谱初稿(上下册)》,传记文学出版社(台北) 1982 年版。

章学新主编:《任弼时年谱(1904—1950)》,中央文献出版社 2004 年版。

二、专著(含译著)

中共中央马克思恩格斯列宁斯大林著作编译局译:《资本论(第一卷)》,人民出版社 2004 年版。

阿瑟·杨格著,李雯雯译,于杰校译:《抗战外援:1937—1945 年的外国援助与中日货币战》,四川人民出版社 2019 年版。

大卫·格雷伯著,孙碳、董子云译:《债:第一个 5000 年》,中信出版社 2012 年版。

杜恂诚主编:《上海金融的制度、功能与变迁:1897—1997》,上海人民出版社 2002 年版。

姜宏业主编:《中国地方银行史》,湖南出版社 1991 年版。

李丹:《历史大数据——民国证券市场之量化研究》,北京大学出版社 2016 年版。

李实:《陕甘宁革命根据地货币史》,中国金融出版社 2003 年版。

林满红:《银线——19 世纪的世界与中国》,江苏人民出版社 2011 年版。

刘江华:《左宗棠传信录》,岳麓书社 2017 年版。

刘志英:《近代上海华商证券市场研究》,学林出版社 2004 年版。

卢汉超著,段炼、吴敏、子羽译:《霓虹灯外——20 世纪初日常生活中的上海》,山西出版传媒集团、山西人民出版社 2018 年版。

马寅初:《通货新论》,商务印书馆 2010 年版。

米尔顿·弗里德曼著,安佳译:《货币的祸害——货币史片段》,商务印书馆 2008 年版。

汪敬虞主编：《中国近代经济史(1895—1927)》，经济管理出版社 2007 年版。

王红曼：《中国近代货币金融史论》，上海人民出版社 2011 年版。

王丽：《杨格与国民政府战时财政》，东方出版中心 2017 年版。

许涤新、吴承明主编：《中国资本主义发展史(第二卷)》，人民出版社 1990 年版。

许涤新、吴承明主编：《中国资本主义发展史(第三卷)》，人民出版社 1993 年版。

杨奎松：《国民党的"联共"与"反共"》，广西师范大学出版社 2016 年版。

杨天石：《蒋氏秘档与蒋介石真相》，社会科学文献出版社 2002 年版。

杨荫溥：《民国财政史》，中国财政经济出版社 1985 年版。

张国辉：《晚清钱庄和票号研究》，中华书局 1989 年版。

张嘉璈著，于杰译：《通胀螺旋》，中信出版集团 2018 年版。

周武：《边缘缔造中心——历史视域中的上海与江南》，上海人民出版社、上海书店出版社 2019 年版。

朱嘉明：《从自由到垄断——中国货币经济两千年》，台湾远流出版社 2012 年版。

三、专题论文

包树芳：《杜月笙与上海银行家》，《华东师范大学学报(哲学社会科学版)》2010 年第 3 期。

滨下武志：《19 世纪后半期外国银行操纵中国金融市场的历史特点——及其与上海金融危机的联系》，《近代中国》1991 年第 2 期。

曹树基、郑彬彬：《上海商人、人民币贬值与政府形象之塑造(1949—1950)》，《学术界》2012 年第 10 期。

曹佐燕：《"胜利负担"：中共对旧政权公务人员处置政策的演变(1945—1952)》，《史林》2017 年第 2 期。

陈礼茂：《论国民政府对中国通商、四明和中国实业三银行的改组》，《中国社会经济史研究》2005年第3期。

陈穆:《接管官僚资本银行概述》,《上海金融研究》1984年第5期。

崔玉琴:《战后国民政府黄金政策及实践研究》,华中师范大学硕士学位论文,2013年。

戴建兵:《浅论抗日战争胜利后国民政府对战时货币的整理》,《中国经济史研究》1995年第3期。

戴建兵:《白银与近代中国经济(1890—1935)》,复旦大学博士学位论文,2003年。

戴建兵:《中国近代的白银核心型货币体系(1890—1935)》,《中国社会科学》2012年第9期。

戴建兵、王贺宇:《战争与经济——战后通货膨胀之源》,载于《中国抗战与世界反法西斯战争——纪念中国人民抗日战争暨世界反法西斯战争胜利60周年学术研讨会文集(下卷)》(社会科学文献出版社,2009年)。

邓先宏:《试论中国银行与北洋政府的矛盾》,《历史研究》1986年第4期。

丁晓中:《"信交风潮"之交易所补考》,《档案与建设》2002年第1期。

董昕:《中国银行上海分行研究(1912年—1937年)》,复旦大学博士学位论文,2005年。

杜恂诚:《从1883年上海金融风潮看中国资产阶级的产生》,《历史研究》1987年第6期。

杜恂诚:《货币、货币化与萧条时期的货币供给——20世纪30年代中国经济走出困局回顾》,《财经研究》2009年第3期。

段艳:《1939—1949年国民政府的黄金政策论述》,《江西社会科学》2011年第3期。

范小方、常清煜:《新中国建立前后对旧政权公务人员的安置——以上海、南京为例》,《当代中国史研究》2009年第6期。

范征夫:《1949年丹阳集训几个问题的探讨》,《上海党史与党建》2010年第8期。

管汉晖：《浮动本位兑换、双重汇率与中国经济：1870—1900》，《经济研究》2008 年第 8 期。

管汉晖、陈博凯：《货币的非国家化：汉代中国的经历（前 175—前 144 年）》，《经济学（季刊）》2015 年第 4 期。

郭本意：《全面抗战时期山东地区国共铸币权之争》，《抗日战争研究》2018 年第 4 期。

郭谦益：《1948 年王云五发行金圆券始末》，《江苏钱币》2016 年第 3 期。

洪葭管：《张嘉璈与中国银行》，《近代史研究》1986 年第 5 期。

洪葭管：《1916 年上海中国银行不执行"停兑令"的始末》，《中国金融》1987 年第 10 期。

贺水金：《论国民政府的废两改元》，《档案与史学》1998 年第 4 期。

贾钦涵：《"纸币兑现"之争与 1935 年法币改革决策》，《中国社会经济史研究》2016 年第 2 期。

剑荣：《虞洽卿与上海证券物品交易所》，《档案与史学》1996 年第 6 期。

姜良芹：《1927—1937 年国民政府公债市场监管体制评析》，《江海学刊》2004 年第 5 期。

蒋立场：《1932—1935 年的上海银行业与南京国民政府内债》，《史学月刊》2011 年第 5 期。

金普森、潘国旗：《论近代中国内外债的相互演变》，《浙江大学学报（人文社会科学版）》2010 年第 4 期。

金普森、王国华：《南京国民政府 1927—1931 年之内债》，《中国社会经济史研究》1991 年第 4 期。

金普森、王国华：《南京国民政府 1933—1937 年之内债》，《中国社会经济史研究》1993 年第 2 期。

菊池贵晴：《清末经济恐慌与辛亥革命之联系》，《国外中国近代史研究》（第 2 辑）1981 年版。

李爱：《白银危机与中国币制改革——解析国民政府时期的政治、经济与外交》，华东师范大学博士学位论文，2005 年。

李金铮：《旧中国通货膨胀的恶例——金圆券发行内幕初探》，《中国社会经济史研究》1999年第1期。

李莉、经盛鸿：《1947年〈中央日报〉揭露宋、孔豪门套汇走私事件始末》，《民国春秋》2001年第3期。

刘成虎、高宇：《论日本对法币改革的干预及其后果》，《中国社会经济史研究》2015年第4期。

刘广京：《一八八三年上海金融风潮》，《复旦学报（社会科学版）》1983年第3期。

刘洪林：《从密码电报看上海解放初期的经济工作》，《上海党史与党建》2009年第10期。

刘杰：《行业利益与债信秩序：上海银行公会与国民政府公债（1927—1937）》，《国际金融研究》2015年第10期。

马长林：《生死之搏——70年前的证券大战》，《上海档案工作》1993年第6期。

马长林：《不起眼的清末官银钱号》，《浙江金融》2013年第3期。

马长伟、姚会元：《近代中国政府三次债务整理案的比较研究》，《江西财经大学学报》2014年第2期。

马勇：《正当与失当：清末铁路干线国有化政策再检讨》，《史林》2012年第3期。

毛杨柳：《"丹阳集训"研究》，《前沿》2015年第5期。

闵杰：《上海橡胶风潮及其对江浙地区民族经济的冲击》，《中国经济史研究》1989年第1期。

聂庆艳、贺俊杰：《法币改革前后中日间的博弈与较量——以国家货币主权为考察视角》，《日本问题研究》2017年第3期。

潘晓霞：《危机背后：北京政府时期的中国银行和交通银行挤兑风潮》，《中国经济史研究》2015年第4期。

潘晓霞：《温和通胀的期待：1935年法币政策的出台》，《近代史研究》2017年第6期。

庞松:《略论解放战争时期中共对上海的接管》,《近代史研究》1997年第2期。

仇华飞:《20世纪30年代白银问题与中美关系》,《近代中国(第八辑)》1998年版。

申春生:《山东抗日根据地保持币值和物价稳定的措施》,《山东社会科学》1995年第3期。

谌旭彬:《戴笠与军统:鲜为人知的另一面》,《同舟共进》2015年第1期。

石涛:《抗战前南京国民政府对四川币制的统一——以整理地钞为中心的考察》,《江苏钱币》2013年第2期。

宋佩玉:《抗战前期上海外汇市场研究(1937.7—1941.12)》,复旦大学博士学位论文,2004年。

宋佩玉、张向东:《宋子文与战后"开放外汇市场"政策》,《史学月刊》2009年第7期。

孙永鑫、戴秀荣:《监察委员何汉文等调查1946年上海黄金风潮案史料》,《民国档案》2000年第3期。

田永秀:《1862—1883年中国的股票市场》,《中国经济史研究》1995年第2期。

汪朝光:《简论1947年的黄金风潮》,《中国经济史研究》1999年第4期。

汪朝光:《危机中的因应——中国国民党六届三中全会研究》,《历史研究》2008年第3期。

王海光:《贵州接管初期征收一九四九年公粮问题初探》,《中共党史研究》2009年第3期。

王海沙:《民国时期证券经纪人合同文书浅析》,《证券市场导报》2013年第10期。

王路曼:《投机之外的危机:国家政治视角下的1910年上海"橡皮股票风潮"》,《史林》2014年第6期。

王士花:《北海银行与山东抗日根据地的货币政策》,《史学月刊》2012年第1期。

王信:《中国清末民初银本位下的汇率浮动:影响和启示》,《国际金融研究》2011年第2期。

王正华:《1927年蒋介石与上海金融界的关系》,《近代史研究》2002年第4期。

王忠宝:《利益集团与民国"废两改元"货币制度改革研究》,辽宁大学博士学位论文,2017年。

吴景平:《英国与1935年的中国币制改革》,《历史研究》1988年第6期。

吴景平:《评上海银钱业之间关于废两改元的争辩》,《近代史研究》2001年第5期。

吴景平:《上海金融业与太平洋战争爆发前上海的外汇市场》,《史学月刊》2003年第1期。

吴景平:《金圆券政策的再研究——以登记移存外汇资产和收兑金银外币为中心的考察》,《民国档案》2004年第1期。

吴景平:《蒋介石与1935年法币政策的决策与实施》,《江海学刊》2011年第2期。

吴景平:《国民革命时期宋子文与孙中山、蒋介石关系之比较研究》,《近代史研究》2015年第5期。

吴景平、龚辉:《1930年代初中国海关金单位制度的建立述论》,《史学月刊》2007年第10期。

吴景平、张徐乐:《接管上海官僚资本金融机构述论》,《近代史研究》2003年第4期。

吴景平、邹晓昇:《上海钱业公会的成立及初期组织运作》,《社会科学》2007年第5期。

肖勤福:《上海金融界"民十风潮"述略》,《近代史研究》1986年第2期。

熊昌锟:《试论民国时期中国各界应对白银危机的举措及失败的原因》,《上海经济研究》2015年第11期。

薛暮桥:《山东抗日根据地的对敌货币斗争》,《财贸经济》1980年第

1 期。

燕红忠:《近代中国的政府债务与金融发展》,《财经研究》2015 年第 9 期。

颜公平:《抗战胜利后国民党对沦陷区的"劫收"风潮》,《文史月刊》2007 年第 3 期。

佚名:《在"五反"运动中贯彻整顿与改造金融业的战斗任务》,《中国金融》1952 年第 3 期。

尹铁:《胡雪岩左宗棠关系考——以癸未金融风潮为视角》,《浙江大学学报(人文社会科学版)》2015 年第 4 期。

张皓:《王云五与国民党政府金圆券币制改革》,《史学月刊》2008 年第 3 期。

张连红:《南京国民政府法币政策的实施与各省地方政府的反应》,《民国档案》2000 年第 2 期。

张启祥:《交通银行研究(1907—1928)》,复旦大学博士学位论文,2006 年。

张秀莉:《金圆券改革决策内幕考》,《中国社会经济史研究》2016 年第 2 期。

张徐乐:《上海私营金融业研究(1949—1952)》,复旦大学博士学位论文,2003 年。

张徐乐:《上海私营金融业与"三反""五反"运动》,《当代中国史研究》2005 年第 6 期。

张徐乐:《1950 年上海金融风潮述论》,《社会科学》2009 年第 4 期。

张徐乐:《上海解放后第一例金融业刑事案件述评》,《社会科学》2013 年第 12 期。

张燚明:《抗战期间国民政府对中共晋察冀边币的应对与处理》,《抗日战争研究》2014 年第 2 期。

赵留彦、隋福民:《美国白银政策与大萧条时期的中国经济》,《中国经济史研究》2011 年第 4 期。

郑会欣:《关于张嘉璈被撤换的经过》,《学术月刊》1986年第11期。

郑会欣:《有关日本策动华北走私情况档案史料选》,《民国档案》1987年第4期。

郑会欣:《关于战后伪中储券兑换决策的制定经过》,《文史哲》2012年第1期。

周子衡:《20世纪30年代经济大萧条对中国货币经济的冲击——1933—1948年中国货币经济的现代转型、失败及其遗产》,《金融评论》2012年第4期。

朱荫贵:《近代上海证券市场上股票买卖的三次高潮》,《中国经济史研究》1998年第3期。

朱荫贵:《1918—1937年的中国证券市场》,《复旦学报(社会科学版)》2006年第2期。

邹晓昇:《银元主币流通与上海洋厘行市的更替》,《史学月刊》2006年第8期。

邹晓昇:《辛亥革命前后的上海道库存款》,《史林》2012年第6期。

内·生·的·挣·扎

后记

萌　芽

　　本书最早的萌芽,可以追溯到我在复旦大学经济学院攻读金融学博士学位期间。记得当时曾翻阅过一本较早年份出版的《西欧金融史》译本,作者金德尔伯格在导言中有这样一段叙述,"金融史对于那些从小就耳闻目睹金融问题的人来说具有特殊的影响,金融史本身带有一些深刻的甚至是无法想通的问题",给我留下了深刻的印象。

　　我不是金德尔伯格先生所称的那种"从小就耳闻目睹金融问题的人",但没有"想通"的问题倒一直不少。事实上,在幼年的时候,我还在一次常识考试中搞混了"1元"和"1分"硬币,闹出了不大不小的笑话。但人生总是充满了不确定性,就像一句已经被用滥的话所形容的那样,"像一盒巧克力,你永远不知道下一颗是什么味道"。我在学校里晃晃悠悠了二十多年,最后竟然成了一个拥有金融学博士和注册会计师头衔的人,真的是相当意外(甚至还有点讽刺)。而现实当中,一旦涉足某个学科或领域日久,便往往会对其产生深厚的、难以名状的奇特感情,以至于乐意去探索它所涉及的一切。一直对历史饶有兴趣的我,在读过金德尔伯格先生的论述之后便浮想联翩,萌生了自己做一段金融史研究,特别是中国金融史研究的想法。

　　然而,万事总是知易行难。有想法很简单,但一旦具体落实下去,各种困难就都冒出来了。如何选题,从哪做起,要参照怎么样的范式,怎么协调好与自己同时开展的其他研究之间的关系,都成了"拦路虎"。在博士学习阶段,我涉及的研究领域已经是五花八门,除了学位论文选定的金融市场方向,还与他人合作写过货币银行、财务会计、公司治理方面的论文。数理和经验研究的内容整日充斥脑海,留给阅读文史资料的时间已经极其有限,更不要说写出像样子的东西来。于是,关于金融史写作的想法,也就只能暂时先搁置下来。

打小开始,我就不缺乏梦想(当然也可以叫幻想),但我从来都不算是个有明确规划的人,也不具备实现每个梦想的能力和资源。因此,对许多美好对象的偏爱,最终都只能默默埋藏在心底,很多愿望与打算,也只能任它们在时间的风吹雨打下逐渐褪去亮色与光泽。我一度想,也许自己萌发的这个金融史写作的念头,也会随着时间的流逝,慢慢被稀释、忘却。

不过现实到底还是没有允许我去忘却。许多新闻或事件,诸如个别商家在广告词中误用了近代金融史的素材,与金融史有关的影视作品(例如《北平无战事》)热播等,都如同耳边轻语,时时提醒着我还有很多人在关注着金融史的内容。开展金融史主题的研究创作,将金融学的理论认识、历史学的研究成果,以一种文字上比较轻松但又不失严谨态度的形式融合与表达出来,仍然很有意义也很有价值。而参加工作之后,因为政策研究的需要,我也逐渐积累起了一些关于近代史、经济史的资料,形成了某些初步的思考。于是,2017年之后,我又慢慢捡拾起这个生成已久的愿望,并逐步将关注的领域缩小到中国近代金融史。

但这个范围依旧是很大的。这段历史到底离得太近了,而期间发生的变革又太剧烈了。文字、纸片上留下的有关记载,尽管难免遭受岁月的侵蚀,却仍然是纷繁复杂。哪怕选定一个具体的子行业、甚至是具体的金融机构,都可以是做一篇博士学位论文的大题目。选什么内容作为呈现的主体,以什么样的形式和笔触展开写作,如何驾驭整本著作的篇章布局,仍然让我在很长的时间里感到困惑。

缘 起

2018年夏,一个很偶然的机会,在复旦大学泛海国际金融学院工作的好友(也是我重要的学术研究合作伙伴)顾研博士联系到我,表示泛海国金的副院长高华声教授也对中国历史很感兴趣,希望能找到志同道合之人一起讨论交流。在顾博士的引荐下,我和华声教授很快见了面。这是一次富有成效和相当成功的会面。华声教授和我虽然对历史细节的认知并不完全相同,但华声教授对金融学研究应该让更多人受益、金融学研究不能脱离具体国情环境和历史背景的认识,令我颇有共鸣。他关于金融在推动和影响社会变迁当中作用的洞见,也给了我很大的启发。这令我想到,不预设任何立场,不戴有色眼镜,从近代中国最具典型意义和代表意义的金融大事件出发,广泛搜集史料和阅读已有的历史学文献,以通俗、自然的笔调,在叙事当中探讨和思考金融市场、金融体系乃至金融人与其所处时代的关系,从而在给读者带来与以往完全不同体验的同时,为他们创造进一步思考的广阔空间,或许也是一条可行的路径。这种方式不刻意追求在历史学意义上得到新的学术突破(这也确实不是能轻易做到的),但希望将历史学发现和金融学的认识方式以一种能为更多人理解和接受的途径结合起来,将基于人文精神的思考灌注到自己的写作当中去。

在这样的思想指导下，我很快整理出了近代中国历史上重大金融事件或问题的备选清单，并在听取同侪意见建议的基础上，就每个事件及问题的背景、意义和叙述价值进行了认真的比较和评估。在整理事件清单、思考谋篇布局的时候，我想到中国金融史学界巨擘洪葭管先生曾著有一书，名曰《中国金融史十六讲》，作为晚辈，不如就以十五篇正文为限，以向老先生致敬。具体主题和篇章的数量遂定。

笔　耕

根据既有设想，我给自己的计划是：在整理、消化资料文献的基础上推进具体的初稿写作工作，在写作过程中针对主要观点、发现和需要进一步理清的问题，继续寻找文献资料加以充实。由此，尽力保证每一点论据都有扎实可靠的出处，每一点论据都可以在我能力范围（尽管是相当有限的范围）内产生最大的思考效用和思想价值。

应该说，这样的写作并不是一件容易的事情。阅读总归是相对轻松的，我们尽可以去批评指责一本作品如何如何；构思也相对来说是轻松的，呷一口清茶，闭上眼睛，很多错落的字句都能浮现出来。但到自己要落笔敲字的时候，却发现，这还真是一件重负。一方面，我的创作虽然不是纯学术意义上的，却仍然根植于学术研究的土壤中。我的确力求笔触的灵活，却绝不能肆意妄为。历史学的论文与金融经济类论文在具体展开形式、研究方法、表述习惯等多方面均有明显差异。尽可能全面、准确地把握某一问题下历史学研究文献的进展，在掌握基本史料的同时，汲取历史学者的最新发现,用于佐证以金融学逻辑展开的叙述和分析,挖掘其中的借鉴价值,这对我来说既是相当新鲜的,又是颇具挑战的。另一方面,我虽然自命(当然也带有一点"自嘲")是个以字谋生、靠文吃饭的人,这些年来几乎所有的日常工作都与写作有关,也接触过多种多样的题材、体例,但不同类型的写作之间实有天壤之别。特别是,撰写一个专门的话题,绝对无法采取碎片化、积小字为全篇的做法,否则便会味道全变、灵感全无。要实现在不同的写作话语体系之间灵活切换,特别是在单位繁重的政策研究、战略研究工作以及部分学术兼职有关研究任务之余挤出相对完整的时间,确实是一件辛苦甚至有时候令人感到烦恼的事。

初稿的写作,大部分只能集中在晚上临睡前的两三个小时或者周末。有时兴起,甚至于敲打键盘到凌晨三点亦不绝;有时已经躺下,想起一处有误或脑海中闪过新的想法,又会披衣起来修改打磨。这样的写作的确占据了许多"别人在玩"的时间,让我错过了能徜徉于当时住所附近思南路的整个春夏秋冬美景的机会,难免内心偶尔会生出酸涩的滋味,但每当生出想歇一歇甚至暂时放一放的动摇念头,很快又会被执念所打断。毕竟,这是一项自己喜欢、自己认同,并且也属于自己的创作!何况近代中国有关金融的许多大事件,往往就是在我身处的这片土地上展开演绎的,读资料、做思考、爬格子,可能也是一种和上海历史、江南历史打交道的别致方式,或许比单纯的压马路和看建筑更有意义。望着自己四周日渐堆积、已经几乎能把我埋进去的各式各样的资料书和研究文章,听到窗外远处隐约的车声,突然想起,尽管身处陋室,却还能在遨游书海、追慕先贤的同时求得内心的片刻安稳,虽苦虽累,又何尝不是一桩幸事乐事。

感 恩

每位作者在完成自己作品的时候,总会有想感谢的人,也通常会罗列一堆需要感谢的人。这几乎已是惯例,在个别场合,还充满了虚情假意,以至于写致谢都被部分人士视作相当庸俗之举。

我是个脸皮很薄的人,所以一度动摇,是不是需要在后记里单辟如此一节;但我又自认为是个还算实在的人,因此,还是打算真心实意地写一写。

要感谢启发我从事这项工作的人。

一位是我的博士阶段导师——复旦大学经济学院国际金融系原系主任、复旦大学金融研究中心副主任、复旦大学中国金融史研究中心副主任刘红忠教授。刘老师为人谦和、学识渊博,涉足领域广泛,不仅在金融学方面造诣深厚,在人文历史方面也曾给我颇多指点。博士学习期间,我曾根据刘老师的要求,在他开设的金融市场学的课堂上,以《洛阳伽蓝记》为起点,作过一次关于广义市场交易机制的讨论报告。我深知,他这绝不是突发奇想,而是在引导我从更宏大的视角去理解金融问题。毕业参加工作后,我也常与刘老师交流。毫不夸张地说,每次交流都是思想的盛宴,令我非常享受。2018 年年中,在一次回学校时,我和刘老师坐而论道,言及自己在金融史阅读和写作计划方面的思考与遇到的困境,他当即对我关注的几个问题给予了解答,并对我当时草就的一篇主题文章进行了仔细的点评,一下子便过去了几个小时。此情此景,每每思之,均感动不已。师恩浩荡,当永铭于心。

  一位是高华声教授。本书动工之前、施工之中,我和高老师多次"谈天说地""东拉西扯"。无论是在复旦大学邯郸校区智库楼中,还是在黄浦江畔的讨论室里,都留下了许多美好的交流记忆。高教授不愧青年才俊,思维缜密。他发现问题的敏锐,提出观点的深邃,对我撰写本书,乃至促成本书得以完成都起到了重要作用。的确,他是一位商学院的管理者,也习惯了西装革履抛头露面,但身上的文人气质依旧"遮不住"。有人说高教授是一位"职业读书杂家",是博学的"现代隐士",是一个可以从清晨坐到夜晚,边陪伴女儿边研究秦始皇的人,应非虚言。

要感谢鼓励我从事这项工作的人。

  在写作工作开始以后,泛海国金的许多教授、学者也对此提供了积极帮助。例如,2019年11月初的一天,泛海国金学术委员会主席、著名华人经济学家魏尚进教授,就在百忙之中和我与华声教授共进早餐,不仅充分肯定了这项工作的意义和价值,还提出了许多关于近代中国金融史的有趣命题,令我受益良多。除复旦以外,其他高校的几位前辈学者对此也给予了很大的关注。浙江大学经济学院金融学系主任、博士生导师朱燕建教授(也是我学术和政策研究的重要合作者),金融学系何嗣江副教授(我们常常交流关于小微金融、普惠金融的话题)、徐加副教授(我本科阶段的导师),作为多年的老师和挚友,在得知我开展金融史系列创作后,多次鼓励我一定要坚持下去,并在多方面提供了实实在在的协助。没有他们,本书绝不可能这么快就呈现在读者面前。同时,本书研究也得到国家自然科学基金项目(71403238)资助,在此一并致谢。

要感谢指引我从事这项工作的人。

这是一次跨学科的工作尝试,涉及范围广、时间跨度大。开展这项工作,如若没有充分的资料搜集和研究准备,将是难以想象的。幸运的是,有许多前辈学人,在过去数十年的辛勤耕耘中,已经为我们留存下了巨大的宝库——沉甸甸的史料汇编、数量浩瀚的研究文献,这让我免去了梳理原始档案资料之苦。我有时在想,究竟是什么力量,激发着一批批前辈皓首穷经,为此功德无量之举?换作是我,又是否能有这样一份坚持?如果没有这些前辈学人打下的基础,本书是否还有写作的可能?思之念之,不免慨叹。许多前辈已然老去,但他们的精神永恒,他们留下的这些资料书卷,在未来必然还将继续闪耀着璀璨的光芒。

要感谢支持我从事这项工作的人。

我的几位好朋友,不论专业背景是金融与否,都通读了本书的初稿,她们(按认识先后排序)是:申万宏源证券宁波分公司业务发展部经理全晓雯同学,美国纽约大学柯朗数学研究所助理教授刘师竹博士,上海嘉创润华律师事务所林晨悦律师。她们从读者的角度提出了许多富有建设性的意见,并部分吸收和呈现在了最终打磨而成的版本中。本书的部分观点、内容,曾在中国证券博物馆"中国资本市场发展历程"研讨会等场合做过报告,感谢与会专家学者给出的宝贵意见。此外,也要感谢所在单位的诸位领导、同事,他们平时的指点、关照和帮助,点点滴滴,聚沙成塔,对我加深关于金融的理解、拓宽思考的空间实在大有裨益。当然,我必须声明,本书内容反映的均是自己的思索和学术认识,不代表本人所在工作单位以及各学术兼职机构的观点。

最后，我要特别感谢我的家人。

感谢爷爷、奶奶、爸爸对我的养育之恩。我的每一步成长、每一点进步，都与他们的付出和支持密不可分。他们或许会觉得本书所述内容过于陌生、遥远，但我却须始终牢记心底，若没有他们，我何以能够识文断字，更遑论写出这样的作品来。特别要以此书献给我亲爱的爷爷，他老人家离开我已经好多年了，但我总觉得，只要不曾忘却，斯人便从未远行。他灌注毕生心血的事业，孙儿还在以自己力所能及的方式延续着。若他老人家泉下有知，应该也会感到一丝欣慰吧。

期　盼

做人学问著文，所求唯仁善而已。

这不是一本严格意义上的学术著作，只是一本小书。

中国人有三不朽之说，曰立德、立功、立言，谓之虽久不废。于吾辈来说，立德、立功，只是仰望的目标，纵以立言论本书，恐也过之。

我深知，史料文献并不可能构成对历史事实的完整描述，以我对历史学及其研究进展的掌握和了解之浅，更不可能仅以二十余万言，就给出整个近代中国金融史的宏大图景，甚至对本书谈及的话题，我亦不可能穷尽所有的相关细节内容。历史上值得深读的"瞬间"毕竟太多了，而对于这些"瞬间"，我们深读的意愿乃至能力总是显得相对不足的。

我绝不奢求仅仅以此小书，就能给出对许多问题和争论的回答，就能去解决现实当中的具体技术问题。完成此书，至多只是为达成一个心愿,给自己交一份答卷。能让读者有所思,有所得,便足矣。

以此观之,若本书之言"速朽",倒是我不胜期待之至。

周强龙

二〇二〇年秋于上海苏州河畔